Le droit d'auteur : l'idéologie et le système

Sciences sociales et sociétés

collection dirigée
par D. DESJEUX

Le droit d'auteur : l'idéologie et le système

Thomas Paris

Préface de Jean-Daniel Reynaud

Presses Universitaires
de France

ISBN 2 13 052471 0

Dépôt légal — 1re édition : 2002, mai

Sommaire

Deuxième partie : L'évolution du droit d'auteur : trois facteurs structurants

Troisième partie : La dynamique du droit d'auteur : routine des conflits ou crise du système ?

Préface

Où en est aujourd'hui le droit d'auteur ? La numérisation et les échanges par Internet, en réduisant à l'extrême les coûts de reproduction et en rendant les contrôles très difficiles sinon impossibles, ne détruisent-ils pas la base même de la propriété littéraire et artistique ? La rencontre entre deux systèmes, celui du *copyright* et celui du droit d'auteur, est-elle celle d'une logique économique qui réduit l'œuvre à un produit commercial comme les autres et d'une logique culturelle qui défend les droits et l'originalité du créateur, voire des traditions nationales ? À ces problèmes majeurs s'ajoutent des difficultés secondaires en apparence : la lecture dans les bibliothèques publiques doit-elle rapporter un droit à l'auteur et à l'éditeur ? Dans les créations collectives, qui peut accéder au rang d'auteur et jusqu'où s'étendent les droits « voisins » ? Le développement tumultueux des moyens de communication et des industries culturelles aboutit-il à une crise fondamentale qui, à travers l'affrontement de grands principes, oblige à revoir toutes nos pratiques ?

La première qualité de l'ouvrage de Thomas Paris est le réalisme. Son point de départ, ce sont les pratiques elles-mêmes. Pour s'en tenir aux droits patrimoniaux, comment sont collectées les sommes qui permettent de les honorer, comment sont-elles distribuées, quelles sont les organisations ou les machineries qui s'en chargent et quelles règles suivent-elles ? Le juriste le plus attaché à l'analyse en doctrine reconnaîtrait qu'un droit est peu de chose si l'on ne précise pas les moyens de le faire valoir. Ici, l'appareillage de recouvrement, le plus souvent collectif, tient une place si importante qu'il contribue à définir dans la pratique les principes mêmes du droit.

Nous n'entrerons pas dans le détail des organismes de perception et de répartition, spécialisés aujourd'hui par matière mais aussi par procédé de diffusion ou par type de perception, entretenant entre eux des relations de coopération compliquées mais aussi de concurrence. Retenons seulement quelques conclusions simples. Tout d'abord, les mécaniques mises sur pied dépendent très étroitement de la technologie de diffusion et se transforment comme cette dernière : selon la nature des rapports entre « créateurs » et producteurs, selon les possibilités de contrôle des relations entre producteurs et diffuseurs, selon les possibilités de définir et de faire payer le consommateur final. Les écrivains seront rémunérés par un pourcentage sur la vente de leurs livres, c'est-à-dire par une remontée des sommes payées par l'acheteur du libraire à l'éditeur ; l'auteur dramatique recevra une partie de la recette du théâtre récoltée selon des règles complexes par une société, la SACD ; le compositeur et l'éditeur de musique recevront de la SACEM leur quote-part calculée selon des procédés conventionnels, le prélèvement pouvant être simplement un pourcentage du chiffre d'affaires du diffuseur (par exemple dans les discothèques) ; le « droit de copie »[1] sur les cassettes audio et vidéo est une taxe sur les producteurs et importateurs qui sera reversée aux intéressés selon des estimations statistiques complexes. Tantôt la « part » des créateurs fait l'objet d'un contrat individualisé (par exemple, pour la production d'un film), tantôt elle est déterminée de manière conventionnelle (par exemple, en ce qui concerne les interprètes, pour la diffusion de ce film à la télévision). L'auteur a, selon la loi, une rémunération proportionnelle à la consommation de l'œuvre. Il reçoit dans beaucoup de cas une avance non remboursable sur recettes ou un minimum garanti supérieur à ce que lui permet d'attendre, en cas de succès raisonnable de l'œuvre, le pourcentage qui lui est alloué sur l'exploitation, c'est-à-dire, malgré le respect de la lettre de la loi, un forfait, pour ne pas dire un *copyright*. Les techniques de gestion ont, dans ce cas, remplacé un principe de rémunération par un autre.

Une étude en dynamique rend beaucoup plus clairs les facteurs qui conditionnent le développement des pratiques. D'une part, la transformation des techniques de diffusion déplace sans cesse la limite de ce qui peut être indemnisé, accroît le rôle des conventions dans la définition des droits de chacun, transforme radicalement les modes de perception possibles. De l'autre, les stratégies des organisations de gestion collective, en obtenant le développement de la jurisprudence ou

1. Ou, plus correctement, la rémunération au titre de la copie privée.

en agissant en groupes de pression auprès des pouvoirs publics, créent de nouveaux auteurs ou de nouveaux droits (le droit de suite pour les plasticiens, le « droit de copie », la reconnaissance des « doubleurs » comme interprètes). L'argent collecté pour les droits d'auteur sert aussi à soutenir cette action de *lobbying* ; il permet en outre, dans certains cas, une action mutualiste qui esquisse parfois une organisation de la profession. Une analyse fine de ces stratégies montre à quel point elles sont complexes et ne peuvent se réduire ni à la défense simple d'un intérêt, ni à l'application d'un principe. La transformation des technologies et la stratégie des organisations collectives de gestion sont bien des facteurs structurants du droit d'auteur.

L'analyse concrète des pratiques montre aussi à quel point les notions centrales sur lesquelles se fonde le droit d'auteur sont en fait fluctuantes et indécises. L'artiste n'est bien défini qu'à l'intérieur d'un « monde de l'art » qui le reconnaît et lui fait sa place. Il en est de même pour l'œuvre. La définition est circulaire : l'œuvre est ce que fait un auteur reconnu et l'auteur est celui qui crée une œuvre admise comme telle. Suffit-il d'apposer sa signature à un urinoir pour en faire une œuvre plastique ou de réunir cent métronomes et de les remonter pour créer un poème symphonique ? C'est le marché de l'art ou celui de la musique qui répondent à ces questions. Non seulement la définition de l'œuvre et de l'auteur est conventionnelle, mais elle est aussi collective. Une chanson est aujourd'hui ce que mettent au point un parolier, un compositeur et un interprète ; peut-être aussi demain un décorateur, un costumier et un éclairagiste. Qui doute qu'un film, même si le metteur en scène en est le responsable en dernier ressort, soit le produit d'une équipe dont les relations ne sont pas de simple subordination au chef ? Jusqu'où s'étend cette collectivisation de la notion d'auteur ? Le directeur de production, administrateur qui veille à un emploi raisonnable des fonds, n'est-il pas parfois quasi adjoint du metteur en scène ?

La notion même d'auteur (tout comme celle de création) est difficile à définir ou, plutôt, elle se définit par plusieurs caractéristiques. L'auteur est celui qui réalise l'œuvre, il est celui qui imprime sa personnalité ou son style au produit, il est aussi celui qui, en dernier ressort, décide dans une équipe. Mais on voit aisément que des catégories voisines peuvent partager certains de ces traits : le producteur d'un film peut imposer un sujet et fixer, par le montant du budget, la manière de le traiter ; le dialoguiste met sa marque, comme le musicien, voire l'éclairagiste. Cette classification à plusieurs entrées est donc floue. En fait, elle fonctionne moins par définition rigoureuse que par exemples prototypiques dont on se rapproche par voisinage. Et ces prototypes ont changé au cours du temps, de l'écrivain ou même du poète au metteur en scène de cinéma. L'auteur des *Méditations poétiques* et celui de *Titanic* sont peut-être reliés vaguement l'un à l'autre par l'idée de création et par les droits à rémunération qu'emporte cette idée. Ils sont liés beaucoup plus étroitement chacun d'entre eux à un monde spécifique de producteurs, de diffuseurs et de consommateurs, et définis par les relations qui se nouent dans ce monde.

Peut-on rappeler, à cette occasion, outre la diversité et la complication des systèmes, que leurs effets réels sont très différents de l'image idéale que nous aimons à en donner ? Laissons de côté la distribution extrêmement inégale des droits entre les auteurs (elle est peut-être pire entre les interprètes, musiciens ou chanteurs) qui réalise un cas extrême de la courbe de Pareto. Mais est-il conforme à notre exaltation du statut du créateur que l'édition, dans les quelques dizaines de milliers de personnes qu'elle fait vivre, ne compte qu'une proportion très faible d'auteurs (s'il s'agit de littérature, une proportion infime d'écrivains, une ou deux dizaines peut-être) ? Est-il conforme à ces mêmes images que les revenus du grand interprète soient généralement très supérieurs à ceux du compositeur musical, même s'il faut féliciter quelques-uns des plus grands d'entre eux de jouer le rôle de mécènes (Yehudi Menuhin a aidé par une commande Béla Bartok à vivre à New York ; plus près de nous, Dietrich Fischer-Dieskau a commandité l'opéra d'Aribert Reimann, *Lear*) ? La SACEM s'interdit très justement de porter un jugement sur la qualité des œuvres. Que savons-nous, en revanche, des effets qu'ont les mécanismes « naturels » de sélection et de diffusion sur cette même qualité ? Le marché des biens culturels est loin d'être entièrement déterminé dans ses résultats par les pratiques du droit d'auteur.

Peut-on trouver cependant, derrière ces manifestations et ces réalisations très différentes du droit d'auteur, des fonctions communes ou, du moins, des types de problèmes qu'il cherche à résoudre ? Thomas Paris en distingue deux. D'une part, l'œuvre, quelle que soit sa définition, a certaines caractéristiques d'un bien public : parce que l'accès en est mal défendu, mais aussi parce qu'elle est en grande partie un bien immatériel (et, particulièrement aujourd'hui, parce que le coût de reproduction est très faible par rapport au coût de production), la rémunération de celui qui la crée ne peut guère être assurée par les lois traditionnelles du marché. Cette fonction de rémunération vient donc corriger une imperfection du marché. D'autre part, le droit d'auteur permet de fixer les règles de coopération entre des acteurs différents qui ne peuvent être liés ni par une stricte subordination, ni par un contrat de vente pure et simple : le producteur d'un film engage des fonds pour fabriquer un produit dont il ne peut déterminer à l'avance ni la qualité ni l'audience ; il ne peut assurer cette qualité et cette audience par la précision des consignes qu'il donnerait au réalisateur. Cette fonction de coopération répond donc aux difficultés de faire entrer cette production dans le schéma d'une organisation hiérarchique classique et particulièrement dans le rapport d'employeur à salarié. Dans les deux cas, on cherche remède à une déficience du marché ou de l'organisation tels qu'ils sont couramment pratiqués. On comprend aisément que la réponse à ce problème varie selon la manière même dont le problème se pose, c'est-à-dire selon les règles qui régissent le marché ou selon les principes qui régissent l'organisation. Il y a bien deux problèmes centraux. Il ne saurait y avoir une solution unique à chacun d'eux, qu'elle s'exprime en termes juridiques ou en termes économiques, puisque la réponse consiste à élaborer des règles face à une situation sans cesse changeante et qui pose sans cesse de nouveaux défis.

Mais c'est dire aussi que la priorité donnée par Thomas Paris à l'examen des pratiques, des contrats, des organisations collectives de gestion, de la diversité des secteurs et de la diversité des solutions, n'est pas seulement l'effet du réalisme et du bon sens du gestionnaire qui veut savoir comment les choses se passent. Elle s'appuie sur une théorie de la manière dont se forment et s'établissent les relations des acteurs, dont elles se constituent en systèmes plus ou moins bien articulés, dont elles s'élaborent et se transforment : une théorie de la régulation sociale.

Le droit d'auteur prend réalité dans des règles : règles des contrats que signent le producteur et le réalisateur d'un film, règles par lesquelles un compositeur confie la gestion de ses droits à une société de gestion, règles qu'établit un tribunal en arbitrant entre deux prétentions ou règles que le législateur inscrit dans la loi ou dans un code. Quelle est la nature de ces règles ? Ont-elles quelque chose en commun ou sont-elles de nature très différente ? Y a-t-il entre elles une hiérarchie ou, en tout cas, un ordre ?

Ces règles ne sont pas des régularités. Il est impossible en ce domaine d'imaginer une causalité simple, un rapport global de forces, un déterminisme structurel qui fixerait en quelque sorte les relations des acteurs indépendamment de leurs choix et de leurs volontés. Face à la variété des cas d'espèce, à la fréquence des situations inédites, à la fréquence aussi de l'innovation et à sa place centrale, aucune explication massive, aucun schéma holistique ne peut rendre compte des faits. C'est une évidence quotidienne : les acteurs, à tous les niveaux, doivent inventer des solutions.

Peut-on y voir le résultat de la rencontre de différentes stratégies ou, en un autre sens du mot, cette fois économique, d'un rapport de forces ? L'importance des intérêts en jeu, la vigueur avec laquelle ils sont défendus, l'âpreté des négociations et particulièrement des négociations internationales en ce domaine, l'expansion des industries culturelles et leur globalisation sont aujourd'hui bien visibles. Mais peut-on se représenter les compromis qui s'établissent entre les stratégies comme des équilibres au sens économique du terme ? Une première difficulté vient du fait que les catégories d'acteurs comme les intérêts qu'ils défendent sont instables et se modifient dans l'action elle-même : de nouveaux droits apparaissent avec de nouveaux ayants droit (droit de copie, droit de reproduction, « droits voisins ») ; en même temps, les organismes de gestion se multiplient, s'entrecroisent, et ils inventent chacun leur stratégie (il vaudrait mieux dire : leurs stratégies, celle des ayants droit n'étant pas forcément la même que celle du conseil d'administration ou même de la direction). Il est difficile d'expliquer par les intérêts bien définis d'acteurs bien définis des actions qui sans cesse modifient ces intérêts et ces acteurs. Les compromis que l'on atteint reposent sur un nouveau découpage et souvent sur une nouvelle carte des intérêts pris en compte. Leur instabilité est constitutionnelle. Ils se maintiennent quelque temps, non par les vertus d'un équilibre, mais par la volonté et l'engagement des intéressés.

Car la différence avec un équilibre n'est pas seulement dans l'instabilité des relations, mais aussi dans ce qui en fait la stabilité. Elle est dans l'objet même de ces négociations et de ces accords – et c'est ce qui permet de comprendre la volonté et l'engagement dont nous parlons. Chaque acteur a des revendications, que les autres peuvent trouver fort égoïstes, mais il a la prétention que ces revendications sont légitimes et il s'efforce de les faire reconnaître comme telles par ses partenaires. Thomas Paris l'énonce très simplement : ce n'est pas un individu qui défend ses intérêts, c'est une catégorie qui réclame ses droits et qui, du même coup, affirme la place qu'elle tient dans un ensemble. Une décision (un contrat, un arrêt de justice) soit ramène la situation considérée à une situation précédente, soit dégage des précédents une logique et des principes qui permettent de traiter une situation nouvelle. La légitimité du droit judiciaire, et, ajouterions-nous, celle de toute régulation, s'appuie essentiellement sur une exigence de cohérence. C'est cette cohérence qui assure la prévisibilité. C'est cette prévisibilité qui offre aux perspectives des négociateurs un point focal nécessaire à leur accord.

Une règle, quelque forme qu'elle prenne, comporte donc bien une contrainte. Elle s'impose aux contractants comme aux justiciables.

Elle les surplombe et, bien qu'elle requière leur consentement, elle n'est plus à leur merci dès que ce consentement a été obtenu. Et ce caractère surplombant est déjà présent dans la demande, la revendication, l'exigence. Ce que recherche la négociation et ce que recherche chaque négociateur, ce n'est pas seulement une maximisation d'utilité, c'est aussi l'établissement de principes stables de vie commune. La règle peut toujours être interprétée, elle doit souvent l'être, mais cette interprétation doit faire corps avec les interprétations antérieures et ménager le système d'échange établi, même si elle le renouvelle. La légitimité est un produit de la négociation.

L'intervention de l'État et plus particulièrement du législateur ne crée donc pas à elle seule la légitimité des règles d'un système particulier. Elle ne se borne pas non plus à les reconnaître et à les frapper de son sceau. Les pouvoirs publics ont aussi, par rapport à ce dont les acteurs traitent entre eux, leurs intérêts particuliers qui peuvent limiter l'efficacité de principes affirmés comme fondamentaux. Ainsi, la préoccupation de soutenir l'industrie culturelle et de stimuler la « production » peut conduire à réduire le droit moral de l'auteur (par exemple, à ne pas autoriser le droit de retrait de l'auteur sur son œuvre pendant la production d'un film). L'État est aussi dans son rôle quand il limite l'application du principe du droit d'auteur au nom d'autres principes (par exemple, le droit d'accès à la culture fait écarter en France en 2001 la taxation du prêt des livres dans les bibliothèques, pourtant réclamée par nombre d'éditeurs et d'auteurs). Ce sont ces arbitrages, toujours incommodes à réaliser et qui ne sont pertinents que cas par cas, que l'on défend couramment sous le nom d'« intérêt général ». Mais ce terme largement accepté ne doit pas dissimuler qu'il ne s'agit pas du calcul d'une utilité « plus haute », mais d'une décision politique singulière ; de l'intervention d'un acteur privilégié : du développement d'une régulation de contrôle qui vient rencontrer une régulation autonome.

Système étrange que celui du droit d'auteur pour un esprit habitué aux ordonnances rationnelles du droit ou aux équilibres du marché. Système qui comporte des éléments hétérogènes, règles juridiques, pratiques sectorielles, procédures et mécanismes de gestion, le tout, dit Thomas Paris, « ne répondant à aucune hiérarchie ». Comprenons bien cette affirmation, étonnante pour le juriste comme pour le politiste : le tribunal impose bien son jugement aux parties, le législateur établit bien la loi, l'exécutif dessine bien une politique publique. Mais cette domination des éléments « supérieurs » est imparfaite et non déterminante. Ils n'expliquent pas, en tout cas pas à eux seuls, la dynamique du système. La pratique peut tourner ou détourner la loi et elle crée, elle aussi, sans cesse de nouveaux précédents. Les transformations technologiques rendent une règle inapplicable et peuvent vider un principe de sa substance. Le « système » bouge par tous les bouts. Personne ne le maîtrise. Ses acteurs résolvent comme ils peuvent, dans d'étranges coalitions et de tout aussi étranges mobilisations d'arguments et de principes, les problèmes toujours nouveaux que crée leur activité. Si leurs rencontres ont souvent la forme d'un conflit, ce n'est pas seulement parce que chaque cas est singulier ou parce que les institutions chargées de faire appliquer les principes sont insuffisantes. C'est parce que leur activité est créatrice : créatrice de biens ou de services nouveaux, mais aussi des règles mêmes qui permettent de réaliser ces biens et ces services et de rémunérer ceux qui en ont le mérite. À tous ses niveaux et sous toutes ses formes, le conflit est bien un moment de la régulation.

Une image toute faite des droits sacrés de l'auteur (oserions-nous ajouter : de l'exception culturelle française ?), fondée sur le modèle du poète inspiré qui exprime sa personnalité dans une œuvre individuelle et unique, qui ajoute ainsi au patrimoine de l'humanité et doit être récompensé en conséquence, comme il doit être libéré de toute servitude, a peu de chance, dans son archaïsme conventionnel, de servir beaucoup à éclairer les questions d'aujourd'hui. Le diagnostic que pose Thomas Paris sur les deux fonctions du droit d'auteur est certainement plus efficace, en montrant à la fois ce qu'il y a de constant dans les problèmes à traiter et la variété, voire la fragilité des solutions possibles. La rémunération à l'œuvre (au livre vendu, à la mélodie chantée) n'est pas la seule réponse à la difficulté qu'a le marché pour rémunérer les biens publics. Le fait que la création ne puisse obéir à une subordination simple n'exclut pas nécessairement que le créateur soit salarié : comme le relève l'auteur, c'est le cas de la très grande majorité des chercheurs scientifiques. Ce n'est pas l'exaltation d'un auteur unique et central qui permet de régler les problèmes de la division du travail et de la coopération entre tous ceux qui participent à une œuvre.

La diversité des solutions doit-elle conduire à distinguer, par exemple pour la production cinématographique, deux marchés, l'un industriel (ou tiré par la demande), l'autre du film d'auteur (poussé par l'offre) ? L'idée est séduisante (le film d'auteur pourrait bénéficier de l'efficacité des moyens que détient l'industrie), et l'on aurait envie de l'appliquer tout autant à la littérature (la collection « Harlequin » où le lecteur fait à peine attention au nom des auteurs, par opposition à *La Recherche du temps perdu*), à la musique (musique d'« ameublement » comme disait Erik Satie et création musicale), au théâtre, etc.

La difficulté serait, bien sûr, de fixer la ligne de démarcation, mais les pratiques courantes sont peut-être en train de s'en charger. En tout cas, il serait utile d'analyser séparément les différents marchés, comme le montre l'exemple qu'a donné Raymonde Moulin pour la peinture. C'est aussi par référence à cette situation de marché que les problèmes posés peuvent recevoir une solution concrète. Réciproquement, l'étude de ces marchés très particuliers contribuerait sans doute – en fait, elle contribue déjà – à une théorie plus réaliste du marché.

La contribution qu'apporte ce livre aux sciences de la gestion est donc très loin de se limiter à l'étude du domaine, déjà fort important en lui-même, du droit d'auteur. Parce que l'auteur s'est efforcé de cerner la réalité des échanges sociaux qui le constituent, dans leurs particularités sectorielles comme dans leur dynamique, il met en lumière deux problèmes extrêmement généraux et qui ont toute chance de tenir une place croissante dans le développement économique actuel car ils sont liés à ce qui fait le cœur de l'entreprise économique, c'est-à-dire l'innovation. Ils sont évidemment présents dans le droit des brevets comme dans la diffusion des connaissances scientifiques. Bornons-nous à les esquisser dans l'entreprise elle-même. D'une part, en effet, si l'apprentissage qui lui permet de maîtriser une technologie, de définir un nouveau produit, de conquérir un nouveau marché est bien une composante majeure de cette entreprise, il faut bien que les connaissances nécessaires, qu'il s'agisse de leur élaboration collective ou de leur distribution, y circulent comme une sorte de bien public local ; et la rétribution des apports de chacun pose évidemment de sérieux problèmes. De l'autre, si l'innovation n'est plus seulement l'œuvre d'un inventeur génial ou d'un chef d'entreprise tout-puissant, si elle est bien le résultat d'une action collective à laquelle chacun des participants apporte sa propre contribution innovatrice, les rapports classiques de subordination et de hiérarchie sont très mal adaptés à la stimulation de cet effort comme à l'organisation de la coopération. Dans certains secteurs au moins de la vie économique et plus particulièrement dans certaines fonctions (comme la recherche et le développement), la réalité des rapports de travail oscille de manière incertaine entre le contrat de travail classique et des relations de quasi-indépendance ou d'association. La notion, bien vague pour le moment, de parasubordination montre surtout la difficulté des juristes à faire entrer ces phénomènes dans leurs catégories – mais elle montre aussi que leur attention est éveillée sur l'acuité du problème. Dans les deux cas, forme de rémunération des apports de connaissance et forme de coopération pour l'innovation commune, le rapprochement avec les problèmes que pose le droit d'auteur est évident. On ne saurait, bien entendu, assimiler pour autant la gestion de la connaissance *(knowledge management)* à celle du droit d'auteur. Ce serait oublier un des apports essentiels de ce livre : la variété irréductible des secteurs, des conditions d'exercice et des solutions de gestion. Mais ce n'est pas un apport minime que d'avoir identifié, dans un cas précis, la présence de deux problèmes très généraux et d'en avoir distingué la substance des mythes qui les déguisent et qui en masquent la solution.

Ce n'est pas non plus un mince mérite que d'avoir montré qu'une théorie constructiviste de la régulation sociale n'est pas seulement un moyen commode de présentation des résultats acquis, mais aussi un outil d'analyse pour comprendre la réalité et la dynamique des échanges sociaux. Non, certes, pour désigner aux acteurs sociaux ce qu'ils ont à faire ou pour prévoir à leur place les solutions originales qu'ils apporteront. Mais, en détruisant l'illusion qu'une solution existe déjà dans le monde des idées et en éclairant les données du problème qu'ils ont à résoudre, de soutenir l'innovation qu'il leur appartient de réaliser.

Paris, janvier 2002.
Jean-Daniel Reynaud.

Remerciements

Ce livre est le fruit d'un travail de recherche qui a duré quatre années. Pierre-Jean Benghozi en a été à l'origine. Je lui dois de m'être trouvé face à un sujet à la fois passionnant et extrêmement fertile. Pour cela, et pour son aide tout au long du processus de thèse, je lui adresse mes remerciements les plus sincères.

Michel Berry a toujours cru en ce sujet et en mon travail, et sa confiance a été pour moi une source de motivation capitale. Pour cela, et pour l'intérêt dont il a toujours fait preuve, je le remercie très vivement.

J'adresse aussi ma plus profonde gratitude à Jean-Daniel Reynaud, dont l'enthousiasme a été une stimulation extraordinaire, à Dominique Desjeux pour la confiance qu'il m'a accordée, à François Rouet pour l'intérêt porté à ce travail et à Hervé Dumez pour ses conseils avisés dans l'écriture de cet ouvrage.

Enfin, un grand merci à Papi Bernard pour sa relecture au pied levé.

« Mais il arrive le plus souvent que l'idée se complique, qu'elle donne naissance à une glose, à un dogme, que les remaniements de la glose et du dogme deviennent l'affaire de corps spécialisés dans cette tâche, et qu'elle finisse par mener une vie semi-autonome. Et comme, parallèlement à ce processus, se développeront, comme aurait dit Marx, des processus "matériels", la relation entre l'idée primitive et l'état de la société peut devenir de plus en plus malaisée à saisir. »

Raymond Boudon, *L'idéologie. L'origine des idées reçues,*
Paris, Fayard, 1986, p. 277-278.

Prologue

Le Droit et les Auteurs

(PROSOPOPÉE)

Comment peut-on dire que Mozart a composé Don Juan ? Comme s'il s'agissait d'un gâteau ou d'un biscuit fait avec des œufs, de la farine et du sucre, le tout battu ensemble ! Non, c'est une création de l'esprit. Celui qui l'a faite était possédé par le démon de son génie, et il a dû exécuter ce que celui-ci lui ordonnait.[1]

Écrire, composer, éditer de la musique est un travail. Le droit d'auteur est la rémunération de ce travail.[2]

Où est la limite de l'inspiration à la folie, de la stupidité à l'extase ? Ne faut-il pas, pour être artiste, voir tout d'une façon différente de celle des autres hommes ?[3]

Le droit d'auteur est le salaire de l'auteur. Utiliser de la musique sans l'autorisation de la SACEM, c'est déposséder l'auteur de ce qui lui revient. C'est aussi s'exposer à d'éventuelles poursuites pénales.[4]

J'ai remarqué avec bien du plaisir que les 62 airs, que j'ai composés pour vous, vous sont enfin parvenus et que vous en êtes satisfait, à l'exception de 9 que vous me marquez et dont vous voulez que je change les ritournelles et les accompagnements. Je suis fâché de ne pas pouvoir vous y complaire. Je ne suis pas accoutumé de retoucher mes compositions.[5]

Quand une chanson est interprétée au cours d'un gala de variétés ou d'un bal, les redevances perçues sont réparties entre les différents

1. Goethe, Conversations de Goethe avec Eckermann, 1831.

2. Plaquette d'information de la SACEM (Société des auteurs, compositeurs et éditeurs musicaux).

3. Gustave Flaubert, *Correspondance.*

4. *Ibid.*, n. 2.

5. Ludwig van Beethoven, Lettre à un éditeur anglais, 1813.

ayants droit de la façon suivante : un tiers est versé à l'auteur, un tiers au compositeur, un tiers à l'éditeur.[1]

Sait-on ce que peut être pour lui la torture des répétitions... La première clarinette est malade, le hautbois a une femme en couches, l'enfant du premier violon a le croup ; les trombones sont à la parade, ils ont oublié de demander une exemption de service militaire pour ce jour-là ; le timbalier s'est foulé le poignet, la harpe ne paraîtra pas à la répétition, parce qu'il lui faut du temps pour étudier sa partie, etc.[2]

Pour les bals avec orchestre, 1 500 manifestations font l'objet d'un enregistrement. Le collaborateur de la SACEM enregistre le début de chaque morceau. L'enregistrement est ensuite analysé par les services musicaux de la SACEM pour identifier les œuvres. Cela permet d'établir un relevé semestriel de toutes les œuvres diffusées dans les bals, qui servira de base à la répartition.[3]

Le piano ne me permettait pas de maîtriser les formes nouvelles que je concevais. Alors je me suis tourné vers les techniques modernes susceptibles de mettre fin à ces limites jamais surmontées. Les mathématiques et l'informatique m'ont fourni la réponse que je cherchais.[4]

À chaque répartition sont distribués les droits perçus au cours d'un semestre ou d'un trimestre (répartir au coup par coup alourdirait considérablement les frais de gestion). Le délai entre le semestre de perception et l'attribution effective des droits est en général de trois ou six mois.[5]

Jeunes compositeurs d'Italie, désertez donc les conservatoires et les académies pour étudier et composer dans la plus absolue des libertés. Révoltez-vous contre la tyrannie des éditeurs, l'outrecuidance du public et le bavardage des critiques plus ou moins vendus.[6]

La rémunération pour la diffusion d'œuvres télévisuelles résulte d'un barème modulé selon quatre paramètres :

— la catégorie de l'œuvre : les œuvres font l'objet d'un classement en quatre catégories en fonction de leur degré d'originalité. À l'intérieur de chaque catégorie, le coefficient de base – qui détermine la valeur minutaire applicable à l'œuvre – est modulé en fonction de la présence d'éléments préexistant dans l'œuvre ;

— le nombre de diffusions : la première diffusion d'une œuvre télévisuelle bénéficie d'une majoration de 50 % du coefficient de base

1. Plaquette d'information de la SACEM (Société des auteurs, compositeurs et éditeurs musicaux).

2. Hector Berlioz, Lettre à Liszt.

3. *Ibid.*, n. 2.

4. Iannis Xenakis.

5. *Ibid.*, n. 2.

6. Balilla Pratella, *Manifeste des musiciens futuristes*, 1911.

de sa catégorie ; la seconde est rémunérée au coefficient de base, les suivantes à 50 %. Un régime particulier s'applique à la multidiffusion ;

— la tranche horaire ;
— les conditions de production qui influent dans certains cas sur l'invention et la construction dramatiques. Afin d'en tenir compte, le coefficient de base de la catégorie est réduit de moitié, lorsque la durée utile quotidienne de tournage est égale ou supérieure à trente minutes[1]...

1. Clés de répartition de la SACD (Société des auteurs et compositeurs dramatiques) relatives aux droits des œuvres télévisuelles, *in* Ministère de la Culture, 1997.

Introduction générale

Milieu des années 1990. Un sentiment de branle-bas de combat général se dégage autour du système du droit d'auteur. Des groupes de réflexion sont créés[1], des consultations sont lancées[2], des colloques sont organisés[3], les négociations du GATT mobilisent l'opinion, s'enflamment et achoppent sur les questions du droit d'auteur et de l'exception culturelle[4], le procès de la colorisation d'*Asphalt Jungle* (*Quand la ville dort*, John Huston)[5] est monté en épingle, et le tout est largement repris dans la presse informative. Le droit d'auteur est-il en crise ?

1. Une commission de réflexion en France, créée en 1993 autour de Pierre Sirinelli par le ministre chargé de la Culture, Jacques Toubon, pour étudier les conséquences des technologies nouvelles sur les mécanismes de protection des industries culturelles (cf. le rapport Sirinelli *et al.*, 1994), un *working group on intellectual property rights* autour de Bruce Lehman aux États-Unis (Lehman, 1995) et d'autres études dans différents pays dont l'Australie, le Canada, la Finlande, l'Allemagne, le Japon, la Suède, Singapour, le Royaume-Uni... (Lehman, 1995, p. 130).

2. Cf. Livre vert de la Commission des communautés européennes, « Le droit d'auteur et les droits voisins dans la Société de l'Information » (COM (95), 382 final), et « Réponses des milieux intéressés sur “Le droit d'auteur et les droits voisins dans la Société de l'Information” ».

3. *Le droit d'auteur. Enjeu économique et culturel*, 2e symposium, Union internationale des éditeurs, Syndicat national de l'édition, 11-12-13 avril 1990, Éditions Litec, 1990 ; « Colloque mondial de l'OMPI sur l'avenir du droit d'auteur et des droits voisins », 1er-3 juin 1994, Genève, OMPI, 1994 ; « Le droit d'auteur et les droits voisins à l'aube du XXIe siècle », conférence internationale, Commission européenne, DG, XV.

4. Le journal *Le Monde* s'est fait la tribune des débats autour de l'exception culturelle et du droit moral entre Jack Valenti et les représentants du cinéma français. Cf. *Le Monde*, 11 mars 1993, 3 mai 1993, 11 mai 1993...

5. Société Turner Entertainment c/ Huston.

Depuis plusieurs années, les systèmes de protection de la propriété littéraire et artistique sont au cœur de débats multiples et récurrents et focalisent l'attention de l'ensemble des intervenants des secteurs de la création. Faut-il ou non protéger telles œuvres ? Faut-il ou non accorder des droits à tel type d'auteurs pour telle exploitation de leurs œuvres ? Faut-il accorder à telle catégorie d'intervenants des droits voisins[1] des droits d'auteur ? Faut-il adopter un système proche du *copyright* ou du droit d'auteur ? Faut-il réformer le droit d'auteur pour qu'il s'adapte à la nouvelle donne numérique ou... faut-il considérer que le système est désormais obsolète et condamné à disparaître ? Car aujourd'hui, les questions soulevées prennent toute leur gravité avec l'avènement des nouvelles technologies qui remet en cause le fonctionnement voire l'existence même des systèmes de protection actuels et, au-delà, l'organisation des industries culturelles. Du fait de la mondialisation et de l'effacement des frontières pour la diffusion des produits culturels, et du fait de l'arrivée de la numérisation et des nouvelles possibilités de diffusion qui en découlent, la protection de la propriété littéraire et artistique est confrontée à trois problèmes cruciaux : l'adaptation du droit aux nouvelles formes de création et de diffusion, sa mise en œuvre face à la dématérialisation des œuvres et aux facilités de reproduction, c'est-à-dire le problème de la piraterie, et l'harmonisation des modes de protection dans un contexte de mondialisation des échanges, avec en toile de fond l'opposition *copyright* vs droit d'auteur.

Les trois problèmes cruciaux du droit d'auteur

Le droit d'auteur est apparu dans la législation française au moment de la Révolution, à la suite d'une épreuve de force qui vit Beaumarchais s'opposer à l'utilisation abusive des œuvres des auteurs de théâtre par les sociétaires de la Comédie-Française. Cela déboucha, en 1791, sur un décret instaurant le droit de représentation pour les auteurs de théâtre. Par la suite, le droit d'auteur fut généralisé à l'ensemble des œuvres littéraires et artistiques, une première loi générale fut instaurée en 1957, remaniée par la loi Lang du 3 juillet 1985, et consignée dans le Code de la propriété intellectuelle. Ainsi, les

1. L'appellation « droits voisins » renvoie aux droits reconnus, depuis la loi Lang de 1985 en France, aux auxiliaires de la création, artistes-interprètes et producteurs. Dans toute la suite de l'ouvrage, nous parlerons de droits d'auteur pour parler indistinctement des droits d'auteur et droits voisins.

auteurs des œuvres dramatiques, musicales et plastiques se voient reconnaître deux types de droits, les droits patrimoniaux et les droits moraux. Avec leurs droits patrimoniaux, ils peuvent autoriser ou interdire toute exploitation, sous forme de représentation ou de reproduction. Chaque exploitation leur donne droit à une rémunération. Les droits moraux, incessibles, leur permettent de s'opposer à toute modification de leurs œuvres.

Aujourd'hui se pose de plus en plus la question de l'adaptation du système à l'environnement numérique. Le droit d'auteur est apparu à une époque où les œuvres étaient matérialisées, et donc facilement identifiables. Avec la numérisation, la notion d'œuvre ainsi que tous les termes de la définition du droit d'auteur sont remis en cause (Benghozi et Paris, 1998) : peut-on encore penser en termes de reproduction et de représentation à l'époque d'Internet ? Peut-on encore parler d'auteur lorsque plusieurs personnes peuvent apporter, à distance et parfois à des siècles d'écart, leur contribution à une création ? Peut-on encore parler d'œuvre quand quiconque peut aujourd'hui collecter une œuvre et la rediffuser ? Plus encore, on peut la modifier, la sectionner, la mélanger à d'autres et la délivrer de nouveau. Les œuvres de demain, CD-ROM ou pages *web,* incorporent des morceaux de différents types d'œuvres dans une mise en forme particulière. Les œuvres deviennent donc elles-mêmes la matière première brute dans laquelle on prélève pour en construire d'autres. Les auteurs ne sculptent plus dans l'argile ou le grès, mais dans *La Joconde* ou *Bonnie and Clyde*[1] ! Les notions d'œuvre et d'auteur sont diluées dans un univers de coopération, d'adaptation, de remakes, de versions successives, de réutilisation, d'échantillonnage *(sampling)*, de remixage, de clonage, de *zapping,* de *surfing.* Le droit d'auteur est-il encore adapté à cet environnement ?

Le deuxième problème crucial touche à la gestion des rémunérations. La gestion des « droits d'auteur » est effectuée depuis deux siècles par les sociétés de gestion collective ou sociétés d'auteurs. Ces sociétés ont été créées à la suite du coup de force de Beaumarchais, à l'instigation des auteurs qui ne pouvaient pas contrôler seuls l'ensemble des exploitations de leurs œuvres. Elles sont mandatées pour effectuer le contrôle et la perception des droits. Par exemple, la SACEM exerce un contrôle strict de la diffusion des œuvres musicales et perçoit les droits d'exploitation, pour le compte des ayants droit, auprès des radios, des télévisions, des organisateurs de concerts et de bals populaires, des dis-

1. Marcel Duchamp a fait une œuvre intitulée *LHOOQ,* à partir d'une reproduction de *La Joconde* ; le chanteur MC Solaar a créé une nouvelle chanson, *Nouveau western,* à partir de la mélodie de *Bonnie and Clyde* (Serge Gainsbourg).

cothèques, mais aussi des bars, des salons de coiffure et même des ascenseurs. Chaque lieu public qui diffuse de la musique doit lui verser une redevance. À côté de la SACEM qui gère les droits des auteurs dans la musique, une vingtaine d'autres sociétés interviennent pour percevoir et répartir les droits des auteurs et des titulaires des droits voisins dans l'audiovisuel, la peinture ou le théâtre, parmi lesquelles la SACD pour les auteurs de théâtre et de cinéma ou l'ADAMI pour les droits des artistes-interprètes de musique et de cinéma.

Seulement, le développement du numérique et de l'Internet va rendre de plus en plus difficile l'exercice de la perception des droits. Hier, les œuvres, matérielles, étaient distribuées par des diffuseurs qui restaient identifiables, chaînes de télévision, lieux sonorisés ou éditeurs de cassettes vidéo. Demain, tout possesseur d'un accès Internet ou d'un graveur de CD pourra recopier à l'identique, pour lui-même ou pour un tiers, un produit numérique, film, disque ou logiciel, et ce, sans perte de qualité. Depuis deux ans, de nouvelles technologies apparaissent régulièrement dans le monde de l'Internet pour permettre de compresser, de télécharger ou d'échanger des morceaux musicaux de qualité parfaite. Chaque nouvelle invention – mp3, Napster, Gnutella, etc. – fait trembler l'ensemble de l'industrie du disque. À son tour, l'industrie du film commence à trembler à l'annonce de l'arrivée de l'Internet haut débit et des premiers formats de compression performants (DivX). La question de la piraterie ne se pose plus de la même façon : il ne s'agit plus de repérer et de punir quelques diffuseurs clandestins qui rongent à la marge les chiffres d'affaires des producteurs de contenus, il s'agit désormais de trouver des solutions pour que les créateurs et les industries de contenus puissent continuer à vivre dans un univers où ce qui s'appelait hier piraterie sera demain une pratique courante – et peut-être banalisée – de consommation des œuvres. Le problème de la mise en œuvre de la perception des droits d'auteur se pose de manière aiguë.

Le troisième défi auquel est confronté le droit d'auteur aujourd'hui est celui de l'harmonisation des systèmes de protection de la propriété littéraire et artistique. Coexistent aujourd'hui deux grands régimes, dont les systèmes français et américain sont les archétypes : le droit d'auteur dans les pays de droit civil *(civil law)* et le *copyright* dans les pays de droit commun *(common law)*. Depuis 1886 et la signature de la convention de Berne[1], les législations nationales sur la propriété

1. Établie le 9 octobre 1886, la convention a été révisée de nombreuses fois pour prendre sa forme actuelle, l'Acte de Paris, le 24 juillet 1971. Administrée par l'OMPI, elle compte aujourd'hui 131 états membres.

littéraire et artistique ont tendance à s'harmoniser, sous la pression de la mondialisation et des institutions internationales, l'OMPI, administratrice des conventions de Berne et de Rome[1], l'UNESCO, instigatrice et dépositaire de la convention de Genève[2], le GATT puis l'OMC. Mais cette tendance se heurte aujourd'hui à une opposition radicale de conceptions entre les deux systèmes. Droit d'auteur et *copyright* diffèrent en effet par leurs divergences techniques et par une différence de philosophie.

Les différences « techniques » sont de deux types : les formalités de protection, l'attribution et les restrictions de transfert de certains droits. Parmi les formalités de protection, la procédure du dépôt a longtemps constitué une différence fondamentale entre les deux systèmes : les législations des pays de droit commun imposaient que les œuvres soient déposées pour pouvoir bénéficier d'une protection. Par obligation de conformation au principe de protection automatique, ces formalités sont néanmoins abandonnées par les pays qui rejoignent la convention de Berne, parfois partiellement. La seconde grande différence technique est l'attribution et la limitation de certains droits, notamment la question du droit moral. Dans le droit d'auteur français, sauf mention contraire, tous les droits sont attribués *a priori* à l'auteur, et certains, ses droits moraux, sont « perpétuels, inaliénables et imprescriptibles ». L'auteur peut ainsi s'opposer à toute modification de son œuvre comme il peut en exiger le retrait. C'est au nom de ses droits moraux qu'un peintre peut demander qu'un tableau lui soit restitué ou soit détruit, moyennant dédommagement. C'est au nom des droits moraux qu'ils avaient hérité de leur père que les enfants de John Huston ont obtenu que la version colorisée du

1. La convention internationale sur la protection des artistes interprètes ou exécutants, des producteurs de phonogrammes et des organismes de radiodiffusion, ou convention de Rome, instaurée en 1961 et administrée par l'OMPI, pose les principes des droits voisins pour ces auxiliaires de la création. Le 25 mai 1998, elle regroupait cinquante-sept États. La France l'avait ratifiée le 3 juillet 1987, les États-Unis non. Par la suite, d'autres traités administrés par l'OMPI ont contribué à établir la protection des droits voisins : la Convention de Genève de 1971 pour la protection des producteurs de phonogrammes contre la reproduction non autorisée de leurs phonogrammes, et la Convention de Bruxelles de 1974 relative à la diffusion par satellite.

2. Conclue à Genève le 6 septembre 1952 sous l'égide de l'Unesco et grâce à l'impulsion des États-Unis, la Convention de Genève ou Convention universelle sur le droit d'auteur reconnaît moins de droits, définit des durées de protection moins longues et admet le principe d'une protection basée sur un minimum de formalités. Le 1er mars 1991, elle regroupait 84 pays : certains n'avaient pas rejoint la convention de Berne (l'URSS), d'autres l'avaient rejointe après leur adhésion à la Convention de Genève (États-Unis), les autres l'avaient rejointe avant (France).

film *Asphalt Jungle* ne soit pas diffusée en France. En France, mais pas aux États-Unis où le droit moral n'est pas en vigueur : là-bas, une œuvre peut être cédée entièrement, sans que son auteur n'ait plus aucun lien juridique avec elle ! Le *copyright* n'est donc pas nécessairement détenu par l'auteur, mais est le plus souvent possédé par l'employeur ou le producteur. C'est là la différence la plus problématique ou, du moins, la plus sujette à controverse, entre les deux systèmes : la notion d'auteur n'a pas cours dans le système du *copyright*. C'est en cela que le problème de l'harmonisation des systèmes de protection est sensible, parce que c'est toute une conception de la culture qui est en jeu.

Cette différence de philosophie entre les deux systèmes, telle qu'elle est ressentie par les acteurs sociaux, touche à la nature de l'œuvre. Expression de la personnalité de l'auteur, elle lui est liée de manière étroite dans la conception européenne. Dans la conception anglo-saxonne, au contraire, elle est un objet économique. Le *copyright*, à l'instar du brevet, vise essentiellement à la protection d'un bien, objet d'investissement : il consiste en la garantie d'un droit de propriété plus qu'en la protection d'un auteur.

> « C'est vrai : chez nous, dans notre système de droit d'auteur essentiellement économique, il n'y a pas grande différence entre une symphonie et une paire de baskets » (Bruce A. Lehman, sous-secrétaire d'État américain au commerce, septembre 1994).[1]

Une vision manichéenne de la propriété littéraire et artistique

Les auteurs français contre la « culture-basket » américaine... ; l'ensemble des créateurs contre les pirates... : il serait caricatural de penser que les problèmes actuels se ramènent à cette double bataille. Pourtant, les interventions et les débats des experts sur la propriété intellectuelle ont tendance à nous enfermer dans une vision manichéenne de la propriété intellectuelle. La virulence des débats sur la question droit d'auteur vs *copyright* tiendrait à des différences culturelles traduisant la cohabitation de deux « paradigmes » qui placeraient au fondement du droit d'auteur l'un l'individualisme et l'autre les intérêts industriels[2] : l'intérêt général est justice pour les uns, justesse

1. In *La revue de la SACD*, n° 7, 1994.
2. M. Dietz, cité dans Edelman, 1993 *b*, p. 4.

(ou efficience) pour les autres, la propriété intellectuelle est un droit de l'homme pour ceux-là, un droit économique pour ceux-ci. Les recherches sur la propriété intellectuelle[1], qu'elles soient juridiques ou économiques, se situent dans la perspective de définition d'un optimum social ou économique. Pour les juristes, la protection des auteurs est une finalité : la propriété intellectuelle a une fonction d'ordre moral, de protection des droits inhérents à l'acte de création et de juste rémunération des créateurs (Sirinelli, 1995). Il s'agit alors d'adapter la législation à la nouvelle donne technologique, soit en qualifiant les situations nouvelles avec les catégories existantes, soit en créant de nouvelles catégories. Pour les économistes, le droit est l'outil : ils s'attachent à déterminer les modalités de protection efficientes (types d'œuvres protégées, durée, étendue de protection)[2] qui conduisent à un juste équilibre entre innovation et circulation des productions intellectuelles[3]. Les uns comme les autres s'efforcent de concilier des impératifs apparemment opposés. Ainsi, les débats économiques se nourrissent-ils du « dilemme schumpétérien » (Héraud, 1995) en cherchant un équilibre entre « performance individuelle de l'entreprise innovatrice et efficience collective de la structure industrielle » : protection de l'innovation ou frein à la diffusion, tel est le dilemme (Wallerstein, 1993 ; Héraud, 1995 ; Cohendet, Foray, Guellec et Mairesse, 1998). Quant aux juristes, ils s'interrogent sur la façon de « concilier les droits exclusifs reconnus à l'auteur avec le droit à l'information ou le droit à la culture qui sont reconnus comme des fondements de notre civilisation » (Lamberterie, 1998) : droit des créateurs contre droit du public, en somme.

Les problèmes récurrents posés par le droit d'auteur résistent aux seules analyses économiques et juridiques. Les débats d'experts, qui se placent pour la plupart sur le terrain des grands principes de justice sociale ou d'efficience économique, s'en trouvent très passionnés et se traduisent le plus souvent par des dialogues de sourds croisant des points de vue individualiste et industriel. Un décalage s'observe

1. La propriété intellectuelle est beaucoup plus large que la propriété littéraire et artistique : elle comprend aussi la propriété industrielle avec, notamment, le droit des brevets.

2. L'étendue des brevets *(breadth of patent protection)* est entendue non pas au sens géographique, mais comme le degré de protection, c'est-à-dire « la mesure dans laquelle des idées nouvelles inspirées de l'idée initiale peuvent être déposées sans enfreindre le droit du premier inventeur ». Cf. Héraud, 1995.

3. Besen et Raskind, 1991, Deardorff, 1995, Koboldt, 1995. Voir aussi Deffains, 1997, pour une revue de la littérature récente. D'autres économistes, plus libéraux, réfutent le principe même d'une protection organisée de la propriété intellectuelle. Cf. Palmer, 1989.

aujourd'hui entre ces approches et les problèmes auxquels est confronté le système. Plus que de savoir si telle catégorie d'auteurs doit percevoir des droits, c'est la possibilité technique de garantir des droits aux différents ayants droit qui fait problème. Plus que de déterminer lequel des deux systèmes, *copyright* ou droit d'auteur, est le plus efficient, c'est leur inévitable harmonisation qui pose question.

Crise profonde ou incidents normaux ?

En marge de ces problèmes cruciaux liés à l'avènement de la « société de l'information », l'actualité remet régulièrement en avant la question du droit d'auteur, sur des problèmes qui semblent bien loin de ces préoccupations fondamentales. La question du droit de prêt : faut-il imposer un droit sur le prêt des livres en bibliothèque ? Le débat actuel sur cette question est très virulent, alors que les bibliothèques existent depuis plusieurs siècles et que ni l'Internet ni la numérisation ne semblent *a priori* en être à l'origine. La question des doubleurs de cinéma : les doubleurs de cinéma sont-ils des artistes-interprètes et peuvent-ils, à ce titre, bénéficier de droits lorsque les films doublés sont rediffusés, au même titre que les comédiens et que les musiciens ? Là encore, l'actualité du problème apparaît purement fortuite et ne semble en aucune manière être liée aux évolutions technologiques. Les doubleurs doublent depuis plusieurs décennies, mais cette question a fait l'objet d'un conflit très médiatique il y a quelques années seulement. Le problème de l'ADAMI et de la gestion des sociétés de gestion collective : faut-il surveiller de près la gestion de ces organismes qui perçoivent et reversent les droits pour le compte de leurs ayants droit depuis deux siècles ? Enfin, la question des journalistes semble plus en phase avec l'actualité mais reste assez éloignée des débats de fond que nous avons présentés : les journalistes doivent-ils toucher des droits quand leurs articles sont diffusés sur l'Internet ?

La multiplicité et la régularité de ces problèmes posent la question de la gravité des questions liées au déploiement des technologies numériques. Se dessine-t-il réellement une crise profonde ? Ou n'est-ce pas là un débat de plus qui vient nourrir le fonctionnement normal du système du droit d'auteur ? Le système est-il en train d'exploser ? ou s'ajuste-t-il aux évolutions de l'environnement ? L'objet de ce livre est d'éclairer les débats actuels du droit d'auteur, les questions fondamentales – ? – que nous avons soulevées, mais aussi ces débats qui semblent *a priori* plus confinés, en essayant de déterminer comment ceux-ci s'articulent avec ceux-là. Face aux limites du droit et de l'économie à appréhender les questions actuelles, et pour ne pas prendre le risque de tomber dans la vision manichéenne du droit d'auteur, nous prenons le parti d'observer le système dans sa complexité, en prenant en compte toute la diversité des intérêts en jeu, notamment les questions de mise en œuvre. C'est donc à observer le fonctionnement concret du système du droit d'auteur, dans ses pratiques quotidiennes, que nous allons nous attacher pour comprendre sa mécanique et sa dynamique.

Pour décrire le système du droit d'auteur, plusieurs solutions sont envisageables. Une première consisterait à suivre un mouvement « descendant » en présentant d'abord la loi puis les institutions en charge de sa mise en œuvre, et enfin les pratiques quotidiennes. Une deuxième voie, historique, nous emmènerait d'abord à l'origine du droit d'auteur pour suivre son évolution jusqu'à aujourd'hui. De ces deux chemins, les plus naturels, nous n'emprunterons ni l'un ni l'autre. Car les problèmes du droit d'auteur sont aujourd'hui ceux de ses acteurs, de ses usagers. Or, pour l'usager, le droit d'auteur est d'abord affaire de pratiques, d'usages. Aussi commencerons-nous par décrire ces pratiques, l'ensemble des mécanismes impliqués dans le système du droit d'auteur. Puisque la « consommation » d'une œuvre génère des droits pour son ou ses créateurs, par quelle mécanique cela se produit-il ? « Mécanique » est bien le mot : la première partie de cet ouvrage sera consacrée à l'analyse des rouages de la machinerie du droit d'auteur : ses acteurs, ses pratiques, ses mécanismes.

Pour bien comprendre les enjeux du droit d'auteur, et les questions qu'il suscite aujourd'hui, il est important d'en comprendre le fonctionnement, mais aussi d'avoir une vision précise de la trajectoire dans laquelle il s'inscrit. L'aspect dynamique du droit d'auteur est fondamental. Dans la deuxième partie de cet ouvrage, nous analyserons les facteurs explicatifs de la dynamique du droit d'auteur sur la longue période et mettrons en évidence ses trois facteurs structurants. Cette partie nous confortera dans nos choix de départ, car à côté des grands principes, qui nous semblent intervenir avant tout sous forme d'un mythe, les deux autres facteurs qui font l'histoire du droit d'auteur sont les facteurs liés à sa mise en œuvre, délaissés par les approches traditionnelles du droit d'auteur : il s'agit de la technologie – et des contraintes qu'elle impose sur la diffusion des œuvres et la gestion des droits –, et de la gestion collective.

Dans la troisième partie, nous rentrerons dans la dynamique au quotidien du droit d'auteur, pour essayer de comprendre les nombreux conflits qui s'y produisent. Ils apparaîtront comme une composante routinière du système, et seront présentés comme les points d'articulation de trois dialectiques : c'est dans ces conflits que se cristallisent les paradoxes entre l'autonomie d'un système qui évolue en fonction de contraintes « internes » et son contrôle par l'outil juridique, entre la singularité des situations liées à la création et la généralité des règles qui s'y appliquent, et entre le fonctionnement très machinal du système et sa capacité d'adaptation sur la longue période. Se posera notamment la question centrale du rôle du droit – la « régulation juridique » – dans les conflits et plus généralement dans le fonctionnement général du système. Enfin, nous analyserons plus en profondeur la question du bouleversement du système par l'avènement du numérique et de l'Internet : les modifications suscitées rompent-elles la dynamique d'adaptation du droit d'auteur ?

Dans l'ensemble de cet ouvrage, nous utiliserons le plus souvent l'expression « droits d'auteur » au sens générique. Nous désignerons sous ce vocable l'ensemble des droits reconnus sur les œuvres aux différents intervenants de la création : il s'agira des droits d'auteur au sens étroit, mais aussi des droits voisins, voire parfois des droits du *copyright*.

Première partie

Les pratiques du droit d'auteur ou les coulisses de la création

Introduction

Qu'est-ce que le droit d'auteur ? Beaumarchais... ou la SACEM ? Une belle idée élevée au rang de principe juridique ou un organisme de perception omniprésent et omnipotent ? Si nous soulevons cette question, c'est qu'il existe un décalage saisissant entre le poids de la composante concrète du droit d'auteur, dont la SACEM est l'allégorie la plus naturelle, et sa quasi-inexistence dans le traitement dont il fait l'objet dans les approches traditionnelles par le droit et l'économie. Or il paraît évident que le droit d'auteur n'est pas un objet purement juridique et ne peut être ramené à cela.

Si l'on veut comprendre les problèmes suscités par le droit d'auteur aujourd'hui, il est important de reconnaître le poids de la composante pratique du système et d'en bien connaître les rouages, les acteurs sociaux, les dispositifs de gestion, les modalités de fonctionnement au quotidien. Et ce pour deux raisons. La première est que les approches traditionnelles du droit d'auteur, par le droit et l'économie, se trouvent aujourd'hui dans une aporie et ne suffisent plus à apporter de réponses aux problèmes actuels. Ces démarches s'inscrivent dans une perspective globale de définition d'un optimum, se placent sur le plan des grands principes en négligeant les aspects de mise en œuvre et, en raisonnant par grandes catégories, ne sont pas en mesure d'appréhender les aspects conflictuels très localisés qui, comme nous le verrons, font le quotidien et fondent la dynamique du système. Ainsi, une approche du problème qui part du principe que le droit d'auteur protège les créateurs ne permet pas d'appréhender toute la complexité du problème soulevé par l'avènement du format de compression numérique mp3 : nous verrons que le problème est beaucoup plus compliqué qu'un problème technique, si grave soit-il, qui verrait l'ensemble d'une profession unie contre le phénomène de la piraterie. Derrière les questions générales de justice sociale et d'efficience économique, c'est en réalité à des enjeux multiples que nous avons affaire. La difficulté des approches « globalisantes » à apporter des réponses aux questions actuelles plaide pour une approche radicalement différente, susceptible d'apporter un éclairage nouveau.

La seconde raison est que le droit d'auteur, si c'est un principe juridique, est d'abord, au quotidien, un ensemble de dispositifs de mise en œuvre qui définissent ou incarnent les règles du jeu d'un secteur. Pour l'ensemble des acteurs concernés, auteurs, diffuseurs, consommateurs, le rapport avec le droit d'auteur est d'abord un rapport avec des règles et des procédures, beaucoup plus qu'un rapport avec des grands principes de justice ou de justesse. Leur rapport avec le droit d'auteur est un rapport avec la SACEM plus qu'un rapport avec Beaumarchais ! D'ailleurs, une grande part des problèmes soulevés aujourd'hui par le droit d'auteur ne portent pas sur ses principes fondamentaux mais impliquent directement ses modalités de mise en œuvre. C'est le cas des problèmes soulevés par l'Internet, c'est le cas des questions relatives à la transparence des sociétés de gestion collective.

La composante réelle du droit d'auteur, par opposition à sa composante idéelle, a donc un poids que les approches traditionnelles ne reflètent pas. Alors que les ouvrages théoriques sur le droit d'auteur sont légion[1], aucun livre ne nous donne une description réelle du système. C'est ce que nous nous proposons de faire dans cette première partie, dans le double dessein de compléter la connaissance sur le droit d'auteur et de proposer une alternative à ces approches traditionnelles qui soit suffisamment fertile pour nous aider à apporter des réponses aux problèmes qui se posent aujourd'hui. Cette partie a donc pour but de présenter le système du droit d'auteur non pas à partir des grands principes auxquels il répond, mais à partir d'une description précise de son fonctionnement, de ses rouages, de ses acteurs, de ses mécanismes.

Consommateur de produits culturels, vous n'êtes pas sans savoir que les auteurs des œuvres dont vous jouissez bénéficient de droits sur ces œuvres. Mais que cela signifie-t-il concrètement ? Comment ces droits sont-ils exercés ? Plus précisément, vous savez que les auteurs

1. Parmi les ouvrages juridiques de référence sur le droit d'auteur, nous pouvons citer Colombet, 1992, Edelman, 1993 *a*, Edelman, 1993 *b*, Colombet & Sirinelli, 1995.

touchent une rémunération sur l'exploitation de leurs œuvres ? Comment cela s'opère-t-il ? Vous jouissez d'une œuvre, il touche des droits... Quels mécanismes cela implique-t-il ? C'est à cela que nous allons répondre dans cette partie. Vous allez vous asseoir dans votre fauteuil, et nous allons tirer le rideau derrière l'œuvre que vous êtes en train de consommer, pour que vous sachiez ce qu'il se passe en coulisses. Tout d'abord, cette œuvre que vous êtes en train de consommer, savez-vous comment elle a été réalisée ? Certainement, vous ne l'ignorez pas. Mais connaissez-vous tout de sa conception, avez-vous une idée précise de l'ensemble des acteurs qui ont participé à sa conception, à sa production et à sa valorisation, et du rôle que chacun d'entre eux a joué ? Pour qui veut comprendre les mécanismes du droit d'auteur, c'est une étape importante que de bien avoir en tête toute la chaîne de production. Cela fera l'objet du premier chapitre. Nous pourrons alors présenter les mécanismes qui sont impliqués dans l'exercice des droits des auteurs. C'est ce à quoi nous nous attellerons dans le deuxième chapitre, qui visera à aboutir à une modélisation de l'ensemble de ces mécanismes. Enfin, nous irons plus avant dans la compréhension fine des pratiques du droit d'auteur en forçant les portes des sociétés de gestion collective pour y mettre au jour les rouages internes.

Chapitre 1

La création d'une œuvre, fruit d'une organisation socio-économique

Introduction

Tous, nous avons en tête une idée de ce qu'est la production d'une œuvre. Auteur, producteur, réalisateur, interprète sont des termes qui nous sont familiers. Nous n'allons donc pas, dans ce chapitre, décrire avec précision l'organisation de la création dans les différents secteurs. C'est quelque chose qui est à peu près connu et qui a été largement traité pour chacun des grands secteurs des produits culturels[1]. Non ! ce que nous cherchons à faire ici est plus de nuancer et de préciser l'idée commune de ce qu'est la création. Ce chapitre sera même quelque peu iconoclaste dans la mesure où il aboutira à la destruction de la vision romantique de la création. À l'heure de la culture « industrielle », qu'il s'agisse du livre, du film ou du disque, la création ne se fait plus selon un processus romantique : elle n'est plus l'acte passionné et désintéressé d'un auteur qui travaille seul à la lumière d'une bougie dans une chambre mansardée.

L'a-t-elle d'ailleurs été ? Depuis trois décennies, à partir du texte séminal « Art as collective action » (Becker, 1974), des travaux de plus en plus nombreux, à la confluence de l'économie, de la gestion et de la sociologie, se sont penchés sur les processus d'élaboration des produits culturels (Benghozi et Sagot-Duvauroux, 1994, p. 120) et ont contribué à détruire petit à petit cette vision romantique de la création. L'un des

1. Sur le marché de l'art, on peut par exemple se référer à Moulin, 1992. Sur le cinéma, il existe plusieurs ouvrages de référence, par exemple Benghozi, 1989, Bonnell, 1989. Enfin, Lefeuvre, 1998, dresse un bon panorama de l'industrie de la musique.

grands apports de ces travaux, regroupés sous l'appellation « approches institutionnelles de l'art », est d'avoir mis en évidence qu'un produit culturel était non pas uniquement le fruit du génie d'un auteur, mais un fruit d'une organisation socio-économique composée d'intervenants multiples, régie par des codes conventionnels et agitée de luttes intestines. Ainsi Michael Baxandall a-t-il mis en évidence l'influence, en termes quantitatifs et qualitatifs, des pratiques de contractualisation sur la production artistique de la Renaissance italienne (Baxandall, 1972). C'était reconnaître que les œuvres étaient le fruit d'une négociation entre créateurs et marché. Howard Becker a élargi ces résultats en montrant que les différents secteurs étaient organisés en « mondes de l'art », réseaux de coopération qui participaient à la création des œuvres en s'appuyant sur un certain nombre de conventions (Becker, 1974, 1982). Ces mondes de l'art englobent un grand nombre d'intervenants : les créateurs, le public, les intermédiaires du marché, les experts, etc. Raymonde Moulin a étudié plus spécifiquement le rôle des différentes professions dans l'organisation du marché de l'art (Moulin, 1992). De son côté, Pierre Bourdieu a montré que le champ esthétique et le champ social étaient étroitement liés, mettant en évidence que les querelles entre courants artistiques dissimulaient des luttes pour l'imposition de nouvelles conventions esthétiques et pour le contrôle des ressources sociales (Bourdieu, 1992).

Notre premier chantier s'appuiera sur ces travaux, qui visera à reconstruire un modèle de la création sur les ruines du modèle romantique. À partir de ces fondations saines, nous pourrons esquisser une description de la manière dont sont produites les œuvres dans les différents secteurs. Il s'agira là de modèles dominants, étant bien entendu que bien d'autres peuvent exister ou existent en marge de ceux-là. Ce sera l'objet de la troisième partie de ce chapitre que de bien mettre en évidence la diversité des modes d'organisation.

Les mondes de l'art : contraintes, coopération et conventions

« Le phénomène de l'artiste indigent est un anachronisme à la fin du XXe siècle. Il appartient à un mythe romantique sur l'acte de création, scientifique ou artistique, comme forme de folie ou d'autocommisération qui, comme les images du savant à lunettes ou du poète aux cheveux longs [...], n'a plus cours à l'ère de l'industrie des médias » (M. Duffy, auteur).[1]

1. Duffy, 1996.

Qui dit art dit auteur... Une œuvre d'art est le fait d'un auteur... Ce qui nous apparaît ainsi comme une évidence traduit – ou trahit – la représentation sociale que nous avons de l'art, indissociable de la figure de l'auteur qualifiée tantôt de romantique, tantôt de charismatique (Bourdieu, 1992 ; Moulin, 1992). Plus que de représentation, P. Bourdieu parle même d'idéologie charismatique pour rendre compte de ce qui « oriente le regard vers le *producteur apparent*, peintre, compositeur, écrivain, bref, vers l' "auteur" (Bourdieu, 1977). À cette représentation, nous allons nous efforcer ici d'en substituer une plus proche de la réalité qui prend en compte la diversité des contributions dans la production d'une œuvre, qu'elle relève des industries culturelles, comme un film ou un livre, ou qu'elle n'en relève pas, comme un tableau ou une sculpture. En nous appuyant sur les travaux de Howard Becker, nous commencerons par dénoncer la vision romantique de la création, avant de reconstruire un modèle des « mondes de l'art » dans lequel les contraintes et la coopération retrouvent leur juste place, un modèle dans lequel les conventions jouent un rôle fondamental.

L'auteur romantique, franc-tireur et marginal

Pour mieux réfuter l'auteur romantique, H. Becker lui donne chair en la personne du compositeur Charles Ives, l'incarnation de ce qu'il appelle les francs-tireurs (Becker, 1982, p. 242 et sq.). Ives a mené à son terme l'expérience de la liberté de création en s'affranchissant totalement des contraintes du marché et des conventions qui régissaient le monde de l'art. Pour ce faire, il a dû se mettre en marge du système et accepter que sa musique ne soit plus jouée.

« On peut toujours s'y prendre autrement, sachant que cela peut coûter en efforts supplémentaires ou en obstacles à la diffusion des œuvres. Le compositeur Charles Ives en a fait l'expérience. Il a travaillé sur la polytonalité et la polyrythmie au tout début du siècle, à une époque où elles dépassaient les compétences des instrumentistes de formation classique. Les musiciens new-yorkais qui essayèrent d'interpréter sa musique de chambre et ses œuvres symphoniques déclarèrent qu'elles étaient injouables, que leurs instruments ne pouvaient produire de telles sonorités, que les partitions étaient totalement impraticables. Ives renonça à les convaincre, mais continua à composer sa musique comme il l'entendait. Ce que nous retiendrons plus particulièrement, c'est que, tout en éprouvant une certaine amertume, Ives vécut cette épreuve comme une délivrance. Si personne ne pouvait jouer sa musique, il n'avait pas besoin d'écrire en fonction des capacités des musiciens, d'accepter les conventions contraignantes qui régissent la coopération entre un compositeur et des exécutants. Comme sa musique n'était pas destinée à être jouée, rien ne l'obligeait à achever ses œuvres. Il se garda d'approuver le jugement précurseur de John Kirkpatrick, qui trouva sa *Concord Sonata* irréprochable, car cela aurait voulu dire qu'il ne pouvait plus la modifier. Il n'était pas obligé non plus d'adapter son écriture musicale aux contraintes matérielles imposées par les modes de financement habituels. Aussi écrivit-il sa *Quatrième Symphonie* pour trois orchestres » (Becker, 1982, p. 58).

Ainsi, ajoute Becker, « la majorité des œuvres des francs-tireurs restent ignorées faute d'avoir pu trouver leur place dans le patrimoine historique d'un art, et finissent par disparaître sans laisser plus de traces que leurs auteurs » (Becker, 1982, p. 254). L'auteur romantique s'avère donc aussi exceptionnel qu'il serait extrême, car en se mettant en marge des mondes de l'art, le franc-tireur accepte d'être définitivement un amateur sans existence sociale.

La création : contraintes et coopération

Au contraire, le créateur qui participe à la production d'œuvres accepte par là même un certain nombre de contraintes. En se déclarant comme peintre ou musicien, il se place d'emblée dans la perspective d'un marché particulier. Comme l'a montré Baxandall sur la peinture au XVe siècle (Baxandall, 1972), les techniques en vigueur mais aussi les conditions du marché constituent des contraintes importantes dont les artistes les plus reconnus ont dû et doivent s'accommoder : si le choix des pigments était limité techniquement, le choix des sujets était contraint par les conditions de financement (œuvres de commande, mécénat...). Composer une œuvre musicale exige aussi, pour tout autre qu'un Charles Ives, la prise en compte des conventions et contraintes existantes : il s'agit d'utiliser un langage et une écriture reconnus, de limiter les œuvres à une durée qui les rende exécutables, de tenir compte des instruments de musique en usage ainsi que de la taille et de la composition des orchestres...

« [...] Comme les comédies sont devenues marchandise vendable, ils [les poètes] disent, et telle est la vérité, que les comédiens ne les achèteraient pas si elles n'étaient pas de cette farine, et par ainsi le poète tâche de s'accommoder à ce que lui demande l'entrepreneur qui lui doit payer son œuvre ; et qu'ainsi soit, on le voit en un nombre infini de comédies qu'a composées un très heureux et rare esprit de ces royaumes, avec tant de verve et de bonne grâce, en vers si élégants, avec tant de beaux raisonnements et de si graves sentences, et finalement douées d'une telle éloquence et d'une telle noblesse de style, que sa renommée en vole par tout le monde ; et néanmoins, pour vouloir s'accommoder à la fantaisie des comédiens, elles ne sont pas toutes arrivées au point de perfection qui eût été requis » (Cervantès, *Don Quichotte*).[1]

En conséquence, l'œuvre apparaît comme le fruit d'une véritable coopération au sein de réseaux que H. Becker appelle les « mondes de l'art » : les concepteurs des instruments, l'éditeur, les musiciens, les diffuseurs, les critiques et le public contribuent à sa réalisation[2]. « Tout travail artistique, de même que toute activité humaine, fait intervenir les activités conjuguées d'un certain nombre, et souvent d'un grand nombre, de personnes. L'œuvre d'art que nous voyons ou que nous entendons au bout du compte commence et continue à exister grâce à leur coopération... (Becker, 1982, p. 27) », ces personnes pouvant même être le vieux domestique qui venait réveiller Anthony Trollope tous les matins pour qu'il se mette au travail (*ibid.*, p. 27) ou l'éditeur de Thackeray, George Smith, avec qui l'écrivain avait signé un contrat dont les clauses l'incitaient à composer un ensemble cohérent pour son roman *L'Histoire d'Henri Esmond* (*ibid.*, p. 144). On peut aller plus loin en incluant à cette liste ceux que Michel Foucault appelle les « fondateurs de discursivité », c'est-à-dire ces auteurs qui n'ont pas fait qu'écrire leurs œuvres mais qui ont produit « la possibilité et la règle de formation » d'autres œuvres. Ainsi en est-il, pour reprendre ses exemples, de Freud et de Marx ou, dans un domaine plus littéraire, d'Ann Radcliffe, dont le roman *Les Visions du château des Pyrénées* aurait « rendu possible les romans de terreur du début du XIXe siècle » (Foucault, 1969).

Des conventions structurantes

Entre tous ces intervenants, la division du travail est purement conventionnelle : elle varie d'ailleurs d'une époque à une autre, d'une culture à une autre et d'un monde de l'art à un autre. Dans la poésie occidentale actuelle, l'écriture ne relève pas du travail du poète alors que la calligraphie est de son ressort dans la tradition orientale. De même, les groupes de rock composent et jouent leur musique, alors que, sans remonter jusqu'aux orchestres de chambre, les chanteurs de variété font très souvent appel à des auteurs et compositeurs. Dans le

1. *Don Quichotte*, Paris, Gallimard, coll. « Folio », p. 574.

2. La même démythification a été opérée à propos des innovateurs. Akrich, Callon et Latour, 1988, ont substitué au modèle de l'inventeur seul dans son laboratoire un modèle « tourbillonnaire » dans lequel l'innovation réussie est une activité collective de négociations permanentes entre la technologie et le marché.

cinéma, la fonction du réalisateur varie d'une époque à l'autre, d'un pays à l'autre.

« [En France], dans le cinéma aujourd'hui, on associe, on discute. Il n'y a plus d'un côté le producteur, cigare et pieds sur la table, et de l'autre, le metteur en scène qui dise "oui, monsieur..." » (un producteur de cinéma).

D'ailleurs, le statut d'artiste du réalisateur – et les fonctions qui y sont attachées –, que nous considérons aujourd'hui en France comme naturel, a été obtenu de haute lutte par ceux qui n'étaient encore, il y a quelques décennies, que « des manuels, des exécutants »[1].

Dans cette situation de coopération où la division du travail est conventionnelle, c'est tout naturellement la frontière entre apport créatif et support technique qui devient conventionnelle et fluctuante[2], et, finalement, le droit à la signature même.

« En France, depuis la Nouvelle Vague, le pouvoir artistique appartient au seul réalisateur. Or, une comédie de situation est un vrai travail collectif avec des auteurs, des comédiens, un producteur au cœur de tout et un réalisateur, "simple" façonnier à qui on demande de suivre une histoire. L'image est un art du partage »[3] (Jean-Pierre Ramsay, producteur de la série *H*).

Car ce que Bourdieu définit comme « le pouvoir de consacrer des objets (Bourdieu, 1977, p. 5) » est la tâche élémentaire qui, dans cette division du travail conventionnelle, fait accéder au statut de l'auteur du modèle romantique. C'est la tâche qui fait que d'aucuns peuvent être considérés comme auteurs en dirigeant le travail d'autrui ou en passant commande d'un ouvrage plus ou moins bien défini. Il est désormais acquis que les œuvres de Pierre Paul Rubens étaient réalisées par son « studio », atelier dans lequel était instaurée une division du travail à laquelle l'artiste ne prenait pas toujours part[4]. De même, il est connu qu'un Alexandre Dumas exploitait plusieurs collaborateurs[5].

« Napoléon avait bien ses généraux ! » (Alexandre Dumas).

« Souvent les maîtres d'œuvre médiévaux ne sculptaient pas eux-mêmes. On connaît la boutade de Renoir à propos du vitrail de Chartres : "Il y avait là un

1. Propos du dramaturge Henry Bernstein. L'ouvrage dont il est tiré raconte cette lutte. Jeancolas, Meusy, Pinel, 1996 (pour la citation, cf. p. 67).

2. Ainsi, avec l'avènement du rock, le mixage s'imposa peu à peu comme une activité artistique exigeant un talent particulier. cf. Becker, 1982, p. 42-43.

3. « Les sitcoms bien de chez nous », *Télérama*, n° 2545, 21 octobre 1998.

4. Cf. « Rubens (Pierre Paul) », J. Foucart, in *Encyclopædia Universalis*, vol. 14, 13e publ., 1978.

5. Cf. « Dumas (Alexandre) », D. Fernandez, in *Encyclopædia Universalis*, vol. 5, 13e publ., 1978.

bonhomme qui se démenait devant une statue avec un ciseau et un marteau ; il tapait, il tapait ! Un autre, dans un coin, le regardait et ne faisait rien ; j'ai compris que c'était le sculpteur" » (André Malraux, *Les Voix du silence*).

Aujourd'hui, le nom de Paul-Loup Sulitzer fait référence à une production littéraire fondée sur le système des nègres. D'autres auteurs, comme le scénariste américain à succès Ron Bass, s'appuient sur un certain nombre de collaborateurs constituant parfois de véritables PME[1]. « Auteur » ne désigne donc pas une fonction précise mais peut recouvrir plusieurs activités à des degrés plus ou moins importants : l'exécution manuelle, la direction artistique et celle qui confère véritablement la qualité d'auteur, la certification. Le modèle exige un auteur, il faut donc un signataire, son apport dût-il se limiter à signer : l'urinoir et la pelle à neige de Marcel Duchamp, ou les caisses de Brillo exposées par Andy Warhol en sont des exemples emblématiques. Ainsi, « l'artiste contemporain, nous dit R. Moulin, est l'héritier de l'*alter deus* de la Renaissance et du génie romantique. Il est artiste et il est le producteur de la définition sociale du bien qu'il produit : l'art, c'est ce qu'il fait, qu'il s'appelle Beuys ou Warhol (Moulin, 1990, p. 472). »

L'œuvre et sa valeur : des définitions conventionnelles

Or, dans une économie où la notion de valeur est extrêmement volatile du fait de l'immatérialité des produits, elle a tendance à se raccrocher à des « marques » et à des labels. Une récompense (Palme d'or du Festival de Cannes, Prix Médicis, Prix de Rome...) mais aussi un nom, celui de l'auteur, d'un acteur, de l'éditeur, celui d'un courant artistique, etc., consacreront une œuvre et lui donneront sa valeur. Dans le même temps, le nom ou le label seront valorisés par chaque nouvelle œuvre qui lui est attachée[2]. La notion de chaîne de création de valeur ajoutée ne semble plus adaptée[3]. Néanmoins, se faire un

1. « Un scénario heureux », *Télérama*, n° 2542, 30 septembre 1998.

2. Ainsi, un auteur peut être considéré comme un ensemble d'œuvres, cf. Foucault, 1969. Sur la fonction des noms comme labels, cf. Moulin, 1992, p. 31 et sq., comme signes de reconnaissance et de distinction, cf. Bourdieu, 1992, p. 223.

3. H. Demsetz, 1967, relève aussi l'existence d'externalités négatives : une nouvelle « idée » peut soit dévaloriser (la rendre obsolète pour une invention, pour un style artistique), soit valoriser une autre (une invention qui en utilise une autre peut la remettre en valeur, une œuvre peut participer à la reconnaissance d'un courant à laquelle d'autres œuvres plus anciennes appartiennent). Au sujet du caractère non cumulatif des connaissances artistiques, voir aussi Santagata, 1998.

nom devient un véritable enjeu qui passe d'abord par l'accès d'une profession à la condition d'auteur et à la signature[1], puis par une stratégie individuelle ou collective de distinction et d'accumulation de capital culturel (Bourdieu, 1977, 1992). Dans une économie des noms, véritable *star system,* la vision romantique des auteurs peut masquer cette dimension stratégique. Même une figure archétypale de l'auteur romantique comme François Truffaut apparaît en réalité comme un artiste ayant su se plier à certaines règles du système pour pouvoir bénéficier de quelque liberté artistique.

> « Ce modèle économique fondé par François Truffaut est original et dessine une posture très particulière au sein du cinéma. Truffaut, en effet, n'est pas un auteur à l'américaine, travaillant en "contrebandier" pour une major hollywoodienne, pas davantage un artiste en marge bénéficiant de l'appui de mécènes ou de subventions d'État pour poursuivre une œuvre. Il s'est établi comme "petit patron-producteur-créateur", une position stratégique qui lui a permis, ainsi qu'il l'a écrit, "de devenir et de rester pleinement cinéaste" » (Baecque, 1997).

En amont de la question « qui est l'auteur ? », celle de « qu'est-ce qu'une œuvre ? » apparaît tout aussi épineuse. Car si l'aboutissement contemporain de la conception romantique a conduit à reconnaître comme artistique tout ce que fait l'artiste, la réponse n'est pas satisfaisante en ce qu'elle nous ramène à la précédente. Qu'est-ce qui est œuvre ? Ce que fait l'artiste. Et qui est artiste ? Celui qui fait des œuvres ! Pour casser le cercle vicieux, la notion de conventions apparaît salutaire : est auteur celui qui fait des œuvres, l'œuvre se ramenant à des formes conventionnelles. Ainsi l'œuvre fait échec à toute tentative de définition opérationnelle (Barrère et Santagata, 1999). Témoin, le procès *Brancusi* vs. *The Customs Administration* à New York en 1927 ou, plus récemment, l'anecdote symptomatique suivante dont le journal *Le Monde* s'est fait l'écho : quarante œuvres du sculpteur contemporain Jean-François Coadou ont été découpées au chalumeau et vendues à la ferraille par erreur[2]. Ces exemples témoignent bien du caractère extrinsèque et conventionnel de la définition de l'œuvre : est œuvre ce qui, dans un contexte donné, est reconnu comme œuvre.

> « L'œuvre d'art est un bien sémiotique, qui, du fait de sa matérialisation, porte un signe esthétique reconnu dans un univers ou un contexte particulier » (Barrère et Santagata, 1999. Trad. Th. Paris).

1. Deux études historiques sont intéressantes. D'un côté, Aimone, 1997, raconte le passage quasi naturel de l'anonymat au *star system* pour les acteurs de cinéma ; de l'autre, Jeancolas, Meusy et Pinel, 1996, montrent que l'accès des cinéastes au statut d'auteur s'est fait au prix d'une véritable lutte.

2. « Quarante sculptures détruites et vendues à la ferraille », *Le Monde*, 4 février 1997.

Dans ces conditions, le rôle du support et ou du mode de diffusion apparaît essentiel dans la définition des œuvres. Est œuvre cinématographique ce qui est diffusé dans les salles de cinéma, est œuvre picturale ce qui figure sur une toile. C'est à partir de cette définition « sectorielle » des œuvres que nous allons maintenant décrire les modèles dominants d'organisation de la création culturelle dans ses secteurs les plus représentatifs.

L'organisation de la création dans les secteurs culturels

La vie d'une œuvre implique de multiples intervenants, qui interviennent dans sa conception, dans sa production ou dans sa valorisation. De manière générale, les filières de production de la création artistique mettent en jeu cinq catégories d'acteurs. L'auteur est financé par un producteur pour développer une création, avec éventuellement la participation d'un certain nombre d'artistes-interprètes. Un distributeur entre en jeu afin de promouvoir la diffusion de l'œuvre : il est l'intermédiaire entre le producteur auquel il achète l'œuvre et les diffuseurs, qui en assurent l'exploitation et en tirent un profit.

Ces intervenants ont un rôle qui varie d'un secteur à un autre, d'un support à un autre, d'un type d'œuvre à un autre, voire d'une œuvre à une autre. Mais parmi les éléments structurants de l'organisation de la création, le niveau des coûts de production, l'importance économique du secteur et le degré d'industrialisation de la filière tiennent une grand place. Aussi, chaque secteur, qui s'est construit à partir d'un support ou d'un mode de diffusion, présente-t-il un modèle d'organisation dominant. Ce sont ces modèles que nous allons présenter maintenant. Ensuite, nous affinerons notre esquisse en montrant que dans chacun des secteurs, des variations existent qui laissent la place à des modes d'organisation très variés. Mais avant d'entrer plus en profondeur dans la diversité des mondes de l'art, présentons les grandes lignes de l'organisation de chacun des grands secteurs : arts visuels, création littéraire, spectacle vivant, cinéma, musique.

Les arts visuels

Les arts visuels, arts graphiques et arts plastiques (peinture, sculpture, dessin, gravure, photographie...) se distinguent des autres secteurs culturels dans la mesure où ils demandent relativement peu d'investissements et ne nécessitent donc pas l'intervention d'un producteur. L'artiste crée des œuvres qu'il essaye ensuite de vendre, éventuellement par l'intermédiaire d'une galerie. La filière de production est très courte, parfois réduite au seul artiste. La coopération *stricto sensu* est très limitée : à l'exception des œuvres de commande, les arts visuels ne génèrent aucun contrat. Mais le processus de production de la valeur des œuvres implique, en plus des artistes, les galeristes qui en font la promotion et en assurent la commercialisation, et les experts : critiques d'art, directeurs de musée, collectionneurs, etc.

L'œuvre est unique, elle ne se vend qu'en un seul exemplaire ou n'est présente que dans un musée. Sa valeur réside essentiellement dans la matérialité : la notion d'original y est essentielle. Aujourd'hui, sur ce mode de diffusion traditionnel qu'est la vente se greffent les marchés des produits dérivés, ceux de la reproduction et de l'édition (livres d'art, CD-ROM) et celui de l'Internet, ces derniers étant appelés à prendre une place croissante.

La création littéraire

Dans l'édition littéraire, contrairement aux arts visuels, un certain investissement est nécessaire, à partir du moment où l'œuvre originale est réalisée, pour éditer des reproductions et les mettre en vente. C'est le rôle de l'éditeur de faire cet investissement. Traditionnellement, l'auteur propose à l'éditeur une œuvre finie ; leur relation est donc une relation de fournisseur à commerçant sanctionnée par un contrat d'édition. Il est néanmoins un autre cas, relativement fréquent : « Les grandes maisons veulent s'attacher le plus grand nombre de noms majuscules et se constituer des équipes d'écrivains sinon salariés, du moins mensualisés, intégrés à l'entreprise, notamment dans le domaine des ouvrages de référence de plus en plus nombreux, du type encyclopédies, dictionnaires » (Vessillier-Ressi, 1982). Contrairement aux arts visuels, la notion d'original n'a plus d'importance ; l'œuvre réside exclusivement dans l'immatériel. La diffusion s'effectue, traditionnellement, sous forme de commercialisation d'un support physique reproduit.

Le spectacle vivant

Le spectacle vivant recouvre le théâtre, les concerts, la danse, les opéras, etc. Création à coûts de production élevés, il nécessite l'intervention d'un producteur qui finance le projet avant son exécution et d'un certain nombre d'artistes-interprètes (acteurs, musiciens, chanteurs, danseurs...) qui se mettent à la disposition du metteur en scène, lequel peut être distinct de l'auteur de l'œuvre.

Traditionnellement, la diffusion se fait sur le mode du spectacle, auquel les spectateurs viennent assister en échange du paiement d'un ticket. Mais cela n'est plus exclusif, puisqu'il est de plus en plus fréquent, par exemple, de lier représentation d'un opéra, retransmission télévisée et commercialisation de son enregistrement.

La création cinématographique

Dans le domaine de la création cinématographique, les coûts de production sont très élevés, de l'ordre de 30 millions de francs en moyenne pour un film français, 50 millions de dollars pour un film américain. Le producteur joue donc un rôle fondamental. Le scénariste, ou le réalisateur, lui soumet un projet écrit, le synopsis ou le scénario, pour lequel il s'efforce de boucler le financement, avec ses fonds propres mais aussi avec les fonds d'autres investisseurs. Parmi eux figure le distributeur, véritable grossiste de la filière, qui achète le film avant même qu'il ne soit tourné, et en assure la promotion et la commercialisation auprès des diffuseurs par la suite. Enfin, en bout de chaîne, l'exploitant diffuse le film : la diffusion se fait traditionnellement sur le mode du spectacle, mais, contrairement au spectacle vivant, il n'y a pas d'exclusivité. Pour consommer le produit film, on va au cinéma comme on va au musée ou au théâtre, on paye un billet d'entrée mais on ne va pas voir la projection de la copie originale : d'autres salles diffusent au même moment d'autres copies. Ce mode de diffusion est celui qui est traditionnellement rattaché au secteur du cinéma, mais il n'est plus aujourd'hui le mode de diffusion principal : la diffusion télévisée tend à s'y substituer. Comme conséquence, les télédiffuseurs prennent eux aussi part au financement du film, en partie en tant que co-producteurs et en partie en tant que diffuseurs qui pré-achètent des droits. En outre, un mode de diffusion commercial, par vente de cassettes vidéo, s'est aussi développé. La filière est donc constituée de plusieurs segments : les chaînes de télévision, les exploitants de salles et les éditeurs vidéo.

La création musicale

La création musicale peut être décrite comme une chaîne constituée de quatre maillons : la création à proprement parler, l'interprétation, la production de disques et la diffusion.

La création de l'œuvre proprement dite mobilise deux métiers : celui de l'auteur et celui de l'éditeur. Le terme d'auteur recouvre les deux fonctions d'auteur de la musique (compositeur) et d'auteur des textes (parolier), qui sont à l'origine de l'œuvre. L'éditeur graphique[1] ou musical joue de son côté un rôle tout aussi essentiel : il est le premier à investir dans la création en assurant la promotion de l'artiste, notamment auprès des maisons de disques. Sa fonction « est artistique et commerciale : choix du répertoire et conseils aux artistes, contacts avec les producteurs de disques, les entrepreneurs de spectacles, les programmateurs de radio, les producteurs de télévision, les chefs d'orchestre de bals publics, les responsables de juke-boxes... » (Vessillier-Ressi, 1982). En échange, l'auteur lui cède une partie de ses droits patrimoniaux, la part éditoriale.

L'interprétation de l'œuvre implique un ou des artistes, chanteurs ou instrumentistes, et des musiciens d'accompagnement. Différents modèles de création coexistent dans la musique, chacun avec ses conventions propres. Un musicien peut aussi être auteur, l'auteur peut interpréter lui-même ses œuvres, etc. Par exemple, les groupes de rock composent et jouent leur musique, les chanteurs de variété font très souvent appel à des auteurs et compositeurs, les artistes de jazz improvisent des interprétations à partir d'œuvres existantes, etc. L'ensemble de ces intervenants n'ont en général pas de lien contractuel avec les créateurs. Ils sont rémunérés par les producteurs de disques (royautés) ou de concerts (cachets).

La production de disques est le maillon central de la filière musicale, celui durant laquelle l'œuvre se matérialise pour devenir produit industrialisé. À l'instar de l'édition littéraire et contrairement au secteur cinématographique, le producteur choisit de financer ou non l'enregistrement à partir de l'œuvre elle-même, à partir d'un prototype. Il y aurait donc une part aléatoire moins importante au départ, d'autant plus que les coûts de production sont plus faibles (10 à 20 fois). Néanmoins, l'industrie phonographique reste une industrie à haut risque, et le succès, pas plus que dans l'industrie cinématographique, n'est jamais garanti à l'avance. L'étape de production recouvre la production artistique qui consiste en la réalisation du *master* (enregistrement et mixage), la production industrielle, fabrication des disques à partir du *master,* ainsi que la promotion et la distribution (commercialisation en gros) des œuvres. Le producteur détient la propriété du *master.* Il peut en assurer lui-même la production industrielle ou négocier un contrat de licence avec une maison de disques qui en

1. À l'origine, la fonction de l'éditeur graphique était d'imprimer les partitions musicales. S'ils ne font souvent qu'un dans la réalité, il faut le distinguer de l'éditeur phonographique qui édite et assure la promotion du disque.

assurera l'exploitation, il peut en assurer lui-même la distribution ou négocier un contrat de distribution avec un distributeur auquel il livre le produit fini.

La diffusion des disques consiste en leur vente au détail dans les points de vente. Elle s'appuie aussi sur les médias qui conditionnent la demande : ces médias ne participent pas directement au processus économique de la production des disques, mais ils interviennent de manière prépondérante dans leur valorisation.

L'organisation de la filière musicale, telle que nous venons de l'esquisser, s'est construite autour d'un mode de diffusion particulier, le disque. D'ailleurs, la menace que font peser sur le disque les formes de diffusion liées à l'Internet, la copie privée – avec les graveurs de CD – et l'échange de fichiers en ligne – auquel il faut relier les affaires mp3 ou Napster –, ébranle cette organisation dans son ensemble (Benghozi et Paris, 2001), ce qui montre à quel point le mode de diffusion joue un rôle prépondérant dans l'organisation de la filière. Nous aurons l'occasion de revenir sur la transformation de l'industrie musicale. Ce qui nous importe plus dans l'immédiat est de nuancer la description que nous avons faite de l'organisation de chacun des grands secteurs. À côté des modèles dominants, ceux que nous avons décrits, existent d'autres formes d'organisation, d'autres modes de production, structurés autour de modes de diffusion alternatifs ou de conventions différentes. Dans chaque secteur, il y a un monde de l'art dominant, et d'autres mondes de l'art plus ou moins marginaux.

Des modes de production extrêmement variés

« Je divise mes compositions en deux catégories :

1 / Celles que j'écris sur mon initiative personnelle par suite d'un désir soudain et d'une impulsion urgente.

2 / Les ouvrages inspirés par le dehors, par exemple à la requête d'un ami ou d'un éditeur, ou sur commande.

Je m'empresse d'expliquer que la valeur d'une œuvre ne dépend pas de la catégorie à laquelle elle appartient. Très souvent un morceau produit artificiellement est très réussi, tandis que les pièces entièrement dues à mon inspiration sont parfois moins bien venues (Piotr Tchaïkovsky, Correspondance à Mme von Meck).

Les différentes filières que nous avons présentées sont organisées vers la production d'un support : un tableau, un livre, un disque, etc.

Mais le support n'est pas l'œuvre : la « bande filmique »[1] est le produit de la filière cinématographique mais elle n'en est pas l'œuvre. Cette bande peut tout autant supporter un documentaire, un reportage, l'enregistrement d'un match de football, un film institutionnel qu'un long métrage destiné à la diffusion en salles. Aussi, en marge de la filière qui produit des œuvres filmiques existe-t-il plusieurs filières de production de films, « non-œuvres » ou « plus-ou-moins-œuvres », chacune avec leur mode de fonctionnement propre. Pour la réalisation de la retransmission d'un match de football, il n'y a pas de scénariste à l'origine du projet. Le réalisateur est salarié d'une chaîne de télévision et monte les images que tournent plusieurs caméras disposées autour du terrain de manière systématique. L'exemple est extrême mais il vise à montrer la diversité des modes de production qui existent autour d'un support. Or le support est le seul critère qui permette de définir objectivement une œuvre. Un *Citizen Kane,* porté presque entièrement par un seul homme[2], est considéré comme une œuvre, la retransmission d'un match de football non. Entre les deux, il existe une variété de modes de productions autour d'un même support, un véritable continuum qui va d'une situation proche du modèle romantique à un mode de production purement industriel.

Aucun modèle de production n'a le monopole de la créativité

Il serait abusif de considérer que tel mode de production correspond à tel mode de diffusion, en l'occurrence que les films produits selon un modèle proche du modèle romantique correspondent exactement aux films qui passent en salles. Tous ces films ne sont pas conçus de la même façon. Les *majors* américaines font écrire leurs films par des ateliers de scénaristes et embauchent leurs réalisateurs. Les films dits d'auteur sont au contraire écrits et réalisés par un auteur à l'origine du projet, véritable entrepreneur. Dans le grand cinéma hollywoodien, ce rôle d'entrepreneur était tenu par les producteurs : à partir de sujets qui leur tenaient à cœur, ils faisaient réaliser leurs films. Aujourd'hui, Clint Eastwood alterne films de commande qu'il tourne pour un studio et films plus personnels...[3] Finalement, chaque tournage est un arrange-

1. À nouveau, l'ambiguïté transparaît dans le vocabulaire : le terme de film qui désigne à l'origine la pellicule cinématographique signifie désormais l'œuvre cinématographique.

2. Orson Welles est réputé pour avoir été producteur, scénariste, réalisateur et acteur. Néanmoins, certains travaux ont montré qu'une grande part de l'apport créatif était due à son co-scénariste Herman K. Mankiewicz.

3. « Clint Eastwood, un homme indépendant à Hollywood », *Le Monde,* 12 mars 1998.

ment particulier (Benghozi, 1995 *a*). Le caractère plus industriel, plus systématique, des tournages des programmes destinés à la télévision[1] est peut-être dû à ce que les chaînes s'appuient sur une structure bureaucratique, alors que les tournages de films de cinéma se font sur le mode du projet ponctuel. Mais aujourd'hui, les chaînes ont tendance à sous-traiter la production de leurs programmes de stocks et d'une partie de leurs programmes de flux[2] et le tournage d'un film de télévision se rapproche de celui d'un film de cinéma.

Enfin, le caractère « artistique » peut être reconnu (par la critique, par des récompenses...) indépendamment du format, du mode de diffusion ou du mode de production. La série américaine *NYPD Blue* rencontre un succès public, critique et institutionnel[3], alors qu'elle doit composer avec les contraintes du genre : durée fixe, périodicité imposée, personnages récurrents... Derrière une organisation relativement industrielle avec notamment toute une équipe de scénaristes, un scénariste en chef, David Milch, tire toutes les ficelles et appose son style[4]. C'est la même organisation qui prévaut sur la plupart des séries américaines et françaises, avec une équipe de scénaristes travaillant autour d'une « bible »[5] et chapeautée par un directeur de collection, mais Milch assume, avec le producteur Steve Bochco, un véritable rôle d'entrepreneur, d'auteur. La condition d'auteur – l'autorité au sens étymologique ! – apparaît donc plus comme une qualité entrepreneuriale que comme un métier défini par un certain nombre d'attributions.

Des modèles de création divers

À côté des modèles traditionnels, dans lesquels un auteur serait à l'origine d'un projet dont il assumerait toutes les responsabilités artistiques, existent donc de multiples autres modes de production. En musique, il existe encore quelques auteurs-compositeurs-interprètes qui écrivent et enregistrent leurs chansons et démarchent les producteurs par la suite. C'est un modèle parmi tant d'autres. L'exemple des Spice

1. « Scénariste, un métier à s'arracher les cheveux », *Télérama*, n° 2572, 28 avril 1999.

2. Les programmes de stock sont les programmes « non périssables » : les films, les documentaires, les magazines, etc. Les programmes de flux sont les journaux télévisés, les jeux, etc.

3. La série a été nominée 26 fois, record absolu, et a remporté 6 prix lors de la cérémonie des Emmy Awards (l'équivalent, pour la télé, des Oscar).

4. « New York Police Department Blue », *Télérama*, n° 2512, 4 mars 1998.

5. La bible est le document de référence pour les scénaristes des épisodes d'une série. Tout y est consigné : les origines de l'histoire, les décors, le profil détaillé des personnages, ainsi que certaines contraintes auxquelles l'histoire doit se conformer.

Girls en fournit un autre, complètement différent. À l'origine du projet, un manager auditionne plusieurs dizaines de jeunes femmes, parmi lesquelles il en choisit cinq. Il leur fait donner des cours de chant et de danse puis les fait enregistrer des chansons écrites par plusieurs compositeurs. Dans ce modèle, l'entrepreneur, l'auteur et le signataire sont trois entités distinctes : le manager à l'origine du projet n'a pas écrit une chanson, les cinq filles choisies sont devenues des stars[1].

De tels modèles tendent aujourd'hui à se multiplier : dans la musique et le cinéma, un vaste mouvement d'intégration verticale est en train de se produire, qui a pour enjeu le contrôle des contenus. Les chaînes de télévision s'impliquent dans la production de films ou de chansons. Chacune des chaînes hertziennes françaises (TF1, France 2, France 3, M6) a ainsi lancé son « tube de l'été » en 1998[2]. La création romantique est aujourd'hui une exception.

Conclusion

Si nous sommes parvenu à notre but au terme de ce premier chapitre, vous avez une vision de la création beaucoup plus nuancée que ce que suggère le modèle romantique. Certes, la figure de l'auteur y reste présente, mais elle est sortie de son isolement mansardé pour être replacée au cœur d'un monde de l'art, dans lequel il coopère avec beaucoup d'autres, plus ou moins formellement, et se conforme à un certain de nombres de règles et de conventions, pour participer à la production d'œuvres. Les caractères collectif et conventionnel de la création, que ne décrit pas le modèle romantique, sont essentiels dans la compréhension du droit d'auteur. Car dès lors que l'auteur d'une œuvre dispose de droits sur l'exploitation de cette œuvre, il faut que cet auteur soit clairement identifié et reconnu. Mais dès lors que la création apparaît comme un processus collectif, l'identification de l'auteur pose problème. Nous aurons l'occasion de revenir sur ce problème crucial de la définition de l'auteur. Pour l'heure, il est temps de présenter ce qu'est le droit d'auteur au concret et de vous dévoiler, à vous, consommateur de produits culturels, tous les mécanismes qui entrent en jeu entre votre acte de consommation et la perception de droits par les créateurs.

1. Et, pouvant de ce fait voler de leurs propres ailes, se sont finalement séparées de leur « créateur ».

2. « La fructueuse affaire des tubes de l'été », *Le Monde*, 5 juin 1998.

Chapitre 2

Le droit d'auteur en pratiques : des réalités variées

Introduction

L'objet de ce chapitre est de décrire le fonctionnement concret du système du droit d'auteur, en mettant en évidence ses caractères très structuré et contingent. Dans le système du droit d'auteur, ce n'est pas la règle générale qui assure la coordination quotidienne ! Il ne repose pas uniquement sur la loi mais aussi et surtout sur un ensemble de structures formelles ou informelles. Les acteurs économiques ne s'accordent pas en se référant spontanément à la loi, voire à un principe supérieur de justice sociale ou d'efficience économique. Ils se conforment en réalité à des routines, habitudes, traditions et conventions qui s'établissent dans les pratiques et participent ainsi à structurer l'environnement institutionnel dans lequel prennent place leurs transactions. Dans la plupart des cas, il s'agit plus précisément et presque exclusivement de pratiques de rémunération : dans la pratique observable, le droit d'auteur est d'abord une affaire de rémunérations. Si le droit moral joue un rôle important, comme nous aurons l'occasion de le voir, il n'apparaît pas immédiatement aux yeux de qui veut observer les pratiques. En outre, ces pratiques se révèlent extrêmement contingentes : elles différent d'un secteur à un autre, d'un mode de diffusion à un autre. Le système apparaît en fait comme une juxtaposition de systèmes particuliers, chacun avec son mode de fonctionnement propre. Ce sont les structures de cette machinerie que nous allons décrire.

Notre porte d'entrée sur le monde du droit d'auteur sera constituée par l'observation des pratiques d'exercice des droits patrimoniaux. Nous allons donc continuer notre incursion dans les coulisses de la création, et observer ce qui se passe à partir du moment où l'œuvre est présentée au public. Selon tel type d'œuvre et tel type d'exploitation, qui est rémunéré et comment cela se passe-t-il concrètement ? Le but de ce chapitre est d'aboutir à une modélisation, après les avoir décrites, de l'ensemble des pratiques de mise en œuvre du droit d'auteur. En effet, l'analyse que nous en ferons dans un premier temps mettra au jour une certaine diversité, mais que nous pourrons ramener à quatre modèles fondamentaux. Le deuxième temps de ce chapitre constituera la modélisation des mises en œuvre du droit d'auteur. Enfin, pour préciser notre description du droit d'auteur en France, nous présenterons quelques éléments quantitatifs.

Des pratiques variables selon les modes de diffusion : l'exemple du film

Pour décrire les pratiques de rémunération relatives au droit d'auteur, le cas de l'audiovisuel est particulièrement intéressant pour deux raisons. D'une part, il offre, pour un même objet, une diversité de modes d'exploitation : l'œuvre audiovisuelle s'exploite en salles, à la télévision, à la télévision payante, en cassettes vidéo et bientôt sur Internet. Les problèmes qui s'y posent en matière de protection de la propriété intellectuelle sont d'ampleur différente ; nous pourrons constater qu'ils dépendent notamment de plusieurs facteurs : l'identification du public, le caractère obligatoire ou non d'une transaction avec les détenteurs de droits... D'autre part, il présente un certain nombre de problèmes liés à la définition des œuvres et des auteurs. L'œuvre audiovisuelle est une création collective dans laquelle interviennent des auteurs, des producteurs, des interprètes, des techniciens, parfois un directeur de collection. On en extrait des passages pour les insérer dans des CD-ROM, on publie son scénario, on en édite des photos... La mise en œuvre du droit d'auteur rencontre donc dans l'audiovisuel l'ensemble des problèmes qu'elle peut rencontrer. On ne peut rêver meilleur cobaye que le film !

Nous allons donc suivre un film et les reversements auxquels il donne lieu au cours de sa « carrière normale » en France : sortie en salles, sortie vidéo (location et vente), diffusion sur les chaînes de télévision, à péage puis hertziennes.

L'exploitation en salles

L'exploitation des œuvres audiovisuelles en salle a deux caractéristiques importantes au regard de la mise en œuvre du droit d'auteur. Elle exige une transaction avec le détenteur des droits et elle se solde par le paiement d'un billet d'entrée. L'exploitant loue une copie au producteur, et le spectateur paie un ticket pour voir le film. Ces deux caractéristiques offrent toutes les conditions pour que la mise en œuvre du droit d'auteur soit la plus proche possible de l'esprit de la loi, selon laquelle « la cession [...] de ses droits sur son œuvre [...] doit comporter au profit de l'auteur la participation proportionnelle aux recettes provenant de la vente ou de l'exploitation ». Dès lors qu'il y a obligation de transaction avec le détenteur des droits, le contrôle des exploitations est réalisable ; dès lors qu'il y a acquittement d'un billet, le calcul des recettes l'est tout autant. Ajoutons qu'en France, du fait de la surveillance exercée par le CNC[1], les recettes des exploitants sont transparentes, ce qui facilite encore la mise en œuvre du droit d'auteur.

Concrètement, les recettes sont communiquées aux producteurs qui se chargent de répartir leurs droits aux auteurs selon les termes consentis dans les contrats. Des contrats types existent pour le réalisateur, les auteurs (scénariste, adaptateur, dialoguiste) ou l'auteur-réalisateur : ils énumèrent les droits cédés mais laissent à la négociation la durée de cession, les taux de rémunération proportionnelle pour l'exploitation en salles et pour les autres exploitations, le minimum garanti et une rémunération proportionnelle supplémentaire après amortissement du coût du film. On peut observer que les taux consentis sont extrêmement variables d'un auteur à un autre et d'une production à une autre (cf. tableau 1).

L'analyse de ces contrats souligne un autre point important : malgré des conditions *a priori* idéales, les pratiques adoptées s'écartent beaucoup de l'esprit de la loi. En effet, s'ils prévoient des « droits d'auteur », les contrats instaurent le plus souvent la pratique d'un minimum garanti qui constitue une avance sur les droits à venir. Comme les parts de recettes négociées au titre des droits d'auteur le

1. Le Centre national de la cinématographie, organisme sous tutelle directe du ministère de la Culture, exerce un rôle particulièrement important dans le cinéma français : il enregistre tous les contrats (Registre public de la cinématographie et de l'audiovisuel), il accorde ou non l'agrément aux projets de films (et décide ainsi de leur avenir), il octroie une avance sur recettes à certains films, il contrôle les recettes, salle par salle, film par film, séance par séance...

sont souvent à des taux très faibles (cf. tableau 1), les sommes dues ne dépassent finalement que rarement les avances faites au titre du minimum garanti. Par exemple, le contrat de réalisateur de Jean-Paul Rappeneau pour *Le Hussard sur le toit* prévoyait 0,9 % de droits d'auteur sur les recettes en salles du film et incluait une avance (minimum garanti) de 1,35 MF. Le nombre d'entrées nécessaires pour que Jean-Paul Rappeneau ait commencé à percevoir des droits supplémentaires était de 4,3 millions[1]. Seuls trois films ont atteint ce résultat en 1995, *Le Hussard sur le toit* ayant réalisé 2,4 millions d'entrées[2]. Ainsi, pour un film très ambitieux avec un réalisateur prestigieux ayant obtenu un taux relativement favorable, les droits perçus se limitent au minimum garanti. Dans le cas d'un film moins ambitieux mais qui fut un grand succès, *Un indien dans la ville,* le minimum garanti a été atteint quand le film a enregistré le résultat de 5,5 millions d'entrées. Ainsi, même pour un succès aussi inattendu qu'important, le minimum garanti est tout juste atteint avec les recettes salles. Dans ce cas, l'auteur pourra en revanche réellement toucher des droits sur les autres exploitations (vidéo, TV). Et quand on envisage les performances, sur les films de notre tableau, nécessaires au versement de droits complémentaires au minimum garanti, on observe qu'ils sont pour la plupart complètement irréalistes : 8,6 millions pour Nina Companeez, 9,6 pour Jean-Claude Carrière, 180 millions (!) pour Bertrand Blier, 2 pour Cédric Klapisch, 16,7 millions pour Thierry Lhermitte, etc. Autant dire qu'à la rémunération proportionnelle se substitue *de facto* un forfait.

Sur ces quelques exemples, nous constatons qu'en pratique, les reversements ultérieurs de droits aux auteurs se produisent rarement. Alors que, collectivement, tous s'accordent pour défendre publiquement les spécificités françaises du droit d'auteur, auteurs et producteurs semblent préférer, dans le cadre d'une production déterminée, pour des raisons variées (plus grande facilité de gestion, garanties de recettes...), avoir recours au forfait. Le droit d'auteur au cinéma consiste donc de plus en plus en un cadre contractuel où la définition des parts allouées est laissée à la négociation et dépend beaucoup de la notoriété des auteurs. En cela, le système en œuvre en tant que mode de rémunération devient très proche de celui du *copyright* américain, dans lequel les contrats de quelques grands auteurs seulement prévoient une rémunération proportionnelle.

1. Pour un prix moyen du billet d'entrée de 34,77 F (source *CNC Info,* n° 261, mai 1996).
2. Au 31 décembre 1995.

Tableau 1. — Modalités de rémunération des droits d'auteur sur quelques films cinématographiques

Film	*Devis* (1)	*Auteur*	*Droits salle* (2) *(en %)*	*Autres exploitations* (3) *(en %)*	*Minimum garanti et clauses diverses*
Le Hussard sur le toit (J.-P. Rappeneau, 1994)	176 MF	N. Companeez auteur, scénariste	0,10	0,10	mg : 0,3 MF
		J.-C. Carrière auteur, adaptateur	0,15	0,3	mg : 0,5 MF
		J. P. Rappeneau auteur, dialoguiste, adaptateur, réalisateur	0,9 + 0,9 (4)	0,9 + 0,9	mg : 1,8 MF + 1,35 MF Après amort. : 18 % RNPP + 0,9 MF
		Succ. J. Giono auteur œuvre littéraire	0,1 durée : 28 ans	0,25 durée : 28 ans	mg : 1,6 MF Après amort. : 0,4 MF + 5 % RNPP et 6 % au-delà de 20 MF de profits nets
Mon homme (B. Blier, 1995)	65 MF	B. Blier auteur, réal., adaptateur, scénariste, dialoguiste	0,072	0,36	mg : 4,5 MF
Chacun cherche son chat (C. Klapisch, 1995)	6 MF	C. Klapisch réalisateur, auteur, scé-	0,09	0,09	mg : 63 000 F

(J. Audiard, 1993)		aut., scénar., dialoguiste, adaptateur, réalisateur			Après amort. : 0,75 % + 2,25 % et 1,5 % + 3 % au-delà de 2 MF de bénéfices
		A. Le Henry auteur, scénariste, dialoguiste, adaptateur	1,2	2,4	mg : 0,16 MF
		T. White (États-Unis) auteur œuvre littéraire	0,01	0,01 2 ap. amort.	forfait : 83 000 $
Un indien dans la ville H. Palud, 1994)	35 MF	T. Lhermitte aut., scénar., dialoguiste	0,10	0,20	mg : 0,58 MF
		I. Aptekman aut., scénar., dialoguiste	0,15	0,45	mg : 0,175 F Ap. amort. : 1,5 % RNPP
		H. Palud aut., scénar., dialoguiste, adaptateur, réalisateur	0,135 + 0,135	0,405 + 0,405	mg : 0, 52 MF Après amort. : 1,35 % RNPP pour le scénario ; 4,5 % RNPP, en deçà de 5 MF et 8,1 % au-delà pour la réal.
		P. Bruneau aut., scénar., dialoguiste	0,10	0,20	mg : 50 000 F

(1) Sources : CNC *Info,* n° 252 (juin 1994), n° 255 (mars 1995), n° 261 (mai 1996).

(2) Il s'agit des droits relatifs à l'exploitation commerciale en France. Le chiffre indiqué correspond au pourcentage des recettes salles. La durée de cession est de trente ans à compter de la sortie salles, sauf mention contraire.

(3) Il s'agit de l'ensemble des autres exploitations, à l'exception de la TV dans les pays où interviennent la SACD et la SDRM. Le chiffre indiqué correspond au pourcentage sur les « recettes nettes part producteur ». La durée est aussi de trente ans, sauf mention contraire.

(4) Le premier chiffre correspond au contrat de scénariste, le second au contrat de réalisateur.

Source : Registre public de la cinématographie et de l'audiovisuel.

La vente de vidéogrammes

La deuxième étape de la vie d'un film en France est son édition en vidéo, pour les marchés de la location et de la vente. Sur chacun de ces deux marchés, la diffusion du film offre des conditions également très favorables à une mise en œuvre « normale » du droit d'auteur : le public est identifié, l'échange matérialisé. Le consommateur achète ou loue une œuvre particulière ; il est donc possible pour les commerçants d'établir des « relevés de vente ». Dans les salles, ces relevés sont calculés de façon périodique au niveau de la billetterie ; chez les commerçants, ils peuvent être effectués au rythme de la gestion des stocks. Par ailleurs, pour obtenir une reproduction de qualité, l'éditeur de vidéogrammes doit être en possession d'un original qu'il ne peut obtenir qu'auprès du producteur du film[1]. Il est ainsi contraint de payer un droit d'exploitation vidéo. En outre, l'accord de l'auteur ou des auteurs n'est pas nécessaire, puisqu'ils ont en général cédé les droits d'exploitation globalement au producteur.

En pratique, les contrats de production prévoient le versement de droits pour les auteurs sur les éditions vidéo[2]. L'auteur perçoit alors, comme pour l'exploitation en salles, sa rémunération de la part du détenteur des droits – producteur ou société de portefeuille de droits ; nous retrouvons également dans ce cas la pratique du minimum garanti. Ce sont donc bien là les mêmes mécanismes de gestion que pour l'exploitation en salles. Notons que les contrats d'édition vidéo peuvent être signés avant même la sortie du film (pré-achat), auquel cas le minimum garanti intervient dans le bouclage du budget. Pour prendre un exemple, le contrat de pré-achat de *Black Mic Mac II* (Marco Pauly) octroyait les droits d'édition vidéo pendant sept ans à UGC Vidéo en échange d'un reversement de 25 % des recettes brutes et d'un minimum garanti de 400 kF hors taxes. Contrairement à l'exploitation en salles, les auteurs ne sont pas intéressés directement aux recettes générées par l'exploitation vidéo : ils négocient dans leur contrat d'auteur une part des recettes nettes du producteur (RNPP), et, indépendamment de cela, le producteur, cessionnaire des droits d'exploitation, négocie une part sur les recettes vidéo.

1. Avec la technologie numérique, il est désormais envisageable d'obtenir une reproduction de qualité parfaite sur un marché pirate.

2. Ce sont les « autres exploitations » de notre tableau.

La télévision

La troisième étape de la vie d'un film est sa diffusion sur les chaînes de télévision. Nous ne distinguons pas ici chaînes à péage et chaînes hertziennes dans la mesure où les conditions et les modalités de diffusion ne changent pas. Dans les deux cas, les conditions de mise en œuvre du droit d'auteur rendent son exercice beaucoup plus complexe que pour les modes de diffusion précédents, pour des raisons tenant à l'identification de l'acte de « consommation » de l'œuvre et à l'individualisation de son paiement.

En effet, sauf pour le cas de la télévision à la demande *(pay-per-view)* dont la situation est analogue à celle de l'exploitation en salles, l'utilisateur n'acquitte pas de billet d'entrée unitaire mais paye globalement pour un ensemble de programmes. Même si l'on développe aujourd'hui des systèmes statistiques performants, il reste difficile de déterminer l'audience des films. Or, dans son esprit, le droit d'auteur est censé garantir aux ayants droit, pour chaque mode d'exploitation, une rémunération proportionnelle aux bénéfices réalisés. Cela est impossible dans ce cas. C'est pourquoi la loi prévoit la possibilité d'une rémunération forfaitaire.

« [...] Toutefois, la rémunération de l'auteur peut être évaluée forfaitairement dans les cas suivants :

« 1 / La base de calcul de la participation proportionnelle ne peut être pratiquement déterminée ;

« 2 / Les moyens de contrôler l'application de la participation font défaut ; [...]. »[1]

En l'occurrence, la base de calcul ne peut être déterminée. Par ailleurs, comme pour la vidéo, il n'y a pas obligation de transaction avec les créateurs : on peut très bien imaginer qu'une chaîne de télévision programme un film sans même connaître le détenteur réel des droits d'exploitation[2]. Pour les ayants droit, cette situation est cependant inévitable : si un contrôle fin était encore imaginable il y a une quinzaine d'années avec un nombre de diffuseurs et un nombre d'heures de programmes réduits, il est aujourd'hui complètement irréaliste au vu des

1. Extrait de l'article L. 131-4 du Code de la propriété intellectuelle.

2. Cela conduit d'ailleurs dans certains cas à des conflits devant les tribunaux : certains procès tiennent à ce que plusieurs agents revendiquent la détention des droits. Parfois aussi, la difficulté d'identifier les ayants droit pour obtenir les autorisations nécessaires peut conduire un producteur à renoncer à faire un film, ou une chaîne à renoncer à le diffuser. C'est le cas notamment pour des films à base d'archives.

technologies de reproduction, du nombre de diffuseurs et de l'éclatement des frontières de diffusion.

En pratique, les chaînes versent chaque année un pourcentage de leur chiffre d'affaires aux sociétés d'auteurs concernées (SACD et SCAM notamment) pour pouvoir utiliser librement l'ensemble des répertoires qu'elles gèrent. Ces pourcentages font l'objet de négociations pluriannuelles entre une ou plusieurs sociétés d'auteurs et un ou plusieurs diffuseurs. À titre d'exemple, en 1994, les taux des contrats généraux de représentation étaient de 5 % des recettes pour TF1 et M6 et de 4,5 % de leur quote-part de la redevance ainsi que de 4,16 % des recettes publicitaires pour Antenne 2 et FR3. Ensuite, il revient aux sociétés d'auteurs impliquées dans ces contrats (SACD, SCAM, SACEM, SDRM) dans un premier temps de se partager ces droits entre elles pour ensuite les répartir chacune à ses ayants droit. Nous y reviendrons.

La copie privée

Dès lors qu'elle est diffusée à distance, l'œuvre échappe à tout contrôle. Les technologies modernes aidant, le magnétoscope en l'occurrence, elle peut faire l'objet de reproductions et de diffusions privées et incontrôlables. Une rémunération correspondante des ayants droit existe néanmoins dans ce cas, du fait de la loi de 1985 sur la copie privée. Le principe est le suivant : toute cassette vidéo vierge est taxée auprès des fabricants et des importateurs. Copie France, la société de gestion collective du droit à rémunération pour la copie privée sur vidéogrammes, effectue un partage de ces droits entre les sociétés représentant les auteurs (SACD), les artistes-interprètes (ADAMI) et les producteurs de films (PROCIREP). La répartition aux ayants droit est alors effectuée en fonction des taux de copiage estimés à l'aide d'outils statistiques (Médiamétrie).

L'exemple suivant, emprunté à une plaquette de présentation de l'ADAMI, illustre comment s'opère la rémunération des interprètes de films au titre de la copie privée.

Soit un film cinématographique d'une durée de 1 h 45, diffusé à la télévision une fois au cours du second semestre 1991.

- Copie France a reversé à l'ADAMI 64 424 365,67 F pour le second semestre 1991.
- 25 % de cette somme vont à l'action artistique de l'ADAMI, le reste étant affecté aux artistes ayant droit à la copie privée pour ce second semestre 1991.

• À partir des sondages de la SOFRES, il est établi que 42,20 % des enregistrements privés du second semestre 1991 concernent les films cinématographiques de production française. La somme à répartir se calcule donc sur la base suivante :

$$\underset{\text{(copie privée 2}^{\text{e}}\text{ semestre 1991)}}{75\ \% \times 64\ 424\ 365{,}67\ \text{F}} \times \underset{\text{(pourcentage genre cinéma)}}{42{,}20\ \% = 20\ 392\ 439{,}87\ \text{F}}$$

• Après déduction des frais de gestion (11 %), retenue pour réclamation (10 %) et réintégration du solde des retenues pour réclamation des répartitions antérieures, reste à répartir 16 334 344,34 F.

• Au cours du second semestre 1991, 569 films reconnus d'expression originale française ont été diffusés pour une durée totale de 2 329 122 secondes.

• Pour un film de 1 h 45, soit 6 300 secondes, le montant à répartir résulte du calcul suivant :

$$\frac{\underset{\text{(montant total à répartir)}}{16\,334\,344{,}34\ \text{F}} \times \underset{\text{(durée du film)}}{6\,300\ \text{s}}}{\underset{\text{(durée totale des films cinéma)}}{2\,329\,122\ \text{s}}} = 44\,182{,}47\ \text{F}$$

• Dans cet exemple, 18 artistes ont joué. Le groupe technique de l'ADAMI, constitué de professionnels du cinéma et de la télévision, a déterminé que :

— 3 artistes ont interprété un rôle principal (coefficient 15) ;
— 6 artistes ont interprété un rôle secondaire (coefficient 5) ;
— 9 artistes ont interprété un rôle autre (coefficient 1).

• Le nombre total des coefficients étant de 84, la répartition s'est effectuée comme suit :

— les rôles principaux ont touché chacun : 7 889,73 F (44 182,47/84 × 15) ;
— les rôles secondaires ont touché chacun : 2 629,91 F (44 182,47/84 × 5) ;
— les rôles autres ont touché chacun : 525,98 F (44 182,47/84 × 1).

La vie d'un film est loin d'être terminée. Rediffusions, commercialisation à l'étranger, diffusion dans les avions, édition du scénario, vente de produits dérivés, remakes, suites, édition du livre tiré du film, insertion d'extraits dans un CD-ROM, édition du jeu vidéo du film... : dans certains cas, elle ne fait même que commencer. L'exploitation systématique de l'ensemble de ces segments est d'ailleurs une véritable stratégie pour des maisons de production comme Walt Disney.

Nous avons esquissé les grandes lignes de la vie « normale » d'un film en France, ce qui nous a permis de faire apparaître la variété des pratiques à l'œuvre en matière de droits d'auteur ainsi que l'importance des contraintes de mise en œuvre. Quand on étudie les pratiques à l'œuvre pour les autres types d'œuvres, un certain nombre de régularités se révèlent, qui permettent de ramener l'ensemble des pratiques à quatre modèles. Ces régularités reposent sur les critères relatifs aux modes de diffusion : la possibilité d'identification de l'acte de consommation et la nécessité d'un échange matériel entre le détenteur des droits et le diffuseur semblent déterminer le mode de rémunération en vigueur. Le poids des contraintes de mise en œuvre est donc très important, au point que les modes de diffusion en dépendent presque exclusivement, et ce indépendamment des secteurs ou des pays où s'opère la diffusion. Ce sont ces quatre modèles fondamentaux que nous présentons maintenant, et qui nous donneront une vision d'ensemble des modes de rémunération du droit d'auteur.

Les pratiques du droit d'auteur : une modélisation

L'établissement pratique du droit d'auteur dépend essentiellement de deux facteurs : le facteur technologique et le facteur historique. Le premier met en avant deux critères importants : le contact obligé ou non avec le créateur (obligation de transaction) et l'identification du public (possibilité technique du ticket d'entrée). Ces deux critères définissent le degré de contrôle que les créateurs peuvent avoir sur l'exploitation de leurs œuvres. Le critère historique tient à ce que les pratiques sont très largement héritées du passé : certains modes d'application trouvent leur origine à une époque parfois très antérieure. Or, traditionnellement, les types d'œuvres étaient liés à des modes de diffusion et exigeaient donc une mise en œuvre particulière des droits d'auteur. Par exemple, la perception des droits des auteurs des musiques de films est très différente de ce qui se pratique pour les autres ayants droit. Au temps du cinéma muet, la musique consistait généralement en un accompagnement en direct par un pianiste. Elle relevait donc du répertoire de la SACEM qui obtint de percevoir un droit sur les entrées. D'où la situation étrange suivante : l'ensemble des droits des films qui passent en salles sont gérés par les producteurs à partir du mécanisme de remontée des recettes, à l'exception des droits pour la musique qui font l'objet d'un prélèvement de 1,5 % du prix net de chaque billet par la SACEM.

Le facteur historique évoqué, il nous reste à montrer comment le facteur technologique structure les modes de mise en œuvre du droit d'auteur en quatre modèles, qui se distinguent les uns des autres essentiellement par le caractère collectif ou individuel de la gestion des droits.

Modèle 1 : « droit de suite » (marché de l'art)

Le mode de diffusion des œuvres d'art, matérielles et uniques, ne pose pas de problèmes de gestion de droits, puisqu'il est viable dans un cadre classique de droits de propriété et de transactions ponctuelles. Dans certains pays, comme la France, la loi prévoit que les reventes de l'œuvre s'accompagnent du paiement à l'auteur d'un pourcentage du prix de la revente : c'est le droit de suite. Il n'est la contrepartie d'aucune autorisation de la part de l'auteur : c'est un droit à rémunération. La recherche des ayants droit constitue un coût supplémentaire pour le vendeur, le contrôle des reventes en est un pour l'artiste : la gestion collective s'impose naturellement.

Notons qu'en France, ce droit de suite n'est perçu que lors des ventes aux enchères. De plus, chose unique, son taux est fixé dans la loi (à 3 % du prix de revente). Nous représentons ce modèle sous sa forme idéale, sans tenir compte du cas des ventes privées.

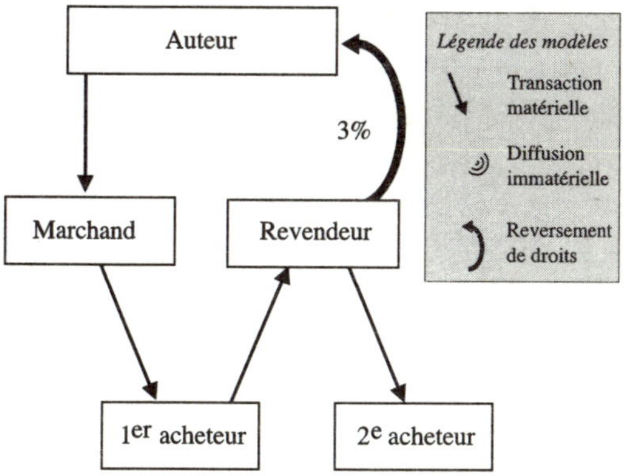

Modèle « droit de suite »

Dans ce modèle, les caractéristiques sont donc les suivantes : un droit d'auteur uniquement pécuniaire, une rémunération proportionnelle au prix de vente, un taux fixé par la loi et une gestion collective « économique » (c'est-à-dire libre mais économiquement rationnelle).

Modèle 2 : reversement direct (édition littéraire, cinéma)

Le modèle de l'édition littéraire ou du cinéma est différent. En contrepartie du risque pris (important apport financier), l'éditeur (ou producteur, dans le cinéma) est détenteur des droits d'exploitation. Il constitue de plus un passage obligé pour le diffuseur dans la mesure où s'impose une transaction matérielle (prêt d'une copie du film, livraison des livres édités, etc.). Enfin, le paiement de l'œuvre par le consommateur s'effectue par un système de caisse, qui identifie le paiement à une œuvre particulière par le biais d'un ticket de caisse correspondant à un achat ou à une entrée.

L'éditeur est la source de diffusion, le système de paiement repose sur une contrepartie identifiée (le ticket) : les conditions sont favorables à une gestion « individuelle » (en opposition à la gestion collective) des droits. Mais il s'agit en fait d'une gestion collective internalisée, puisqu'elle est effectuée par l'éditeur. Le distributeur reverse un pourcentage de ses ventes à l'éditeur qui reverse lui-même un pourcentage à l'auteur. Le mode de contrôle peut être ou non externalisé : soit l'auteur a un droit de regard sur les comptes et les stocks de l'entreprise (cas de l'édition), soit un organisme extérieur (le CNC au cinéma) se voit confier la mission de contrôle.

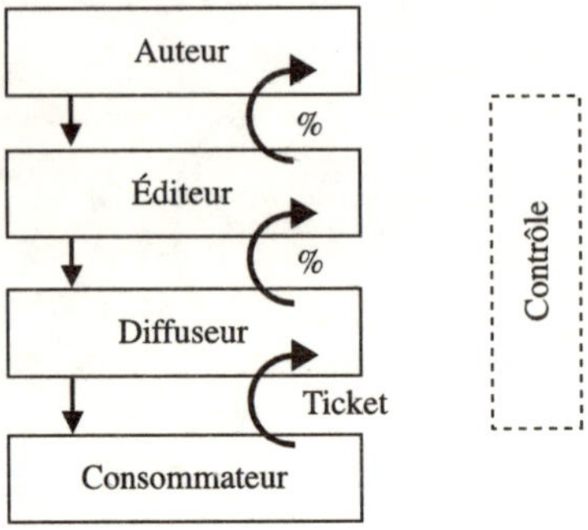

Modèle du reversement direct

Dans ce modèle, le droit d'auteur n'est pas uniquement pécuniaire, car l'éditeur (ou producteur), titulaire des droits d'exploitation, a aussi à gérer les autorisations d'exploitation des droits. Un éditeur, en accord avec l'auteur, peut tout à fait s'opposer à l'adaptation d'un livre au cinéma, et refuser la cession des droits d'adaptation. La rémunération de l'auteur est proportionnelle au résultat net réalisé par la commercialisation de l'œuvre : pourcentage du prix de vente de chaque exemplaire vendu dans l'édition, pourcentage du prix du ticket dans le cinéma. Le taux est laissé à la négociation mais peut être encadré par des règles informelles. Dans l'édition par exemple, les cessions des droits d'édition se font selon des taux standardisés, établis par la pratique en fonction notamment du prix de revient et du tirage en vigueur dans chaque domaine. Invariants d'une maison à l'autre, ils sont par exemple de l'ordre de 5 % pour les livres de poche, 8, 10 et 12 % respectivement sur les 10 000 premiers exemplaires vendus, sur les 5 000 suivants et sur les suivants pour les collections littéraires, etc. La gestion est individuelle mais est souvent effectuée par l'éditeur pour de nombreux ayants droit. Aussi bien les producteurs – ou les sociétés de portefeuille de droits – que les éditeurs disposent pour cela d'un outil de gestion des droits (service spécifique, outils informatiques...)

Modèle 3 : prélèvement à la source (télédiffusion)

Dans le modèle de la télédiffusion, le consommateur n'acquitte plus un ticket pour une œuvre mais paye au diffuseur, soit directement par un forfait, soit indirectement par la publicité, pour pouvoir recevoir l'ensemble des œuvres émises. Ce dernier, au lieu de négocier les modalités de chaque diffusion avec les ayants droit, est redevable d'un pourcentage de son chiffre d'affaires à une société de gestion collective qui répartit ensuite aux auteurs. Contrairement à l'exploitation cinématographique, la gestion des droits est ici externalisée.

Si la perception ne pose pas de problème de respect de l'esprit de la loi (versement d'un pourcentage de leur chiffre d'affaires par les organismes de diffusion aux sociétés d'auteurs), la répartition est en revanche plus compliquée. Les diffuseurs mettent donc en place un cer-

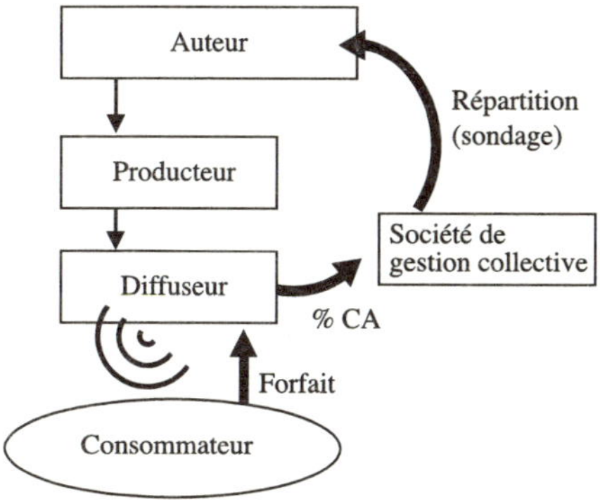

Modèle du prélèvement à la source

tain nombre de barèmes plus ingénieux les uns que les autres pour répartir les droits le plus « justement » possible, c'est-à-dire le plus possible en proportion de la « consommation ». Nous y reviendrons.

Dans ce modèle de rémunération des droits d'auteur, l'adhésion à la gestion collective reste affaire de choix, mais les sociétés de gestion collective ont des accords avec les diffuseurs pour percevoir l'ensemble des droits ! Il arrive donc qu'elles doivent rémunérer des ayants droit non adhérents. La gestion collective n'est pas obligatoire mais, du fait du coût exorbitant que devrait supporter un auteur seul pour assurer tous les contrôles, elle s'impose comme modèle dominant en termes de coûts de transaction. La rémunération des auteurs n'est plus exactement proportionnelle au produit d'exploitation, et les taux de rémunération sont négociés collectivement, entre la société d'auteurs et le diffuseur pour la perception, au sein de la société d'auteurs pour la répartition.

Modèle 4 : taxation (copie privée)

Le modèle de la copie privée ressemble au modèle précédent, à la différence qu'il n'y a plus à proprement parler de diffuseur. Le consommateur et le diffuseur se confondent dans la mesure où le premier peut revoir autant de fois qu'il le souhaite l'œuvre enregistrée. La perception étant impossible auprès des consommateurs, elle est effectuée auprès des fabricants et importateurs de vidéocassettes. La répartition, en revanche, est effectuée proportionnellement au copiage, grâce à l'outil de sondage de Médiamétrie[1].

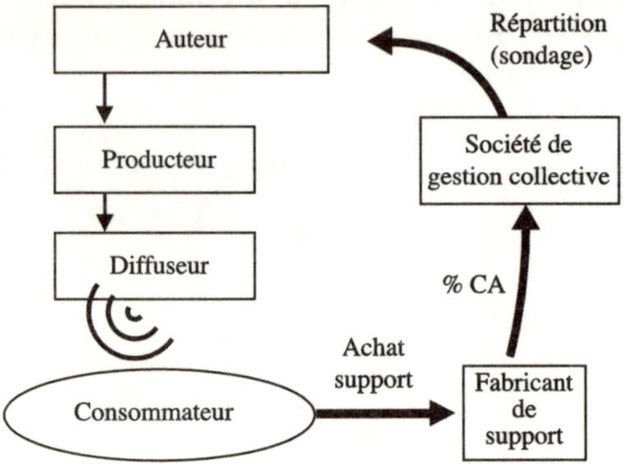

Modèle de la taxation

1. Institut de sondage français sur la consommation des ménages en matière d'audiovisuel.

On voit surgir, avec ce modèle, les problèmes liés à la dématérialisation de l'œuvre : une rupture apparaît entre le cheminement de l'œuvre et celui de la rémunération des auteurs ; le lien entre le diffuseur (ici, le consommateur) et l'auteur est coupé. Le cycle n'est bouclé qu'au prix de l'introduction dans la chaîne des fabricants de cassettes vierges. La perception des droits est effectuée sur le prix de vente des supports d'enregistrement. Dans d'autres pays, elle peut s'effectuer sur la vente des appareils d'enregistrement. Ce modèle marque une étape importante dans le dépouillement des droits des auteurs : ceux-ci n'ont plus le droit d'autoriser ou d'interdire, ils n'ont plus qu'un droit à rémunération, avec gestion collective obligatoire (et donc avec négociation collective). C'est le système de la licence légale.

En présentant ces quatre modèles, nous avons décrit à peu de choses près l'ensemble des pratiques qui existent et qui constituent en outre les solutions potentielles pour des secteurs confrontés à des nouveaux problèmes de rémunération des droits d'auteur. D'autre part, nous avons mis en évidence une corrélation entre les caractéristiques des modes de diffusion et le modèle à l'œuvre. En somme, nous avons fait apparaître les structures élémentaires du droit d'auteur. Il nous reste à donner des éléments d'évaluation du poids de ces pratiques.

Une évaluation quantitative du droit d'auteur en France

Cette partie a un double but. D'une part, elle entend mettre en évidence le caractère institutionnel du système du droit d'auteur en présentant un certain nombre d'organismes qui en constituent autant de rouages et en soulignant l'importance des volumes financiers impliqués. D'autre part, elle consiste en une tentative d'évaluation quantitative des flux de droits d'auteur et droits voisins en France. Au préalable, nous exposons la méthodologie de recueil de données sur laquelle nous nous sommes appuyé : nous établissons le caractère arbitraire de l'appellation droit d'auteur pour définir ce que nous mesurons, puis nous analysons le dispositif de mesure et ses limites[1].

1. Pour une présentation détaillée de cette évaluation et de ses limites, on pourra se référer à Paris, 1999.

Définition de l'objet mesuré :
les droits d'auteur juridico-institutionnels

Évaluer les volumes de droits d'auteur n'est pas chose aisée. Rien ne distingue physiquement les droits d'auteur des salaires ou honoraires. C'est essentiellement une question d'étiquetage. C'est cette idée qu'il faut avoir à l'esprit lors de l'analyse des données quantitatives.

Tout ce que touchent les auteurs n'est pas droit d'auteur. Les contrats des réalisateurs de cinéma prévoient un pourcentage correspondant aux droits d'auteur mais aussi un salaire pour le travail de technicien. La plupart du temps, le pourcentage est même remplacé dans la pratique par un minimum garanti, et les auteurs perçoivent simultanément deux sommes, l'une au titre de salaire et l'autre au titre de droits d'auteur. Pour prendre un exemple, le contrat de Serge Meynard pour le téléfilm *Le Sang du renard* prévoyait le versement d'un salaire de 275 kF (110 kF pour le travail de scénariste et 165 kF pour le travail de réalisateur) et d'un minimum garanti sur droits d'auteur de 275 kF (même répartition). Nous soulignons cet état de fait pour insister sur le caractère conventionnel de l'appellation « droits d'auteur ».

Quand Serge Meynard perçoit sa rémunération, seuls les termes du contrat permettent de distinguer la partie « salaire » de la partie « droits d'auteur ». Mais la répartition librement définie au cours de la signature des contrats a des répercussions concrètes. D'une part, les charges sociales relatives au droit d'auteur empruntent un circuit très spécifique, puisqu'elles sont versées à l'AGESSA[1]. D'autre part, les taux des cotisations sociales ne sont les mêmes ni pour les diffuseurs ni pour les auteurs, et les prestations auxquelles elles donnent droit diffèrent aussi. À titre d'illustration, nous pouvons consulter le tableau comparatif ci-contre.

Ainsi, si la distinction des droits d'auteur et des salaires est affaire de dénomination, le choix de l'une ou de l'autre leur appose une marque qui rend la différence effective. Sont droits d'auteur les rémunérations qui ont été versées « en droits d'auteur ». Et payer quelqu'un en droits d'auteur signifie non pas lui signer un chèque particulier, mais devoir emprunter la voie des droits d'auteur pour le paiement des charges sociales et lui donner la possibilité de bénéficier du régime des auteurs.

1. L'Association pour la gestion de la sécurité sociale des auteurs gère les prestations sociales des auteurs dont les revenus artistiques dépassent un certain seuil.

Calcul comparatif des cotisations sociales
sur les revenus salariaux et artistiques (au 1er janvier 1997)

Exemple d'une rémunération brute de 10 000 F

	Salaire	*Droits d'auteur*
Rémunération brute hors taxes	10 000 F	10 000 F
Cotisations sociales à la charge de l'entreprise (1)	2 850 F	100 F
Cotisations sociales à la charge de l'auteur (2)	950 F	931 F

(1) Il s'agit des assurances sociales, allocations familiales, aide au logement. En ce qui concerne les salaires, il faudrait ajouter la cotisation accident du travail, la taxe patronale et les cotisations à verser à divers organismes pour avoir la totalité des charges sociales ; en ce qui concerne les droits d'auteur, les 1 % constituent une contribution générale.

(2) Afin d'obtenir des chiffres comparables, nous n'incluons pas l'assurance vieillesse dans la part à la charge du salarié, car le régime social des auteurs n'en prévoit pas.

Fig. 1

Les droits d'auteur sont établis par la loi, mais l'appellation « droits d'auteur » est le plus souvent le fait d'une négociation et de la signature d'un contrat. Si les sommes perçues par un peintre en contrepartie de l'autorisation de reproduire son œuvre sur un calendrier entrent automatiquement dans la classe des droits d'auteur, cela n'est plus automatique pour les sommes perçues par un metteur en scène de la part de son producteur.

Les volumes que nous évaluons relèvent donc d'un arbitraire. Ils mesurent les droits d'auteur perçus par les organismes de gestion collective[1], et, lorsqu'ils ne transitent pas par ces organismes, les sommes déclarées auprès de l'AGESSA. Ils correspondent donc aux droits d'auteur au sens juridico-institutionnel, c'est-à-dire les sommes qui sont définies par les acteurs comme relevant des droits d'auteur au sens juridique. En particulier, nous ne mesurons pas les droits d'auteur comme rémunérations résiduelles[2].

1. Ces organismes ayant un statut particulier, il est aisé de les répertorier. Leur dénombrement est effectué chaque année par le ministère de la Culture lors de la publication du rapport sur la gestion collective. Cf. Ministère de la Culture, 1993, 1995 *a*, 1995 *b*, 1996.

2. Au sens des *residuals* anglo-saxons, c'est-à-dire les rémunérations proportionnelles aux produits d'exploitation.

Le dispositif de mesures

Pour résumer, notre évaluation se base sur la définition juridico-institutionnelle des droits d'auteur, la seule qui permette de les évaluer : ce sont les rémunérations qui sont étiquetées « droits d'auteur » et qui empruntent les circuits institutionnels. L'étiquette est invisible et n'est qu'un passeport pour ces circuits : c'est donc au niveau de ces circuits que nous pouvons en faire une évaluation. L'AGESSA nous permet de connaître le volume global des droits d'auteur autres que ceux des artistes plastiques. La Maison des artistes peut apporter un éclairage sur l'ensemble des revenus artistiques. Enfin, les sociétés de gestion collective donnent des indications sur les droits d'auteur. Ensuite, les données des sociétés de gestion collective et de certains organismes professionnels (Syndicat national de l'édition, Centre national de la cinématographie...) nous permettent d'affiner l'évaluation en effectuant des fractionnements par redevables d'une part, par ayants droit d'autre part.

L'AGESSA

L'AGESSA est l'organisme de gestion de sécurité sociale des auteurs, à l'exception des artistes graphiques et plastiques. Sont reconnues comme auteurs les personnes qui justifient « avoir perçu des ressources artistiques d'un montant au moins égal à 1200 fois la valeur horaire moyenne du SMIC au cours de la dernière année civile ». De nombreux revenus perçus au titre de droits d'auteur n'y transitent donc pas. L'AGESSA enregistre d'une part les déclarations des auteurs, d'autre part les déclarations de versements de droits faites par les tiers (« diffuseurs »). Les déclarations des auteurs affiliés servent de base au calcul de leurs cotisations assurance vieillesse. Les déclarations des diffuseurs permettent le prélèvement à la source des cotisations d'assurance maladie-maternité-veuvage des auteurs (précompte) et servent de base au calcul de leur contribution (1 % des droits versés). À partir de ces données, nous pouvons par exemple avoir un aperçu de la population des auteurs « qui vivent de leurs droits ».

Nous pouvons constater que le nombre de ces auteurs est relativement peu élevé et qu'il varie selon les professions. Les photographes sont beaucoup plus nombreux à vivre de leurs droits que les auteurs cinématographiques par exemple, alors que ceux-ci jouissent d'une plus grande notoriété que ceux-là. De plus, nous pouvons observer que le volume moyen de droits perçus par les auteurs affiliés ne varie pas énormément ; à l'exception des traducteurs (10 kF), les autres affichent des moyennes du même ordre de grandeur : de 100 kF pour les auteurs de chorégraphies à 550 kF pour les auteurs

Tableau 2. — Revenus 1993 des auteurs affiliés à l'AGESSA (exercice social 1994-95)

Catégories	*Nombre d'auteurs affiliés*	*Droits d'auteur (total)*	*Salaires (total)*	*Revenus libéraux (total)*
Écrivains	1 449	290 MF	37 MF	6,5 MF
Traducteurs	512	50 MF	6,5 MF	1,1 MF
Auteurs dramatiques	151	46 MF	13 MF	0,15 MF
Auteurs-compositeurs de musique	951	280 MF	62 MF	9,5 MF
Auteurs chorégraphiques et pantomimes	5	0,52 MF	0,26 MF	0,14 MF
Auteurs de cinéma	130	73 MF	7,3 MF	0,13 MF
Auteurs audiovisuels	754	160 MF	25 MF	0,91 MF
Illustrateurs (voie du livre)	733	110 MF	9,0 MF	0,95 MF
Photographes	1 808	350 MF	25 MF	9,7 MF
Auteurs de logiciels	144	32 MF	5,7 MF	0,50 MF

Données : AGESSA.

de cinéma. Enfin, nous pouvons aussi noter que le taux des rémunérations perçues en droits d'auteur par rapport à l'ensemble des rémunérations varie assez peu d'une catégorie à une autre. À l'exception des auteurs de chorégraphies, les auteurs affiliés touchent en moyenne, selon les catégories, entre 80 et 90 % de leurs revenus sous forme de droits d'auteur.

La Maison des artistes

Pendant de l'AGESSA pour les artistes plastiques et graphiques, la Maison des artistes gère les assurances sociales des auteurs-artistes relevant de cette branche. Pour ce faire, elle enregistre d'une part les déclarations de revenus des artistes pour le calcul de leurs cotisations et d'autre part les déclarations de rémunérations aux artistes par les diffuseurs, à l'exception des particuliers et des galeristes, pour le calcul de leurs contributions. Dans le domaine des arts plastiques et graphiques, les droits d'auteur ne constituent pour les auteurs relevant de cette branche qu'une partie des revenus, souvent infime par rapport aux produits de vente, par exemple. Ne sont par ailleurs gérés que les artistes résidant fiscalement en France et dont le bénéfice non commercial majoré de 15 % est au moins égal à 1 200 fois la valeur horaire du SMIC. La somme des assiettes sociales déclarées ne traduit donc en rien le volume des droits d'auteur reversés.

Les déclarations des diffuseurs concernent, dans les textes, les revenus versés aux auteurs en contrepartie du droit d'utilisation (exposition au public) ou du droit de reproduction des œuvres ; elles servent de base au calcul du précompte et au paiement de la contribution de 1 % à la charge du diffuseur. Cependant, le précompte n'est pas appliqué si l'auteur-artiste justifie qu'il est imposable au titre des bénéfices non commerciaux. D'autre part, les galeristes et particuliers n'y sont pas soumis. Enfin, compte tenu de la difficulté à distinguer droits et produits de vente, ces déclarations englobent en pratique l'ensemble des revenus artistiques, indistinctement. La déclaration du 1 % ne nous permet donc d'obtenir qu'une approximation des revenus artistiques, à l'exclusion du droit de suite, versés aux auteurs de cette branche par des diffuseurs français, soit 300 MF en 1995.

Les sociétés de gestion collective des droits d'auteur

Pour avoir des précisions sur les flux de droits d'auteur, les sociétés de gestion collective constituent une source de données précieuse. Ces sociétés perçoivent les droits auprès des diffuseurs et les reversent aux auteurs.

L'origine des droits gérés par la gestion collective présente un certain équilibre : un tiers (1 690 MF en 1994) provient de l'édition (phonogrammes, vidéogrammes, copie privée, reprographie), un tiers (1 420 MF) des « lieux » (spectacle vivant, lieux sonorisés, salles de cinéma) et un tiers (1 580 MF) de la télédiffusion (TV, radios). Quant à la répartition, elle est essentiellement dirigée vers les auteurs : en 1994, les sociétés de gestion collective leur reversaient les deux tiers des droits qu'elles géraient, soit 3 milliards de francs, contre 1,4 milliard aux éditeurs et 340 MF aux artistes-interprètes. Enfin, le secteur de la musique est le secteur de prédilection de la gestion collective des droits d'auteur, puisqu'il représentait, en 1996, 70 % des droits d'auteur (3,6 milliards de francs), contre 1,4 milliard pour les arts dramatiques (littérature, audiovisuel) et 55 MF pour les arts plastiques et la photographie.

Limites de l'évaluation

Avant de présenter notre évaluation quantitative du droit d'auteur en France, soulignons un certain nombre de difficultés qui en constituent autant de limites. D'abord, un certain nombre de droits échappent à notre dispositif de mesures : les auteurs qui n'atteignent pas le plancher annuel ne sont pas gérés par l'AGESSA ou la Maison des artistes, d'autres gèrent leurs propres droits, notamment dans le domaine des arts plastiques, où de gros ayants droit, comme les successions Picasso et Matisse, sont sortis de la gestion collective[1]. Ensuite, une telle évaluation se heurte à la question des frontières de l'étude et aux questions de nationalité et de territorialité. Les sociétés d'auteurs peuvent payer des droits à des auteurs étrangers, par exemple la succession Mirò qui relève du répertoire de l'ADAGP, l'AGESSA gère l'assurance-maladie des auteurs domiciliés fiscalement en France, qu'ils soient français ou non, et certains auteurs de nationalité ou de résidence française perçoivent des droits de la part d'éditeurs étrangers. Dans ces conditions, délimiter un domaine d'étude cohérent est quasi impossible. Enfin, il n'est pas toujours facile de distinguer ce qui relève du droit d'auteur des autres revenus artistiques. Les uns et les autres, en dehors de la branche des arts graphiques, sont indistinctement déclarés à l'AGESSA. Par exemple, un photographe indépendant, en plus d'un droit d'auteur constituant la contrepartie de l'autorisation d'utiliser l'œuvre réalisée, perçoit des honoraires au titre de la réalisation de la prise de vues. Les déclarations effectuées à l'AGESSA incluent ces revenus artistiques qui ne sont pas juridiquement des droits d'auteur. De même, les revenus des artistes plastiques et graphiques qui sont déclarés à la Maison des artistes, englobent les droits d'auteur et les produits de la vente des œuvres, largement prépondérants dans ces domaines. Par ailleurs, certains auteurs déclarent des traitements et salaires, tandis que d'autres, imposés au titre des bénéfices non commerciaux, déclarent ces bénéfices. Or pour ceux-là, photographes, plasticiens et auteurs de logiciels essentiellement, la base de calcul des cotisations est constituée par ce bénéfice majoré de 15 % ou par une assiette forfaitaire. Ils peuvent donc déduire leurs frais professionnels qui prennent parfois, dans le cas des photographes notamment, des proportions importantes.

1. Picasso Administration depuis 1996, Les Héritiers Matisse depuis 1988.

Ces trois difficultés constituent trois obstacles parmi d'autres qu'il n'est pas aisé de surmonter. Ces réserves posées, nous pouvons néanmoins proposer une évaluation quantitative des droits d'auteur en France.

Les droits d'auteur en France : 8 milliards de francs

Pour constater l'importance quantitative des flux de droits d'auteur, il est intéressant de pouvoir comparer les chiffres d'affaires des secteurs avec les volumes de droits versés. Nous proposons des approximations de ces chiffres pour quatre grandes catégories de diffuseurs, en mettant bien en garde que la cohérence de ces chiffres est relativement faible, compte tenu de la diversité de leurs origines, de la diversité des pratiques, de l'imprécision qui entoure la définition des différentes catégories et des variations sur le choix des volumes mesurés. Nous pouvons néanmoins noter que le droit d'auteur a un poids économique important, de l'ordre de 5 à 10 %, dans chacune des industries culturelles.

Tableau 3. — Évaluation du poids des droits d'auteur pour certains diffuseurs

Origine	*Chiffre d'affaire (source, année)*	*Droits versés (source, année)*	*Rapport droits/CA*
Éditeurs (livre)	17 000 MF (SNE, 1994)	1 500 MF (SNE, 1994)	9 %
Édition musicale (phonogrammes et vidéogrammes)	6 800 MF (SNEP, 1995)	600 MF (SACEM, 1994)	9 %
Chaînes de TV	27 000 MF (INSEE, 1994)	1 100 MF (INSEE, 1994)	4 %
Exploitants de cinéma	4 600 MF (INSEE, 1993)	310 MF (AGESSA, 1994)	7 %

Enfin, à partir des données de l'AGESSA et des sociétés d'auteurs, nous pouvons proposer une répartition approximative des droits par grandes catégories de diffuseurs : l'édition, le spectacle et la télédiffusion. L'édition englobe le livre, le disque, le CD-ROM, la photographie, etc. Le spectacle comprend le spectacle vivant (théâtre, concerts...) et la diffusion de musique enregistrée (discothèques, lieux sonorisés...). Enfin, la télédiffusion recouvre radio et télévision. Le schéma obtenu souligne bien le poids variable que peut avoir la gestion collective selon les modes de diffusion : indispensable pour la télédiffusion, elle a un rôle beaucoup moins important pour l'édition, par exemple.

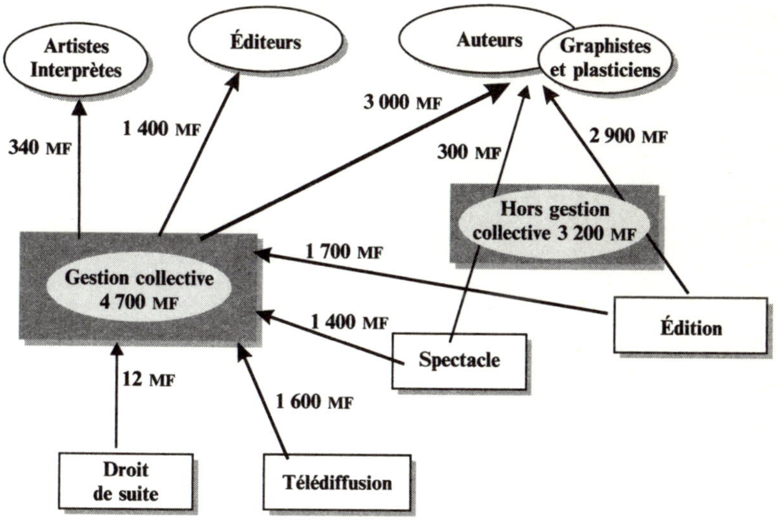

Fig. 2. — Répartition des droits versés
par les diffuseurs français aux ayants droit en 1994

Conclusion

Au terme de ce chapitre, vous avez une vision générale des mécanismes qui se mettent en route dès lors que vous « consommez » un produit culturel. Votre acte va entraîner la mise en route d'une gigantesque machinerie qui voit transiter une dizaine de milliards de francs par an. Ces flux empruntent des voies différentes selon les secteurs : derrière le droit d'auteur se dissimulent des pratiques de mise en œuvre contingentes, qui relèvent de quatre modèles fondamentaux. Parmi ces quatre modèles, trois s'appuient sur un acteur économique particulier, dont nous avons déjà eu l'occasion de parler : les sociétés de gestion collective. Plus encore, 60 % des droits versés aux ayants droit en France transitent par ces sociétés qui jouent donc un rôle essentiel dans le système. Pour bien comprendre la mécanique du droit d'auteur, il faut comprendre le fonctionnement de ces sociétés.

C'est ce à quoi nous allons nous atteler maintenant. Nous allons continuer à vous dévoiler les coulisses de la création en pénétrant dans le fonctionnement de ces sociétés. Le fil conducteur de notre analyse reste la description fine des mécanismes de rémunération des créateurs par le droit d'auteur. Nous avons vu comment les droits étaient perçus, il nous reste à voir comment ils sont gérés et distribués par les sociétés de gestion collective.

Chapitre 3

La gestion collective, au cœur du système

Tandis que les auteurs créent, une énorme machine tourne, qui contrôle l'utilisation des œuvres, perçoit des droits, et les répartit entre les différents auteurs. Le fonctionnement du droit d'auteur s'appuie sur des règles formelles, des pratiques informelles et surtout des systèmes de gestion extrêmement structurés qui assurent sa mise en œuvre quotidienne. Qu'un disque passe sur une station de radio, et son auteur, son compositeur, son éditeur, son producteur, ses artistes-interprètes perçoivent chacun des droits. Chaque diffuseur de musique reverse ainsi des droits pour les créateurs. La gestion de ces droits, leur perception et leur répartition, est réalisée par le système de la gestion collective. Son efficacité est bien connue : la SACEM, omniprésente, exerce un contrôle strict sur l'utilisation de la musique. Elle intervient ainsi auprès de quelques centaines de milliers de diffuseurs en France et a des accords de partenariat avec plusieurs dizaines de pays pour la perception des droits à l'étranger, le tout pour le compte de 75 000 ayants droit. Pour ce faire, elle s'appuie sur un effectif de 1 500 personnes réparties entre le siège et un réseau national constitué de 110 directions et délégations régionales. En France, la SACEM s'insère dans un réseau constitué d'une vingtaine de sociétés de perception et de répartition des droits qui interviennent dans tous les secteurs et pour toutes les catégories d'ayants droit.

Il s'agit dans ce chapitre d'ouvrir la boîte noire de la gestion collective. Un produit culturel est diffusé, des droits sont perçus par une société de gestion collective et reversés aux créateurs. Comment cela s'organise-t-il ? Pour répondre à cette question, nous reviendrons d'abord sur la genèse de la gestion collective, ce qui nous permettra de comprendre les besoins auxquels elle a répondu, autrement dit ses fonctions. Ensuite, nous regarderons plus en détail la manière dont s'organisent les deux fonctions principales, celles qui nous intéressent le plus dans notre compréhension de la mise en pratique du droit d'auteur, la perception et la répartition.

Genèse et fonctions de la gestion collective

L'histoire des sociétés de gestion collective se confond avec celle du droit d'auteur. Ou plutôt, ce qui est présenté comme la genèse historique du droit d'auteur est en réalité la genèse historique des sociétés de gestion collective. C'est dire le poids de ces sociétés dans le processus d'institutionnalisation du droit d'auteur. Nous verrons plus loin que l'histoire du droit d'auteur remonte en réalité bien avant la Révolution française et le coup de force de Beaumarchais. Mais cette étape a constitué un tournant pour le droit d'auteur, car il s'est alors doté d'outils – la gestion collective – qui allaient modifier les conditions de sa mise en œuvre et le faire accéder au rang d'institution.

Institutionnalisation du droit d'auteur

À la veille de la Révolution française, la situation des auteurs de théâtre était largement dépendante de ceux qui diffusaient leurs œuvres : les acteurs, regroupés au sein de la très puissante Comédie-Française. Très puissante, car unie : les auteurs étaient isolés devant cette société bien organisée. La Comédie-Française détenait le monopole sur les tragédies et comédies du genre noble et pouvait donc contraindre les auteurs, isolés, à abandonner leurs droits aux comédiens s'ils voulaient être joués.

> « Pour l'heure, les comédiens français osaient tout simplement réduire la part de recette nette revenant à l'auteur (soit une part sur dix-huit pour les petites comédies nouvelles en trois actes, et deux sur dix-huit pour les pièces en cinq actes, respectivement 5,56 % et 11,11 % des recettes) en majorant indûment les frais ordinaires, ceux du théâtre en ordre de marche, et extraordinaires, variables selon les spectacles. Pis encore, en cas de basses recettes, la pièce "tombait dans les règles", autrement dit n'était plus jouée. Mais quand elle était reprise, elle appartenait au fonds du théâtre... et l'auteur ne touchait plus un sou de droits. Tous les abus étaient possibles, d'autant plus que les comédiens tenaient bien secret leur livre de comptes » (Vessillier-Ressi, 1982).

« Ils osaient tout contre les auteurs, parce qu'ils se sentaient protégés et agissaient contre des gens isolés, dispersés, sans réunion, sans force et sans appui » (P. A. Caron de Beaumarchais).

Les comédiens, qui jouaient alors le rôle de diffuseurs, disposaient donc d'un pouvoir de fait dû, d'une part, à leur union et au monopole dont ils jouissaient et, d'autre part, à « l'appui jamais démenti que leur accordaient les premiers gentilshommes de la chambre du roi » (Boncompain, 1977).

Pour rétablir les rapports de force entre créateurs et utilisateurs, il était essentiel pour ceux-là de s'unir et de s'assurer un certain nombre d'appuis de poids. C'est Pierre-Auguste Caron de Beaumarchais qui lança la bataille contre les comédiens du roi. Le 3 juillet 1777, il réunit dans son Hôtel de Hollande 22 auteurs, mécontents de la Comédie-Française, qui se constituèrent en un Bureau de la législation dramatique auquel ils invitaient tous les auteurs présents et futurs, pour revendiquer une législation juste et claire. Ces « états généraux de l'art dramatique » marquaient l'émergence du premier véritable collectif d'auteurs, et préfiguraient la Société des auteurs et compositeurs dramatiques (SACD), la première société au monde de ce type. À partir de ce moment, le collectif devint un groupe de pression qui rétablit petit à petit les rapports de force.

« Le rétablissement d'un certain équilibre entre les prérogatives des auteurs et celles des comédiens se traduisent dans les chiffres. Avant 1780, les droits d'auteur représentaient 0,6 à 4,8 % au plus des dépenses générales de la Comédie ; après 1780 le minimum passe à 3,4 % et le maximum à 10,7 % » *(ibid.)*.

La loi allait venir entériner petit à petit cette nouvelle situation. La première reconnaissance officielle intervint sous la forme d'un arrêt édité par Louis XVI :

« Le 9 décembre 1780, Louis XVI arrête en son Conseil que "l'assiette pour le calcul des droits d'auteur sera nettement déterminée" et que "l'achat d'une pièce au forfait est rigoureusement interdit" » (R. Vlad, *in* Ministère de la Culture, 1993).

Mais cet arrêt, de portée limitée à la capitale, ne satisfit pas encore les auteurs qui voulaient une véritable loi. Elle fut demandée solennellement à la Constituante par une délégation des auteurs dramatiques le 24 août 1790, défendue par les députés Mirabeau et Robespierre et adoptée le 13 janvier 1791.

« Le décret du 13 janvier 1791, sanctionné le 19 janvier, instaure la liberté des théâtres et confère à l'auteur, pendant sa vie, le droit d'autoriser ou d'interdire la représentation de ses œuvres, sur tout le territoire de la République ; après sa mort, ce droit revient à ses héritiers pendant une période de cinq années » (Boncompain, 1977).

« Finalement, la Convention nationale aboutit à poser vraiment les bases de toute législation moderne en matière de propriété intellectuelle, par la loi du 19-21 juillet 1793 et le décret suivant du 1er-3 septembre 1793. La protection était enfin étendue aux droits de propriété des écrits de tout genre, des compositeurs de musique, des peintres et des dessinateurs » (R. Vlad, *in* Ministère de la Culture, 1993).

Genèse de la gestion collective

Si les auteurs ont finalement obtenu que leurs droits soient reconnus juridiquement, il leur fallait ensuite les faire entrer dans les mœurs : une reconnaissance « institutionnelle » devait suivre la reconnaissance législative. Très rapidement, le Bureau de la législation dramatique se dota d'une agence de perception. De simple groupe de pression, il devenait ainsi une société s'insérant dans la branche d'activité économique des spectacles. Les auteurs mandataient l'agence Framery pour assurer la perception de leurs droits dans différentes villes.

« Alors qu'ils ont obtenu du législateur que le droit d'auteur s'exerce non seulement à Paris, mais encore en province, les auteurs se heurtent à une difficulté d'ordre pratique : comment assurer le respect de leurs droits ? Ils ne peuvent être présents partout à la fois. Le moment est venu de doter le Bureau de législation dramatique d'une agence de perception. Il y a donc novation dans les fonctions et attributions de l'organisme regroupant les auteurs qui, de simple groupe de pression ou syndicat, devient une société s'insérant dans une branche de l'activité économique, celle des spectacles. Par annonces publiées dans la *Gazette nationale* et le *Mercure de France*, les auteurs sont invités à déposer chez un notaire une procuration habilitant le sieur Framery à assurer la perception de leurs droits » (Boncompain, 1977).

La première société de perception, l'agence Framery, était née, qui allait percevoir les droits de 70 auteurs dans 25 villes. Le niveau des perceptions crût très rapidement :

« De Pâques 1791 à Pâques 1792, les perceptions en provinces atteignent 8 868 livres 3 s. 9 d ; elles n'ont été opérées que dans vingt-cinq villes. [...] Cependant, Framery et ses correspondants poursuivent leur intervention auprès d'un nombre toujours plus important de théâtres ; d'où, la saison suivante, des perceptions s'élevant à 16 000 livres. [...] On assistera alors, malgré les troubles qui désorganisent la vie en province, à un gonflement des perceptions ; de fructidor an II à thermidor an III elles se chiffrent (si nos calculs sont exacts) à 89 934 livres » *(ibid.).*

À l'origine groupe de pression qui avait pour but de faire valoir les droits de ses adhérents, la société créée à l'instigation de Beaumarchais se dota par la suite des fonctions de perception, de répartition et de contrôle. Ces différentes fonctions sont encore aujourd'hui celles qui animent les sociétés de perception et de répartition des droits : la SACEM, la SACD, la SCAM, l'ADAGP, l'ADAMI, etc.

Les fonctions de la gestion collective

Le titulaire d'un droit d'exploitation sur une œuvre (auteur, artiste-interprète, etc.) est théoriquement seul maître[1] pour déterminer les tarifs de cession. Seulement, la multiplication des utilisateurs et la dématérialisation des œuvres ne lui permettent plus de l'exercer lui-même. Dans le seul secteur musical, on dénombre en France quelque 80 000 bals par an, plus de 20 000 lieux sonorisés (bars, supermarchés, salons de coiffure, ascenseurs, etc.), auxquels il faut ajouter les discothèques, toutes les stations de radio et les télédiffuseurs dont le nombre ne cesse d'augmenter. Ces 100 000 diffuseurs voient leurs programmes alimentés annuellement par un demi-million d'œuvres pour plus de 60 000 ayants droit... On imagine très difficilement qu'une discothèque demande une autorisation pour chaque œuvre diffusée et encore plus difficilement qu'un auteur puisse contrôler toutes les diffusions de ses œuvres. Aussi, il fait appel à une société de gestion collective à qui il confie la gestion de ses droits par mandat ou par apport en propriété[2]. En termes de coûts de transaction, la gestion collective intervient lorsque les coûts de contrôle des ayants droit deviennent trop élevés par rapport au bénéfice de la cession des droits. Des fonctions qui ne sont pas réalisables au niveau individuel le deviennent au niveau collectif, par le jeu des économies d'échelle. La gestion collective apparaît comme un médiateur de complexité[3].

1. Sauf pour les exploitations constituant des exceptions à son droit exclusif (copie privée, reprographie...) qui, comme nous le verrons dans un chapitre ultérieur, ont tendance à se multiplier aujourd'hui.

2. Sur la forme juridique des sociétés de gestion collective, et la nature des apports, on pourra se référer à Edelman, 1993 *b*.

3. Pour une analyse économique du phénomène de la gestion collective, voir Besen, Kirby et Salop, 1992.

Les sociétés de gestion collective se chargent de la tarification et de la perception des œuvres relevant de leur catalogue. Nous reviendrons sur la définition de ces catalogues, mais il est important de noter que les domaines de compétence des sociétés de gestion collective sont fondés exclusivement sur des critères de format, à l'exception de toute considération sur la qualité des produits. La SACEM perçoit des droits aussi bien pour les créateurs d'une symphonie que pour les auteurs d'un tube de l'été fabriqué sur un mode industriel. Un autre principe des sociétés de gestion collective est de tarifer toutes les œuvres relevant d'une même catégorie au même taux[1]. La perception peut prendre plusieurs formes : facturation ponctuelle à l'organisateur d'un bal, paiement d'un forfait annuel par un bar pour diffuser de la musique, prélèvement d'un certain pourcentage sur les tickets d'entrée de cinéma, facturation d'un pourcentage sur le chiffre d'affaires d'une discothèque... À cette perception se greffe naturellement la fonction de contrôle. Cela peut prendre la forme d'inspection des stocks de distributeurs de phonogrammes, d'examen des comptes de tel ou tel diffuseur, d'enregistrement et d'analyse des programmes télévisés...

Une fois que les sommes sont perçues, il faut les répartir ! Et les répartir, autant que faire se peut, proportionnellement aux recettes générées par chacun des ayants droit. Il ne s'agit pas de partager les sommes perçues à parts égales entre tous les sociétaires. Il faut donc connaître les recettes engendrées par chaque œuvre et, pour chaque œuvre, identifier les ayants droit et déterminer leur part respective. Aussi, tout un arsenal d'outils est mis en œuvre : grille des programmes d'une chaîne de télévision ou d'une station FM, programmes informatiques, techniques statistiques...

À ces fonctions s'ajoute une fonction sociale héritée de leur passé très mutualiste (caisses de retraite, fonds de solidarité...) et une fonction de promotion culturelle et d'aide à la création, plus ou moins développée spontanément dans le passé et rendue obligatoire par la loi de 1985[2]. En outre, les sociétés de gestion collective mettent en œuvre un certain nombre d'actions destinées à « institutionnaliser » le système des droits d'auteur et ce, afin de garantir leur bon fonctionnement et leur avenir. Elles s'impliquent dans des activités de pression *(lobbying)* auprès des autorités politiques tant nationales qu'internationales pour obtenir la reconnaissance de droits et garantir

1. On trouvera des précisions sur le fonctionnement d'une société de gestion collective particulière, la SACD, dans Rouart, 1995.

2. La loi du 3 juillet 1985, loi Lang, impose aux sociétés de gestion collective de consacrer 25 % des sommes dues au titre de la copie privée à des actions de ce type.

ainsi leurs perceptions. Sur le plan international, elles adhèrent à des organisations comme la CISAC, le GESAC, l'AIDAA, l'EVA, etc. destinées à mener des réflexions et à faire pression sur les organismes internationaux tels que l'OMPI ou le Conseil de l'Europe. Sur le plan national, elles entament des procédures judiciaires pour faire reconnaître leurs droits et obtenir des jurisprudences. De plus, dans cette logique d'institutionnalisation, mais aussi pour multiplier leurs sources de revenus, elles s'impliquent dans le développement des droits d'auteur dans les pays d'Europe centrale ou d'Amérique du Sud afin de garantir des transferts internationaux qui leur permettent d'étendre leur champ de perception. Enfin, elles sont impliquées au sein de l'ALPA dans des opérations de sensibilisation, de prévention et de lutte contre la piraterie[1]. L'éducation du public en matière de respect de la propriété intellectuelle apparaît notamment comme une composante essentielle du bon fonctionnement du système (Lehman, 1995 ; Dreier, 1995).

Ces fonctions présentées, il nous reste à voir comment s'organisent les deux fonctions principales de la gestion collective, la perception des droits et leur répartition.

L'organisation de la perception : un système très structuré

Reprenons notre analyse des processus de rémunération des ayants droit où nous l'avons laissée, c'est-à-dire aux portes de la boîte noire de la gestion collective. Comment s'organise la perception des droits ? Nous avons déjà en partie répondu à la question dans les présentations, d'une part, des différents modèles de mise en œuvre du droit d'auteur, d'autre part, des fonctions de la gestion collective. Ce qui nous intéresse maintenant, c'est la division du travail entre sociétés. Qui perçoit quoi pour le compte de qui ? Je regarde un film à la télévision : qui perçoit ? Je le vois au cinéma : qui perçoit ? Je l'enregistre avec mon magnétoscope : qui perçoit ? La réponse à cette question va nous conduire à deux constats importants : d'une part, la division du travail est extrêmement structurée entre sociétés ; d'autre part, l'organisation de la perception a tendance à se complexifier.

1. L'Association de lutte contre la piraterie audiovisuelle a notamment pour membres les principales sociétés de gestion collective françaises.

La division du travail entre sociétés : un critère sectoriel

Historiquement, les sociétés de gestion collective se sont spécialisées par domaine d'activité, car les secteurs de la propriété littéraire et artistique étaient relativement étanches du fait des spécificités des modes de diffusion. Aussi, chacune des sociétés d'auteur est spécialisée : la SACEM dans le secteur musical, la SACD dans les arts dramatiques et le cinéma, la SCAM dans le documentaire, l'ADAGP dans les arts graphiques et plastiques... Cette délimitation n'étant néanmoins pas toujours très nette, elle est matérialisée par des frontières déterminées par des accords intersociaux.

Le répertoire de la SACD englobe les « œuvres théâtrales de caractère dramatique, dramatico-musical, lyrique, chorégraphique, telles que pièces de théâtre, opéras, opéras-comiques, opéras-bouffe, opérettes, ballets avec arguments, comédies musicales », tandis que celui de la SACEM est constitué de « toutes les œuvres musicales (à l'exclusion de celles qui font partie du répertoire de la SACD) et notamment chansons, musiques symphoniques, contes musicaux, etc. »[1]. Comme c'est le cas à chaque fois qu'il s'agit de déterminer des frontières, des situations étranges se produisent : présence de minorités, villes coupées en deux... Ainsi, si un film cinématographique est ressortissant du répertoire de la SACD, sa partie musicale, son doublage et son sous-titrage sont dans les limites territoriales de la SACEM. Quant aux poèmes, ils « sont indifféremment du répertoire de la SACEM et de la SCAM, l'appartenance sociale de ceux-ci étant déterminée en fonction de l'antériorité de l'adhésion de leurs auteurs à l'une ou l'autre des deux sociétés »[1]. Enfin, si les frontières tracées sont rarement remises en cause globalement, des incidents de frontières se produisent fréquemment. Nous aurons l'occasion de le voir à propos de l'amendement Carat.

La gestion collective s'est spécialisée selon les secteurs de création du fait de leurs caractéristiques propres. En particulier, selon leurs modes de diffusion, la gestion collective n'est pas uniformément développée. Ainsi les droits relatifs à l'édition ne sont gérés collectivement que pour moins de 2 % de leur volume, alors que la majorité écrasante – voire la quasi-totalité – des droits afférents à la musique passent par la gestion collective. Une explication en termes de coûts de transaction a été avancée pour l'expliquer : la gestion collective intervient quand l'étendue des droits est faible par rapport aux coûts de négociation et de contrôle (Alexander, 1994). Pour prendre un

1. Délimitation des répertoires SACEM/SACD/SCAM, document interne (mars 1989).

exemple, traditionnellement, les droits d'adaptation cinématographique d'un livre sont étendus (ils incluent la cession des droits de diffusion), l'assiette de rémunération est donc très élevée par rapport à ce que coûtent la négociation et le contrôle (des adaptations cinématographiques du livre). Ils relèvent donc de négociations privées. Au contraire, le droit de représentation d'une œuvre musicale est, traditionnellement, faible ; le coût de contrôle est très élevé compte tenu du nombre de diffuseurs : la gestion collective intervient.

Globalement, les secteurs dont les modes de diffusion traditionnels sont difficilement contrôlables (dissociation entre l'œuvre et son support, diffusion à grande ampleur) ont une forte tradition de gestion collective. C'est le cas de la musique. À l'opposé, les secteurs historiquement liés à un mode de diffusion matériel basé sur un marché de la reproduction, comme l'édition, y sont moins sujets. De même, les secteurs liés traditionnellement à une diffusion dont la tarification est forfaitaire ont une forte tradition de gestion collective (musique) alors que la tarification individualisée des œuvres correspond souvent à une gestion individuelle (cinéma, édition...).

Des critères de spécialisation plus récents

Longtemps, les frontières entre sociétés d'auteurs étaient déterminées par l'unique critère que constituait le domaine de création : la SACD gérait le théâtre, la SACEM la musique, la SPADEM la peinture... Rapidement sont apparus trois autres critères de différenciation entre sociétés : les types de droits, les modes de diffusion, les catégories de créateurs. La différenciation, la division du travail selon les types de droits, a conduit par exemple à l'apparition de la SDRM pour gérer les droits de reproduction, alors que la SACEM a conservé la gestion des droits de représentation. Le second critère est à l'origine de l'apparition de l'ANGOA notamment, qui est née pour gérer les droits générés par la diffusion par câble. Enfin, des sociétés ont pris en charge la gestion des droits voisins que la loi de 1985 avait reconnus aux auxiliaires de la création : l'ADAMI ou la SPEDIDAM pour les artistes-interprètes, la SCPP ou la SPPF pour les producteurs de phonogrammes.

Si les sociétés de base sont associées à une catégorie d'ayants droit, les sociétés communes semblent plutôt orientées vers la perception d'un droit particulier, elles sont donc associées à un mode d'exploitation : ainsi, la SDRM gère les droits de reproduction, la SPRE les droits de représentation des titulaires de droits voisins, le CFC les droits de reproduction par reprographie, Copie France et SORECOP les droits relatifs à la copie privée... Ces droits d'exploitation étant communs à plusieurs secteurs et à plusieurs catégories d'ayants droit, ces sociétés répartissent en règle générale les sommes perçues entre sociétés de base : la SDRM perçoit pour le compte des sociétés d'auteurs, la SPRE pour SCPP, SPPF, ADAMI et SPEDIDAM, etc. Ces sociétés communes sont ainsi, en règle générale, composées de ces sociétés de base elles-mêmes. Le tableau ci-contre résume le découpage du marché de la gestion collective selon ces différents critères.

Une complexité croissante

Finalement, le nombre de sociétés de gestion collective a explosé, partant de 1 à la fin du XVIIIe siècle pour arriver à plus de 20 aujourd'hui.

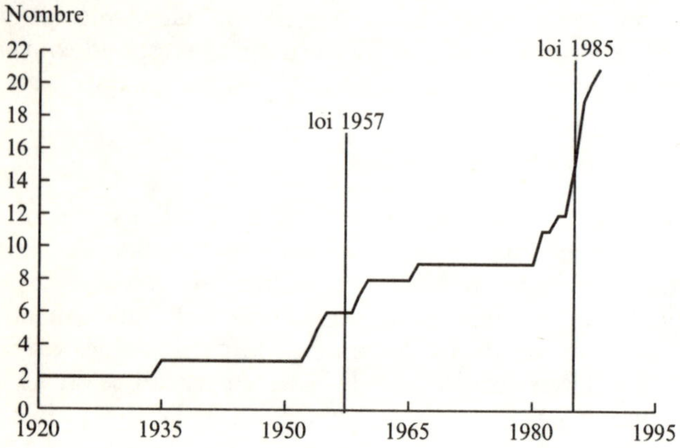

Fig. 3. — Évolution du nombre de sociétés de gestion collective

Dans son rapport (Ministère de la Culture, 1997) concernant l'activité des sociétés de perception et de répartition des droits en 1995 et 1996, le ministère de la Culture recense 21 sociétés de ce type. En voici l'inventaire (tableau 5).

La gestion collective, apparue comme médiateur de complexité, prend paradoxalement aujourd'hui des formes assez complexes. À titre d'illustration, dans le secteur musical, la chaîne de rémunération est constituée d'une dizaine de sociétés qui perçoivent les unes pour le compte des autres, se reversent une partie de leurs perceptions, etc.

La figure 4 ci-contre nous donne un aperçu de l'organisation de la perception des droits. Nous pouvons noter qu'à ce stade, la répartition

Tableau 4. – Le découpage matriciel de la gestion collective[1]

		Droits de représentation			*Droits de reproduction*	*Copie privée*	*Droit de visite*
		Disco-thèques et lieux sonorisés	*TV, radios*	*Producteurs de spectacles*	*Producteurs de phonogrammes et de vidéogrammes*	*Producteurs et importateurs de K7*	*Commissaires-priseurs*
Droits d'auteur	*Auteurs :*						
	Musique	SACEM			SDRM → SACEM	SORECOP → SDRM → SACEM	
	Arts dramatiques		SACD		SDRM → SACED	Copie France → SDRM → SACD	
	Arts plastiques		ADAGP		SDRM → ADAGP	Copie France → SDRM → ADAGP	ADAGP
Droits voisins	*Artistes-interprètes :*						
	Musique	SPRÉ → ADAMI, SPEDIDAM				SORECOP → ADAMI, SPEDIDAM	
	Arts dramatiques		SPRÉ → ADAMI			Copie France → ADAMI	
	Producteurs :						
	Musique	SPRÉ → SCPP, SPPF				SORECOP → SCPP, SPPF	
	Arts dramatiques					Copie France → PROCIREP	

1. Le signe → traduit des reversements entre sociétés : « Perçoit pour le compte de. »

Tableau 5. — Répartition des sociétés de gestion collective par catégories d'ayants droit (1996)

Sociétés de base	Auteurs	SACD, SCAM, SACEM, ADAGP, SDI
	Éditeurs	SCELF
	Artistes-interprètes	ADAMI, SPEDIDAM
	Producteurs phonographiques	SCPP, SPPF
	Producteurs audiovisuels	PROCIREP, ANGOA
Sociétés communes à :	3 sociétés d'auteurs	SDRM
	toutes les sociétés d'auteurs	SESAM
	auteurs et éditeurs de livres et de presse et de partitions musicales	CFC, SEAM
	2 soc. de producteurs phonographiques	SCPA
	auteurs réalisateurs et producteurs de cinéma	ARP
	sociétés d'artistes-interprètes et sociétés de producteurs de phonogrammes	SPRE
	toutes les sociétés de base	Copie France, SORECOP

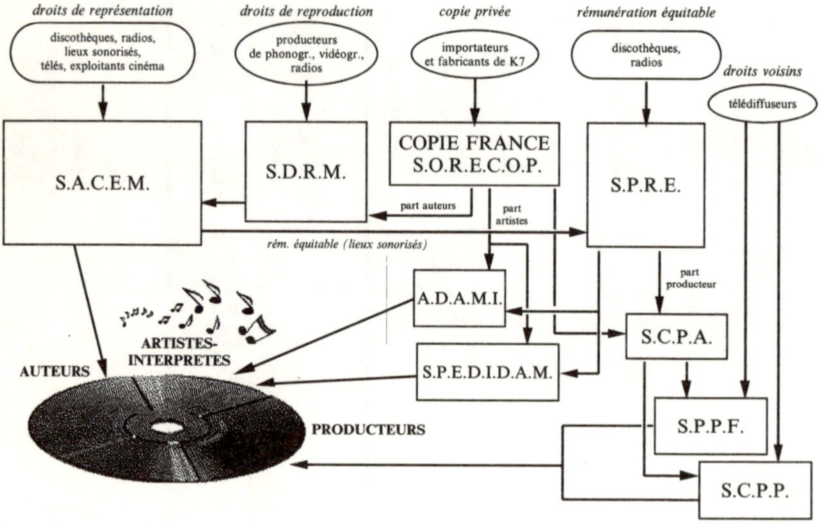

Source : Th. Paris, 1995

Fig. 4. — La chaîne de rémunération des ayants droit dans le secteur musical.

a déjà commencé à s'opérer. Les parts des différents créateurs d'une même œuvre sont en effet gérées par des sociétés différentes, en fonction de la catégorie dont ils relèvent. Les auteurs ont leurs sociétés, les producteurs ont les leurs, les artistes-interprètes aussi. Cela explique que pour la diffusion d'une même œuvre, auteur, éditeur et artistes-interprètes perçoivent des droits de la part de sociétés distinctes. Les répartitions entre catégories de créateurs sont institutionnalisées. Elles peuvent être imposées par la loi : par exemple, les droits relatifs à la copie privée audiovisuelle font l'objet d'un partage à parts égales entre auteurs, producteurs et artistes-interprètes. Elles peuvent aussi faire l'objet d'accords intersociaux, renégociés régulièrement, dans lesquels les sociétés impliquées définissent les règles de partage de leur perception commune, en fonction du recours respectif de leurs catalogues par le diffuseur engagé dans le contrat général. À titre d'illustration, voici deux exemples de répartitions en vigueur en 1991 pour les contrats généraux signés par quatre sociétés avec les radios locales commerciales d'une part et avec la SEPT d'autre part.

Tableau 6. — Clés de répartition intersociales
pour deux contrats généraux (1991) (en %)

	Société				
Diffuseur	*SACEM*	*SACD*	*SCAM*	*SDRM*	
Radios locales privées commerciales	62	2	3	33	100
La SEPT	35	19	21	25	100

Une partie de la répartition se fait donc au niveau intersocial. Il nous faut maintenant voir comment s'effectue la répartition au sein des sociétés. C'est ce à quoi nous convie la partie suivante, en nous faisant changer de point de vue pour nous placer non plus à l'entrée de la gestion collective, mais à sa sortie.

La répartition : des procédures « bureaucratiques »

Chaque société de gestion collective perçoit, au titre des droits d'auteur, des sommes d'argent de provenances multiples : reversement d'une société de perception, facturation ponctuelle d'un diffuseur liée à l'utilisation d'une œuvre particulière, encaissement du pourcentage du chiffre d'affaires d'un diffuseur en contrepartie du libre accès à son catalogue, etc. Reste à répartir ces sommes. Or la loi sur le droit d'auteur définit le principe de la rémunération proportionnelle : les auteurs doivent toucher des droits proportionnellement aux produits générés par l'exploitation de leurs œuvres. Nous allons décrire ici les mécanismes de répartition et faire apparaître qu'ils s'écartent parfois de cette règle, du fait de difficultés techniques mais parfois aussi de l'appropriation de la répartition par les auteurs : cette répartition peut être l'occasion pour une catégorie d'auteurs, une profession, de s'approprier l'outil « droits d'auteur » et de réintroduire un jugement de qualité sur les œuvres. Le fonctionnement de la répartition repose sur l'établissement de catégories dont certaines impliquent un jugement subjectif. Nous l'illustrons maintenant en observant comment, à la SACD, s'effectue la répartition des droits relatifs à la diffusion des œuvres audiovisuelles.

La répartition entre œuvres :
des assiettes de rémunération différentes

Il s'agit de répartir l'ensemble des sommes perçues au titre des droits d'auteur entre l'ensemble des ayants droit des œuvres diffusées. Une première répartition s'effectue entre les différentes œuvres générant des droits. Elle repose sur une affectation de « valeur minutaire » à chaque œuvre, laquelle doit être multipliée par la durée de l'œuvre pour donner le montant des droits bruts lui revenant. L'affectation de la valeur minutaire repose sur plusieurs critères, les uns intrinsèques, les autres tenant aux conditions de diffusion.

En ce qui concerne les critères intrinsèques, une distinction est effectuée entre films « de télévision » et films « de cinéma » : à durée égale et à période de programmation identique, ils donnent lieu à des assiettes de rémunération (les « valeurs minutaires ») différentes. Après cette première distinction cinéma / télévision, un deuxième classement s'opère pour les œuvres strictement télévisuelles. Il s'établit selon un critère d'originalité correspondant à une hiérarchisation *a priori* des apports créatifs. Ce classement donne lieu à un coefficient qui pondère la valeur minutaire de l'œuvre : 100 % pour une « œuvre originale ou dérivée d'une œuvre préexistante », 65 % pour une « œuvre originale ou dérivée d'une œuvre préexistante, dont le scénario réutilise un ou plusieurs personnages préexistants dans le cadre d'une structure dramatique prédéfinie et dont la réalisation fait essentiellement appel à des éléments récurrents (comédiens, décors, etc.) », 50 % pour une « reconstitution dramatique de faits réels » et 10 % pour une « présentation ou liaison présentant une forme dramatisée »[1].

Ensuite, les valeurs minutaires attribuées aux œuvres varient en fonction des chaînes sur lesquelles elles sont diffusées, de l'horaire de diffusion et du rang de diffusion. Par exemple, la valeur minutaire (en 1994) d'un film de cinéma qui passe sur TF1 est de 1 434,87 F pour une première diffusion et de 669,61 F pour les diffusions suivantes, elle est de 1 099,95 F et de 513,31 F pour France 2, et de 201,05 F et 93,82 F pour Arte. Ces modulations ont pour but de tenir compte du différentiel d'audience sur les chaînes. Pour les œuvres de télévision, la valeur minutaire, selon la chaîne de diffusion, est pondérée par un coefficient en fonction du rang de diffusion : 150 % pour une première diffusion, 100 % pour une deuxième diffusion et 50 % pour les diffusions suivantes[2]. L'horaire de diffusion donne lieu à un autre coefficient qui pondère la valeur minutaire : 100 % pour une programmation en *prime-time* (20 h 30 - 22 h), 70 % pour les créneaux 18 h 30 - 20 h 30 et 22 h - 1 h, et jusqu'à 15 % pour les programmations entre 1 heure et 6 heures. Par exemple, la deuxième diffusion sur France 3, à 20 h 30, d'une œuvre originale de quatre-vingt-dix minutes générait, en 1994, une rémunération aux auteurs de 105 936,30 F s'il s'agissait d'un téléfilm et de 79 452 F s'il s'agissait d'un film de cinéma.

À partir de ces différents critères, les droits sont répartis entre les œuvres. Reste à répartir le montant des droits d'une œuvre entre ses différents coauteurs.

La répartition entre ayants droit

La répartition des droits entre cocréateurs d'une même œuvre répond aussi à des règles internes. Ainsi, à la SACEM, « quand une chanson est interprétée au cours d'un gala de variétés ou d'un bal, les redevances perçues sont réparties entre les différents ayants droit de la façon suivante : un tiers est versé à l'auteur, un tiers au compositeur, un tiers à l'éditeur »[3]. De même, à la SACD, la répartition des droits

1. Document interne SACD.
2. À quelques nuances près.
3. Plaquette d'information de la SACEM (Société des auteurs, compositeurs et éditeurs musicaux).

entre les différents coauteurs d'une œuvre cinématographique, réalisateur, scénariste, dialoguiste, etc., répond à des barèmes très précis, selon que les œuvres sont télévisuelles ou cinématographiques, selon qu'elles sont adaptées ou non et, curieusement, selon qu'il s'agit de la première diffusion ou non.

Tableau 7. — Clé de partage des droits entre coauteurs d'œuvres cinématographiques (en %)

Œuvre originale		*Adaptation d'une œuvre préexistante*	
Scénario	20	Œuvre originale	30
Adaptation	20	Adaptation	15
Dialogues	20	Dialogues	15
Réalisation	40	Réalisation	40

Source : SACD[1].

Mettre en branle une aussi importante batterie de classements et critères quand on dispose maintenant d'instruments de sondage très précis témoigne d'une sédimentation des pratiques et peut-être d'une volonté de la part des auteurs, administrateurs des sociétés d'auteurs, de s'approprier la répartition du droit d'auteur. En matière de musique ou de livre, quel que soit le type de l'œuvre, seules les recettes générées (nombre d'exemplaires ou de billets vendus) déterminent le niveau des reversements aux auteurs. À l'inverse, en matière de télévision, ces reversements supposent un jugement *a priori* sur l'œuvre de la part des diffuseurs ou des sociétés de gestion collective. Chaque société de gestion a ainsi ses propres critères. La grille de classification des œuvres audiovisuelles de la SCAM distingue cinq catégories, avec des coefficients de base allant de 100 à 10 % selon « la part d'élaboration sonore et visuelle par rapport à des éléments préexistants ». Compte tenu du flou cultivé autour de ces critères et sachant que la classification est du ressort d'une commission constituée de sociétaires, on peut voir dans cette appropriation un mode collectif de gestion des carrières des auteurs. Ces procédures de discrimination semblent être une constante des sociétés de gestion collective : on les retrouve notamment au Canada (Alexander, 1994) et aux États-Unis

1. Guide pratique des auteurs de cinéma et de télévision, SACD, 4e éd., octobre 1995.

(Besen, Kirby et Salop, 1992). Le témoignage suivant, de Neville Miller[1], va dans ce sens :

« Dès lors qu'un compositeur ou un éditeur devient membre de l'ASCAP[2], il entre dans une période probatoire d'environ un an durant laquelle il ne percevra aucun droit, quel que soit le nombre de diffusions de ses œuvres. Un éditeur bien établi ou un auteur de longue date perçoivent plus de droits qu'un éditeur fraîchement admis ou qu'un compositeur dont les œuvres ont une diffusion équivalente. »

Conclusion

La répartition des droits aux auteurs – ou autres ayants droit – est l'ultime étape du mécanisme qui, chaque fois que nous consommons une œuvre, débouche sur la rétribution d'un certain nombre de personnes. Les clés de cette répartition sont définies à l'intérieur des sociétés de gestion collective par les ayants droit. Elles apparaissent comme un compromis entre les principes fondamentaux du droit d'auteur et une volonté de mutualisation ou de gestion des carrières de la part des sociétaires ; cela nous confirme la conclusion générale qui ressort de l'analyse de l'ensemble de ce processus : le droit d'auteur dans la pratique est moins un grand principe de référence qu'un ensemble de pratiques routinisées et encadrées par des institutions. Parmi ces institutions, les sociétés de gestion collective jouent un rôle essentiel dans le fonctionnement du système en définissant les catégories sur lesquelles il repose et en instaurant ses règles concrètes.

Il apparaît par ailleurs que l'organisation de la gestion collective ne résulte pas d'une organisation centralisée imposée dans un souci d'efficience, mais qu'elle résulte d'une dynamique propre qu'il est important de comprendre pour bien comprendre la structuration du système du droit d'auteur. Ce sera l'objet de la deuxième partie de cet ouvrage.

1. Ancien président de la NAB (National Association of Broadcasters), l'organisation qui fonda la Broadcast Music, Inc. (BMI), l'une des sociétés de gestion des droits musicaux aux États-Unis. La citation est tirée de Besen, Kirby et Salop, 1992, et traduite par Th. Paris.

2. L'American Society of Composers, Authors and Publishers est l'autre grande société de gestion des droits musicaux aux États-Unis.

Conclusion de la première partie

Dans cette première partie, nous avons proposé une photographie des pratiques de rémunération liées aux droits d'auteur. Nous avons donc essentiellement insisté sur la composante économique (patrimoniale) des droits. Le sens le plus courant de l'expression « droits d'auteur » renvoie à celui de royalties, reversements proportionnels[1] : on « touche des droits d'auteur ». Mais le droit d'auteur ne se résume pas à un droit à rémunération : il consiste en un ensemble de droits et devoirs reconnus à certains intervenants de la création. Le droit moral, notamment, est une composante fondamentale du système français. Seulement, ces différentes composantes n'apparaissent pas quand on observe les pratiques quotidiennes du droit d'auteur. Elles sont intégrées dans la définition des catégories sur lesquelles reposent ces pratiques. Toutes les questions de justice de rémunération ou de répartition semblent donc se fondre dans les routines d'une machine bien huilée qui rétribue et répartit en fonction de catégories.

Le système du droit d'auteur apparaît très machinal et repose essentiellement sur des dispositifs qui sont, plus que de grands principes, les véritables références pour les acteurs sociaux. La mise en œuvre du droit d'auteur est alors parfois très éloignée de l'esprit de la loi, et les différences fondamentales qui peuvent exister entre droit d'auteur et *copyright* ne se retrouvent pas forcément au niveau des pratiques. En outre, nous avons pu observer une certaine diversité des modalités de mise en œuvre, selon les types d'œuvres, et, plus encore, selon les modes de diffusion : la rétribution des créateurs est définie par des négociations au coup par coup ou par des règles « bureaucratiques » ; la gestion des droits est faite par des sociétés privées ou par des sociétés de gestion collective ; les flux relatifs au droit d'auteur prennent la forme de reversements « en cascade » ou consistent en une taxe redistribuée, etc. Mais au-delà de ces différences, les modes de rémunération sont structurés selon quelques grands modèles, que l'on retrouve dans la plupart des pays, indépendamment de leur

1. Gyory et Correa, 1989, font remarquer que l'usage de l'expression « droits d'auteur » recouvre quatre sens : 1 / les droits de l'auteur sont ses droits patrimoniaux et moraux ; 2 / le droit d'auteur est l' « ensemble des dispositions légales, des décisions de jurisprudence et éventuellement des usages qui régissent le domaine des œuvres de l'esprit » ; 3 / les droits d'auteur désignent la « rémunération que l'auteur retire de l'exploitation de ses œuvres » ; 4 / enfin, les droits d'un film ou d'une œuvre audiovisuelle sont les droits relatifs à son ou ses exploitations.

proximité avec l'un ou l'autre des deux grands systèmes juridiques, *copyright* ou droit d'auteur.

C'est cette structuration que nous allons essayer d'analyser maintenant, dans l'optique de comprendre le fonctionnement du système du droit d'auteur dans sa dynamique. Puisque les grands principes ne se déclinent pas directement en pratiques, ils ne suffisent pas à expliquer la structuration du système du droit d'auteur. Déterminer ses éléments structurants va être notre préoccupation dans la prochaine partie.

Deuxième partie

L'évolution du droit d'auteur : trois facteurs structurants

Introduction

Hypothèse pour le moins forte que celle que nous avons faite en avançant que le droit d'auteur était d'abord affaire non pas de droit mais de pratiques et de dispositifs de mise en œuvre ! Forte, mais fondée sur l'observation que c'est sous cette forme qu'il s'impose aux acteurs sociaux. Tout au moins en régime permanent. Nous nous efforcerons dans la troisième partie de ce livre d'observer le fonctionnement du régime transitoire, c'est-à-dire des situations qui ne s'inscrivent pas dans les routines du système et en constituent des situations critiques ou crises. Avant cela, nous allons essayer de montrer que notre hypothèse résiste au passage d'une analyse statique à une analyse dynamique du système : la loi ne figure pas dans les principaux facteurs structurants de l'évolution du droit d'auteur.

Il est important d'analyser l'évolution du système pour au moins deux raisons. La première est que les pratiques et dispositifs de mise en œuvre sont sédimentés par le temps : les formes de mise en œuvre d'aujourd'hui sont en partie héritées du passé. Cela revient à dire que l'histoire compte. La compréhension des problèmes auxquels est confronté le droit d'auteur passe par la compréhension de l'évolution du système sur longue période. La seconde raison en découle directement : la composante « idéologique » du droit d'auteur est fondamentale, car le système repose beaucoup sur l'existence de principes supérieurs admis par l'ensemble des acteurs. Seulement, ces principes n'existant que sous forme de croyance ou de représentation collective ne laissent aucune prise à qui veut les appréhender. Une étude longitudinale nous en donne des traces plus tangibles et nous aide à comprendre si ses principes se sont construits dans une finalité précise avant d'être sédimentés, ou s'ils relèvent au contraire d'une morale immémoriale.

En outre, cette étude longitudinale doit nous permettre d'affranchir notre vision du biais que constituent ces principes et d'éviter que notre compréhension du système soit limitée, parce que nous y sommes plongés. Le droit d'auteur est une culture, dans laquelle nous vivons. Il constitue le cadre des échanges liés à la création et à la diffusion de biens culturels, un cadre constitué de structures formelles mais aussi informelles et cognitives : les pratiques et les conventions. Or ces pratiques et conventions contribuent à forger notre représentation de la réalité. Il est difficile de nous en défaire pour analyser froidement le système : il est difficile d'oublier qu'il est juste, ou normal, de rétribuer l'auteur, d'oublier que c'est le réalisateur l'auteur du film, même quand le producteur en est à l'origine. Une vision synchronique seule ne nous permet pas de remettre en cause ces conceptions, car l'échelle de temps des phénomènes institutionnels est très grande, dépassant largement celle de l'homme. Notre recours à une analyse diachronique nous permet, pour utiliser des termes d'économiste, d'endogénéiser les variables exogènes que constituent les principes, en d'autres termes, d'identifier la rationalité ayant abouti à leur construction.

Notre analyse de la dynamique du droit d'auteur fait ressortir trois facteurs structurants, qui agissent chacun sur des plans différents. Nous présenterons tour à tour ces trois facteurs : la technologie (chap. 4), le mythe (chap. 5), et la gestion collective (chap. 6). La technologie est le facteur le plus structurant sur la longue période : la technologie a fait le droit d'auteur. C'est ce qui ressort de notre analyse historique : le droit d'auteur n'a pas été construit en réponse à des principes mais il s'est construit comme une réponse à des problèmes de gestion qui ont évolué en fonction des modifications technologiques de diffusion des œuvres. À l'origine du droit d'auteur tout au moins, la technologie apparaît comme le facteur le plus structurant. Avec le temps, les problèmes technologiques sont devenus tels que la gestion collective s'est imposée. Dès lors, elle a pris un rôle important dans l'évolution du système, et son poids est aujourd'hui tel qu'elle est un facteur structurant à part entière de sa dynamique. Enfin, les principes qui apparaissent aujourd'hui fondamentaux pour le droit d'auteur sont apparus au départ comme réponses aux problèmes de gestion du secteur culturel et ont été sédimentés en principes : alors que les problèmes évoluaient, ces principes ont pris leur autonomie pour s'affirmer comme facteur structurant à part entière.

Chapitre 4

La technologie et l'évolution des questions de gestion de la création

« [Le Congrès doit avoir le pouvoir] de promouvoir le progrès des sciences et des arts utiles, en assurant aux auteurs et aux inventeurs, pour des durées limitées, le droit exclusif sur leurs écrits et découvertes respectifs »[1] (*US Constitution,* art. I, § 8, cl. 8).

« La plus sacrée, la plus légitime, la plus inattaquable et la plus personnelle des propriétés est l'ouvrage de la pensée d'un écrivain ! » (Le Chapelier, devant l'Assemblée constituante le 19 juillet 1791).

Qu'on ne s'y trompe pas ! Les deux phrases souvent prises comme références pour définir les principes respectifs du *copyright* et du droit d'auteur ne doivent pas masquer que ces systèmes n'ont pas été conçus dans un but précis, en conformité à des principes particuliers. C'est la thèse de l'économiste Paul A. David ou des juristes Jane C. Ginsburg et Robert P. Merges. Le premier conteste que les lois américaines puissent « être considérées comme des instruments de politique conçus pour atteindre un idéal social défini plus largement en termes de santé économique » (David, 1993) ; la deuxième récuse l'origine romantique et humaniste du système français ainsi que la différence fondamentale entre les deux systèmes (Ginsburg, 1991) ; le troisième considère les brevets « comme une réponse à des problèmes qui se sont avérés difficiles à résoudre par les mécanismes de marché et les institutions. En d'autres termes, *grosso modo,* les brevets (et peut-être la propriété intellectuelle en général) sont apparus comme une réponse aux imperfections du marché ». Il montre ainsi « comment une pratique *ad hoc* sporadique a évolué vers un système administratif

1. Trad. Th. Paris.

régularisé, susceptible de servir une politique particulière » (Merges, 1995, trad. Th. Paris).

Nous nous plaçons dans la droite ligne de ces thèses : à partir d'éléments historiques, nous mettons en évidence que les différents systèmes de protection de la propriété intellectuelle (brevet, *copyright*, droit d'auteur...) sont issus de pratiques *ad hoc* mises en place en réponse à des problèmes ponctuels relatifs aux imperfections du marché. En outre, nous montrons que les systèmes de protection de la propriété littéraire et artistique consistent en un échafaudage en deux parties, l'une et l'autre s'étant construites petit à petit, par sédimentation progressive de pratiques adoptées ponctuellement : sur le premier étage de la propriété intellectuelle s'est édifié un second étage correspondant à la résolution de problèmes de coopération. La propriété intellectuelle est apparue pour résoudre des problèmes de marché, son éclatement en droits s'est opéré pour résoudre des problèmes de coopération. Cela constituera l'objet de la première partie de ce chapitre.

Dans un second temps, nous rentrerons dans le détail de ces deux problèmes auxquels sont confrontées les activités de création : les imperfections du marché vis-à-vis des biens de type public et les questions de gestion de la coopération. À la lumière de ces analyses, nous montrerons alors que ces problèmes se sont posés et se posent de manières différentes selon les secteurs. La typologie des modes de diffusion à laquelle nous aboutirons nous permettra de comprendre les contingences sectorielles que nous avons mises en évidence dans le précédent chapitre, en soulignant notamment l'importance de plusieurs facteurs liés aux modes de diffusion : la possibilité d'identification du public, le caractère obligatoire ou non d'une transaction avec les détenteurs de droits et le degré du caractère collectif de la création.

L'origine des droits de propriété intellectuelle : éléments historiques

L'origine de la protection littéraire et artistique est floue. Certes, la loi de 1793 est la première législation française en matière de droits d'auteur (Matthyssens, 1984). Mais la loi anglaise du 10 avril 1710, la loi de la reine Anne, est présentée comme la première loi sur le droit d'auteur (Dock, 1974) ou le début de la réglementation moderne sur le droit d'auteur (De Sanctis, 1974). En remontant dans le temps, les premiers systèmes modernes de propriété intellectuelle seraient apparus à Venise au XVe siècle (Merges, 1995). Auparavant, il y aurait des traces de la notion de propriété intellectuelle dans l'Antiquité grecque et romaine (Long, 1991). Enfin, les peuples primitifs auraient même connu une forme de propriété intellectuelle (Dock, 1974) !

L'origine du droit d'auteur est floue, car diluée. D'une part, le système n'a pas été conçu d'emblée comme une loi répondant à un but précis. Au contraire, il s'est forgé à partir de décisions ponctuelles prises en réponse à des problèmes singuliers. Il a donc émergé localement. D'autre part, il n'est pas apparu dès l'origine sous sa forme actuelle mais a acquis ses différentes composantes petit à petit. Dès lors, les différentes datations renvoient chacune à des degrés différents selon ces deux dimensions : le niveau de généralité de la protection (ponctuelle ou générale) et le degré de proximité avec les systèmes modernes (propriété intellectuelle ou droits de propriété intellectuelle). Nous étudions dans cette partie la construction du système en mettant en lumière cette double évolution.

Aux origines de la propriété intellectuelle : des décisions ponctuelles

« Ne révélez pas vos inventions à tous, exhortait Brunelleschi, révélez-les seulement à quelques personnes qui comprennent et aiment les sciences. Trop dévoiler ses inventions et ses réalisations, c'est renoncer aux fruits de son génie. »[1] Lui-même refusa d'ailleurs de divulguer une invention, « un nouveau modèle de navire qui, selon lui, pouvait transporter des charges sur l'Arno à moindre coût » (David, 1993), si cela ne lui conférait pas une quelconque prérogative. La commune de Florence lui attribua un brevet en 1421...

Le secret fut longtemps le seul mode de protection des inventions ou des savoir-faire. Les premières pratiques de garantie de la propriété intellectuelles furent instaurées pour dissuader les créateurs de l'utiliser. C'est le cas du système des lettres patentes *(litterae patentes)* qui « étaient des documents officiels au moyen desquels certains privilèges, droits, rangs ou titres étaient octroyés et annoncés publiquement » (David, 1993). « Au XIVe siècle, les brevets étaient employés pour encourager l'introduction de technologies étrangères par l'immigration d'artisans qualifiés venant de l'étranger. Des lettres patentes furent par exemple données au tisserand flamand John Kempe par Edouard II

1. Frank D. Prager, « A manuscript of Taccola, Quoting Brunelleschi, on problems of inventors and builders », *Proceedings of the American Philosophy Society*, 112, June 1968, 131-149, *in* (Long, 1991), trad. de Th. Paris.

en 1331, à deux tisserands du Brabant pour qu'ils s'installent à York en 1336 et à trois horlogers de Delft en 1368 *(ibid.).* » En leur octroyant un monopole sur leur commerce pendant quatorze ans[1], l'Angleterre, en retard technologique à cette époque, espérait que les maîtres étrangers initient les apprentis anglais à leurs techniques.

C'est à la Renaissance italienne que s'instaura une protection systématique de la propriété intellectuelle, et notamment à Venise (Merges, 1995 ; David, 1993).

> « Dès 1332, le Grand Conseil vénitien établit un fonds de privilèges pour accorder des prêts et autres avantages à un constructeur de moulins à vent qui proposait d'apporter la connaissance de son art à la ville. En 1416, le Conseil attribua à Franciscus Petri, originaire de l'île de Rhodes, un brevet pour un appareil supérieur de foulage (rétrécissement et amincissement) des étoffes, qui conféra à Petri et à ses héritiers pendant cinquante ans le droit exclusif de construire, de modifier et de reconstruire l'appareil qu'il créerait à cet effet. [...] En 1469, un Allemand, Johann von Speyer, reçut le monopole exclusif du commerce de l'imprimerie dans la région de Venise en échange de l'introduction de cet art » (David, 1993).

Le 19 mars 1474, une loi promulguée par le Sénat vénitien entérina une pratique relativement développée.

> « Il est promulgué, par l'autorité du Conseil, que toute personne qui élaborera dans notre ville un appareil nouveau et ingénieux, n'ayant pas déjà été réalisé dans notre empire, devra en informer le bureau de la Commission des affaires générales après l'avoir perfectionné de façon à ce qu'il puisse être utilisé et mis en service. À toute autre personne de l'ensemble de nos territoires et villes, il sera interdit de faire un appareil conforme et semblable à celui-là, sans le consentement et l'autorisation de l'auteur, et ce pendant dix ans. Quiconque violera cette loi et construira un tel appareil pourra être assigné par l'auteur et inventeur, devant quelque magistrat de notre ville. Il lui sera infligé une amende de cent ducats ; et l'appareil sera immédiatement détruit » (David, 1993).

D'Italie, l'adoption légale des brevets s'étendit peu à peu à toute l'Europe puis aux États-Unis. En Angleterre, la pratique des privilèges octroyés par la Couronne perdura longtemps et fut appliquée de manière tellement abusive que le Parlement fut amené à voter la *Statute of Monopolies* en 1623, qui déclarait « tous les monopoles, chartes et brevets de la Couronne contraires à la loi », à l'exception des « brevets royaux conférant un monopole de quatorze ans ou moins à tout véritable inventeur d'un nouveau mode de fabrication » (David, 1993). C'est, selon P. A. David, sur cette exemption « que le système

1. Sept ans correspondant au terme du service d'un apprenti, la durée de quatorze ans devait couvrir au moins deux générations d'apprentis. Cf. David, 1993.

britannique des brevets et ses dérivés dans d'autres pays a été bâti » *(ibid.)*. Aux États-Unis, les premiers brevets octroyés, au XVIIe siècle, ressemblaient à des contrats de franchise d'importation, destinés à importer les inventions du Vieux Continent.

« Un des premiers brevets de cette nature, attribué en 1620 par une assemblée générale des actionnaires de la Virginia Company siégeant en Angleterre, fut délivré à M. Sommerscall pour un processus de traitement du tabac qui n'était pas précisément une invention originale » *(ibid.)*.

« En conséquence, souligne encore P. A. David, alors que les tribunaux britanniques, pendant tout le XVIIIe siècle, conçurent de plus en plus l'objet des brevets comme étant l'encouragement de l'invention autochtone, les tribunaux américains continuèrent à considérer l'utilité potentielle des incitations au transfert de technologies. » La première disposition systématisée n'apparut en Amérique qu'en 1784, « sous forme de note de bas de page des dispositions sur les droits d'auteur de la loi de Caroline du Sud pour l'encouragement des arts et des sciences » : elle ne faisait pratiquement pas de distinction entre protection des brevets et protection des droits d'auteur, liant étroitement auteurs et inventeurs, progrès de la science et progrès des arts. Par la suite, le Sénat américain réfléchit à la mise au point d'une loi intégrant franchises d'importation de technologies, brevets d'inventions et de protection des droits d'auteur. Mais de nombreuses pressions firent que le congrès dut voter rapidement, en 1790, une loi sur les droits d'auteur, « qui nécessita par la suite l'adoption l'année suivante d'une loi séparée sur les brevets. Cela créa donc deux réglementations distinctes sur la protection de la propriété intellectuelle dans la législation fédérale ». Cette séparation juridique se perpétua par la suite.

L'origine des droits d'auteur est très étroitement liée à celle des brevets. Si les premières traces de propriété littéraire et artistique ont été identifiées chez certains peuples primitifs et que les premières reconnaissances de droits aux auteurs remontent au moins à l'Antiquité gréco-romaine, le système actuel a son origine à l'invention des techniques de reproduction de l'imprimerie et de la gravure (Dock, 1974). C'est à la Renaissance italienne, à Venise notamment, que les premiers privilèges *(privilegi)* furent accordés à la suite de l'invention de l'imprimerie. L'Allemand Johann von Speyer reçut en 1469 la première franchise d'importation, le privilège exclusif « de diriger toutes les activités d'impression dans la cité pendant cinq ans en échange de l'introduction de cet art. Vinrent peu de temps après l'octroi de monopoles sous forme de licences exclusives d'imprimer et de vendre toute une catégorie de livres pendant une période stipulée, l'interdiction d'importer des livres imprimés à l'étranger... » (David, 1993). Parmi ces privilèges octroyés au coup par coup, certains le furent notamment aux auteurs au sens moderne :

> « En 1486, on accorda à l'historiographe de la République le contrôle exclusif de la publication de son œuvre. En 1493, le Cabinet vénitien accorda à Daniele Barabaro des droits de propriété exclusifs de 10 ans sur la publication d'un livre écrit par son frère défunt » (David, 1993).

Un premier décret sur les droits d'auteur fut promulgué en 1544-1545 par le Conseil des dix de Venise, qui « interdisait l'impression de tout ouvrage à moins que la permission écrite de l'auteur ou de son héritier immédiat n'ait été remise aux membres de la commission de l'Université de Padoue. » *(ibid.)* Plus tard, le système des privilèges fut utilisé dans une préoccupation de censure envers un mode de diffusion des idées potentiellement dangereuses : c'est à cette fin que les agents royaux s'en servirent au XVIe siècle en France (Dock, 1974 ; David, 1993). L'usage à des fins de censure se développa aussi en Angleterre, au milieu du XVIIe siècle, comme conséquence du monopole octroyé par la Couronne à la Société anglaise des papetiers pour réglementer l'édition. Ce n'est pourtant qu'au début du XVIIIe siècle qu'une protection légale des droits d'auteur fut instaurée en Angleterre, en réponse aux problèmes d'incitation liés à la question du piratage.

> « Lorsque la loi sur la licence qui avait légalisé le monopole des papetiers fut abrogée en 1694, la concurrence s'intensifia, les libraires se moquant ouvertement de la doctrine du droit d'auteur perpétuel que la Société des papetiers avait cherché à établir en se fondant pour cela sur les cessions enregistrées dans ses registres. Au bout de quinze années d'une concurrence non réglementée caractérisée par des conditions de plus en plus chaotiques, les imprimeurs-libraires de Londres réussirent au moins à faire appliquer une nouvelle législation, le Statut d'Anne de 1709-1710 » (David, 1993).

Souvent présentée comme la première loi sur le droit d'auteur, la loi de la Reine Anne, d'une part, accordait un droit exclusif de reproduction de vingt et un ans pour les livres déjà publiés et de quatorze ans pour les livres inédits (David, 1993), d'autre part, éliminait le monopole de la corporation sur la détention de droits d'auteur, permettant ainsi à n'importe qui de détenir les droits d'un nouvel ouvrage. Y compris son auteur ! Mais l'auteur n'a pas été au cœur des motivations qui ont conduit à l'adoption de la loi. Jusqu'à la Révolution française, le système a été façonné essentiellement par les aspects économiques *(ibid.)*.

La scission de l'atome « propriété » en « droits »

La notion de propriété n'est pas unique[1]. Dans son usage courant, elle consiste en un ensemble de droits exclusifs sur un objet : *usus* (droit d'user de la chose), *fructus* (droit d'en recueillir les fruits et les revenus) et *abusus* (droit de disposer de la chose, en l'aliénant) en droit romain. Ces droits sont exclusifs : personne d'autre ne peut en détenir. Mais la terminologie est trompeuse, puisqu'il existe des formes de « propriété » non plénières. Certaines sont inaliénables. D'autres ne sont pas exclusives : le droit anglais définit sur une terre non pas un *ownership* mais des *estates,* c'est-à-dire des droits non exclusifs. En France, la propriété peut aussi être partagée dans les faits, démembrée, par exemple en usufruit et nue-propriété. L'usufruitier n'est pas propriétaire du bien dans la mesure où il ne peut pas en disposer : il peut l'utiliser et en percevoir les revenus. De même, les actionnaires ont un droit de vote, un droit de percevoir un dividende, mais pas le contrôle de l'entreprise. Dans l'entreprise, il existe d'ailleurs une grande variété de situations qui va de la propriété privée (tous les droits) à la propriété publique (droit d'usage seul) (Simon et Tezenas du Montcel, 1977).

La notion de propriété n'est pas tenable pour une production immatérielle reproductible, du fait de la défaillance du droit d'exclure : on peut disposer de tous les droits sur une œuvre, mais si elle existe en plusieurs exemplaires, on est privé du droit d'exclure, on ne peut pas interdire à d'autres d'en jouir. L'atome « propriété » se scinde tout naturellement en un faisceau de droits de propriété *(bundle of rights).*

> « La propriété d'une œuvre d'art n'est, *grosso modo,* rien de plus que la propriété d'un faisceau de droits de propriété [...]. » (Filer, 1984, traduit par Th. Paris).

Ainsi, parallèlement à la reconnaissance de la propriété intellectuelle, s'opéra sa scission en droits. « Dès 1460, le Sénat vénitien, dans sa pratique administrative, faisait la différence entre l'octroi du monopole exclusif de vendre des produits intégrant une "invention" et le privilège interdisant l'usage de l'appareil sans autorisation tout en obligeant son bénéficiaire à accorder des licences aux autres lorsque des "redevances raisonnables" étaient offertes » (David, 1993). Dans

1. G. Rouhette, « Propriété », in *Encyclopaedia Universalis,* 16e publication, Paris, 1978, p. 660.

ce cas, une scission des droits s'opéra entre droits du créateur et droits du public. Mais petit à petit s'instaura une autre séparation entre les cocréateurs pour gérer la coopération. C'est le cas des reversements proportionnels *(royalties)* : dans le théâtre, la pratique remonte au milieu du XVIIe siècle, à la suite d'un marché passé en 1653 entre les comédiens français et Philippe Quinault pour sa première comédie, *Le Rival*. Si certains vendaient leurs pièces au forfait (Corneille, Molière et Racine notamment), les règles consacrées en 1685 – mais non obligatoires – consistaient à reverser aux auteurs un neuvième des recettes à l'entrée pour une pièce en cinq actes, un douzième pour une pièce en trois actes et un dix-huitième pour une pièce en un acte (Matthyssens, 1955). Les comédiens détenaient ainsi les droits d'exploitation mais les auteurs conservaient un droit à rémunération proportionnelle. De même, les droits moraux consistent en un partage des droits : aux éditeurs les droits d'exploitation, aux auteurs les droits de modification, de paternité, de retrait, etc. Dans l'Angleterre du XVIIe siècle, le droit coutumier garantissait ainsi une protection aux auteurs qui consistait en « la reconnaissance de l'intégrité de la forme et du contenu de l'ouvrage qui avait été autorisé à la publication, ce qui empêchait les imprimeurs de procéder à des modifications arbitraires des textes une fois publiés et de se dispenser de rémunérer l'auteur (David, 1993) ».

L'invention de la scission de la propriété intellectuelle est au fondement du droit d'auteur et des différents systèmes de protection des œuvres de l'esprit. La reconnaissance légale du droit d'auteur, à la Révolution française, marquera une étape supplémentaire de sa construction en attribuant *a priori* certains droits à une catégorie de créateurs, les auteurs. Cette étape donnera au droit d'auteur une dimension nouvelle, celle d'objet de réglementation et d'outil de régulation.

Des pratiques ponctuelles aux principes universels

À l'origine de la propriété intellectuelle, indistinctement industrielle ou littéraire et artistique, il n'y a pas de grand principe ou d'idée fondamentale. Le système de protection s'est construit par sédimentation progressive de pratiques répondant à des problèmes locaux. Tour à tour, il apparaît comme un moyen pour un souverain d'importer technologies et ouvrages étrangers, d'inciter les créateurs indigènes à révéler leurs secrets ; pour un État de favoriser l'instruction publique *(ibid.)*, de contrôler l'édition, de réglementer la concurrence, de protéger l'ordre public ; pour un syndicat professionnel de contrôler la profession ; pour les investisseurs de rentabiliser leurs investissements ; pour les créateurs de tirer profit de leurs créations... Il s'affirme aussi bien sous forme de contractualisation ponctuelle (niveau local), de régulation professionnelle (niveau sectoriel) ou de réglementation politique (niveau global). Ainsi, il résulte aujourd'hui « d'un mélange des conséquences, voulues ou non, d'un processus historique indirect marqué par les intérêts variés de parties multiples, intervenant à différents niveaux (certains étant largement séparés dans le temps et dans l'espace) » (David, 1993).

Tableau 8. — *La préhistoire du droit d'auteur. Repères historiques*

	Repères	*Degrés d'action*
1281	Venise accorde une licence pour la construction de moulins à vent (Long, 1991).	Local
1331	Edouard II accorde des lettres patentes au tisserand flamand John Kempe pour qu'il s'installe à York.	Local
1421	Florence accorde un brevet à Brunelleschi pour un nouveau modèle de navire.	Local
1469	Johann von Speyer reçoit le monopole exclusif du commerce de l'imprimerie dans la région de Venise.	Local
19 mars 1474	Venise : première loi générale sur les brevets.	Global
1486	Venise : l'historiographe de la République reçoit le contrôle exclusif de la publication de son œuvre.	Local
1544	Venise : décret interdisant l'impression de tout ouvrage sans la permission de l'auteur.	Sectoriel
1620	Amérique : M. Sommerscall reçoit un brevet pour un processus de traitement du tabac qu'il a importé (David, 1993).	Local
1623	Angleterre : le *Statute of Monopolies* définit l'exception des brevets royaux.	–
1653	France : Philippe Quinault obtient un droit proportionnel sur les représentations par la Comédie-Française de sa première comédie, *Le Rival.*	Local
10 avril 1710	Angleterre : loi de la reine Anne, première loi sur les droits d'auteur.	Sectoriel
1784	Amérique : première disposition systématisée sur les brevets dans une loi de Caroline du Sud.	Global
31 mai 1790	Amérique : loi sur le *copyright.*	Global
1791	Amérique : loi sur les brevets.	Global
13 janvier 1791	France : décret instaurant le droit de représentation pour les auteurs de théâtre.	Sectoriel
Juillet 1793	France : loi étendant la protection à tous les auteurs.	Global

Cette étude historique nous permet d'observer que le système résulte d'un mouvement de globalisation et de diffusion, qui l'a fait passer du niveau local aux niveaux sectoriel puis global. Il s'est d'abord affirmé par des contrats privés ou des pratiques locales (rémunération de Philippe Quinault, octroi d'une licence, de lettres patentes, d'un brevet ou d'un privilège par les autorités, etc.) Puis, il s'est généralisé sous forme de conventions ou de règles sectorielles pour être finalement élevé au rang de principes généraux dans le cadre de lois ou de déclarations universelles.

Le parfum des révolutions a-t-il été propice à l'affirmation des principes ? Toujours est-il que les bouleversements en France et en Amérique ont conduit à l'adoption de principes universels, au-dessus des contingences locales ou sectorielles. Pour autant, l'adoption de ces principes ne s'est pas opérée sans référence à la réalité, aux problèmes concrets et aux pratiques en vigueur. On n'a pas fait table rase pour prendre le parti de l'un ou l'autre des paradigmes, l'intérêt industriel ou l'individualisme. Ainsi J. C. Ginsburg a-t-elle montré que, contrairement à une idée répandue, et contrairement à ce que peuvent laisser paraître les deux phrases en tête de cette partie, les systèmes législatifs français et américain ne se sont pas construits sur une opposition radicale de points de vue. Les lois générales sur le droit d'auteur et sur le *copyright* n'ont pas été conçues l'une pour défendre les intérêts de l'auteur et l'autre pour promouvoir les progrès de l'art. Aussi bien le système américain que le système français font au contraire figure de compromis issus de négociations prenant en compte de nombreux acteurs et de multiples aspects. Parmi ces aspects, les conditions de création et de diffusion des œuvres ont eu un rôle important : le droit d'auteur est apparu en réponse à deux problèmes de gestion de la création artistique : la rémunération de produits aux caractéristiques de biens publics et la gestion de la coopération entre cocréateurs.

La propriété intellectuelle et les droits : une double réponse aux problèmes de gestion de la création

La plupart des décisions ponctuelles qui ont participé de la construction du système du droit d'auteur ont constitué une réponse à l'un ou l'autre des problèmes d'incitation à la création et à la divulgation des œuvres et de gestion de la coopération entre cocréateurs. Nous analysons ces problèmes en les replaçant dans leur contexte actuel.

Nous pourrons ensuite, dans la partie suivante, essayer de montrer que l'évolution des modes de mise en œuvre du droit d'auteur répond à l'évolution des technologies et des modes de diffusion, et finalement, de la forme de ces problèmes de gestion.

Création immatérielle et défauts du marché

Les productions immatérielles constituent une prestation économique particulière : entre biens et services, elles cristallisent une très grande valeur ajoutée – de l'information sur un support physique peu coûteux. Le coût de fabrication est de 17 F pour une cassette vidéo, 10 F pour un livre, et de 10 à 15 F pour un CD (Sirinelli, 1994, p. 39). Leur valeur réside donc exclusivement dans l'immatériel. En termes économiques, ces produits se caractérisent par un coût marginal négligeable par rapport au coût fixe de production (coût d'investissement). Les règles du marché sont impuissantes à réguler la production et à fixer des prix permettant d'amortir les investissements de départ. En termes pratiques, dès lors qu'une production immatérielle est communiquée, elle peut être reproduite à l'infini, clonée. Les producteurs n'ont donc pas la garantie d'en tirer un profit suffisant (Arrow, 1962). Le problème de la régulation de telles productions se pose alors : c'est un problème d'incitation à la création d'un bien de type public.

Les biens publics (ou biens collectifs) se définissent par deux caractéristiques : la non-rivalité *(jointness of consumption* ou *nonrivalrous of consumption)* et la non-exclusion des consommateurs *(nonexcludability)* (Palmer, 1989 ; David, 1993 ; Farchy et Sagot-Duvauroux, 1994). La première exprime que la consommation du bien par un individu ne diminue pas la quantité disponible pour les autres individus (absence d'effets d'encombrement), la seconde que l'on ne peut exclure d'autres consommateurs dès lors qu'une personne consomme le bien. L'une et l'autre se traduisent par la possibilité de comportements de passager clandestin *(free rider)*. Ces deux caractéristiques s'appliquent aux productions de l'esprit qui apparaissent alors comme des archétypes des biens publics purs. Dès lors qu'on publie ou révèle une idée, elle est susceptible d'appropriation par tout un chacun qui bénéficie ainsi d'externalités positives. C'est l'objet des droits de propriété intellectuelle, dans leur fonction de protection et d'incitation à l'innovation, que de pallier les imperfections du marché en accordant aux créateurs un monopole provisoire d'exploitation, c'est-à-dire en offrant une garantie institutionnelle des droits de propriété.

Création collective et limites du contrat

La production de biens culturels met en jeu des situations de coopération particulières entre deux types d'investisseurs, les investisseurs financiers (producteurs, éditeurs) et les investisseurs intellectuels (auteurs, collaborateurs artistiques). Ces situations présentent une grande diversité. Par exemple, dans une production cinématographique, le metteur en scène peut être engagé par un producteur pour mettre en scène le scénario d'un scénariste, mais il peut aussi proposer son propre scénario à un producteur et lui demander d'en financer le tournage. À côté de ces deux types idéaux du film de commande et du film d'auteur, d'autres situations sont encore envisageables[1].

Toutes ces situations de création artistique, dès lors qu'elles reposent sur une collaboration, soulèvent les problèmes de définition du travail et de contrôle de l'activité. Pour les investisseurs financiers, éditeurs ou producteurs, il est impossible de détailler la prestation à réaliser et d'en contrôler la réalisation. Ils ne contractent pas avec un metteur en scène ou un scénariste pour tourner un film ou écrire un scénario, mais pour tourner un bon film ou écrire un bon scénario, c'est-à-dire une œuvre qui remplisse un certain nombre de critères en termes d'audience, d'équilibre budgétaire ou de récompenses diverses. Dès lors, ils peuvent mesurer l'état d'avancement du film (nombre de scènes tournées, évolution du budget...), mais pas l'état d'avancement du bon film. L'incertitude inhérente à l'activité artistique supprime toute possibilité de mesure et de contrôle et rend inefficace la régulation du travail par la firme (contrats de travail, salaires, hiérarchie et contrôle...) : l'apport d'un scénariste ne peut se mesurer en unités de travail (problèmes de mesure) et ne peut être sanctionné par un salaire horaire (problèmes de contrôle).

Ces situations soulèvent en outre des problèmes liés à l'incertitude des produits immatériels. Leur production relève d'une économie de prototypes, et l'investissement de départ peut atteindre des sommes très importantes. Mais la valorisation est extrêmement aléatoire. Il n'y a donc pas de rapport certain entre le coût de production et le chiffre d'affaires : un film à gros budget peut être un échec commercial, alors qu'un petit budget peut avoir un succès retentissant. Dans ces conditions de déconnexion entre budget et produits d'exploitation, le salaire peut être insatisfaisant aussi bien pour l'auteur qui ne profitera pas de

1. Sur la diversité des situations de production, voir Benghozi, 1989, p. 118 et sq.

bénéfices parfois démultipliés que pour l'éditeur qui veut minimiser sa prise de risques. Le système des droits d'auteur permet, dans sa fonction de rémunération, de rétribuer l'auteur selon la valeur économique (ou marchande) qu'il a conférée à l'œuvre.

Des problèmes évolutifs et variables selon les secteurs

La création de produits culturels pose deux problèmes de gestion : la gestion de la coopération entre les différents intervenants et la valorisation commerciale des produits. Chacune des deux composantes du droit d'auteur constitue une réponse à chacun de ces problèmes : la propriété intellectuelle est une réponse aux défauts de marché ; sa scission en droits permet l'instauration de formes de coopération plus adaptées que le marché (contrat) et la firme (salariat). Mais ces problèmes n'ont pas la même ampleur, d'une part selon les secteurs et d'autre part selon les époques. Plus précisément, leur ampleur dépend de l'organisation du secteur et, au premier chef, du mode de diffusion en vigueur.

Nous avons vu dans un chapitre antérieur que les modes de mise en œuvre du droit d'auteur variaient selon les secteurs. Les éléments historiques que nous avons esquissés montrent que le système du droit d'auteur n'a pas été créé une fois pour toutes mais s'est construit par sédimentation progressive de pratiques instaurées pour répondre à des modifications économiques. Le rôle de la technologie est incontestable dans ces modifications. M.-C. Dock a souligné l'importance qu'y ont tenu les inventions de l'imprimerie et de la gravure (Dock, 1974). Par la suite, le droit d'auteur s'est adapté aux différentes innovations (photographie, cinématographie, phonographe, radio, télévision, satellite...) (Sirinelli *et al.,* 1994). M. O'Hare a souligné que les technologies de reproduction en vigueur et les critères qui y étaient associés (coût fixe de reproduction, coût variable de la première copie, coût marginal des copies suivantes, qualité des copies) déterminaient l'intérêt du recours à la protection intellectuelle (O'Hare, 1982). Il a ainsi montré que le degré d'« efficience » du *copyright* était très variable selon les secteurs, du fait des différences entre les modalités de diffusion.

Les productions immatérielles n'ont pas toujours été et ne sont pas toujours purement immatérielles : l'existence d'un support matériel dont elles sont plus ou moins dissociables contribue à estomper les défauts du marché. En faisant – provisoirement – abstraction de l'avènement des logiciels mp3 ou Napster, un producteur de musique ne vend pas de la musique : il vend un bien matériel support de musique, un phonogramme ou une place de concert, par exemple. C'est ce support qui permet à l'œuvre de rester dans l'univers matériel, et à ses créateurs d'en garder un certain contrôle. Plus le lien entre l'œuvre et le support est fort, moins le recours à la propriété intellectuelle est nécessaire. Dès lors, la variable qui détermine le degré de défaillance du marché et, partant, l'importance du recours à la propriété intellectuelle est le rapport coût de reproduction sur coût de production : par exemple, un enregistrement musical est largement sujet à la reproduction, car le coût de fabrication d'un CD est négligeable par rapport à l'investissement réalisé, et donc au prix de vente du CD. Or ce rapport tend à diminuer pour la plupart des modes de diffusion, et l'importance du support matériel tend à disparaître. Magnétophone, magnétoscope, graveur de CD, ordinateur... : aujourd'hui, la reproduction des produits immatériels est largement banalisée, le développement de la technologie de numérisation permettant d'obtenir des copies de qualité parfaite à des coûts dérisoires. L'Internet dessine même la perspective d'un affranchissement du support, rendant la question de l'incitation à la création plus pressante encore.

Mais l'Internet n'est que l'aboutissement d'un long mouvement dans l'histoire de la diffusion des œuvres de l'esprit, qui a vu les conditions de production et de diffusion des œuvres évoluer et faire évoluer les deux problèmes de gestion auxquels répondait le droit d'auteur.

Une histoire technologique des modes de diffusion

Au cours de l'histoire, de nouveaux modes de diffusion des œuvres sont apparus et se sont développés parfois au détriment d'autres, mais sans s'y substituer totalement. Aujourd'hui, ces nombreux modes cohabitent, chacun avec ses caractéristiques technologiques. Dans l'évolution générale des technologies, nous distinguons cinq phases qui ont vu émerger des modes de diffusion toujours en vigueur aujourd'hui. Pour chacun de ces modes, une catégorie particulière d'acteurs a un rôle prépondérant, celui de source de diffusion, porte d'entrée au marché. C'est l'auteur dans le modèle du marché de l'art, l'interprète dans le modèle de la représentation publique, l'éditeur dans le modèle de l'édition, le diffuseur dans le modèle de la télévision et, enfin, l'utilisateur (le public) dans le modèle de l'Internet. Chacun de ces modes de diffusion correspond au développement d'un vecteur de diffusion nouveau, et souvent d'une technologie nouvelle : la représentation publique, l'imprimerie, la télévision et l'ordinateur en réseau. Enfin, chacune de ces époques correspond à une étape supplémentaire dans la voie d'une diffusion généralisée. L'œuvre, en voyant son mode de diffusion évoluer de la vente d'originaux à l'Internet, a vu son bassin « spatio-temporel » de diffusion s'élargir jusqu'à tendre à recouvrir tout l'espace-temps. Demain, avec la généralisation et la globalisation des réseaux d'information, elle sera consultable en tout lieu, en tout instant.

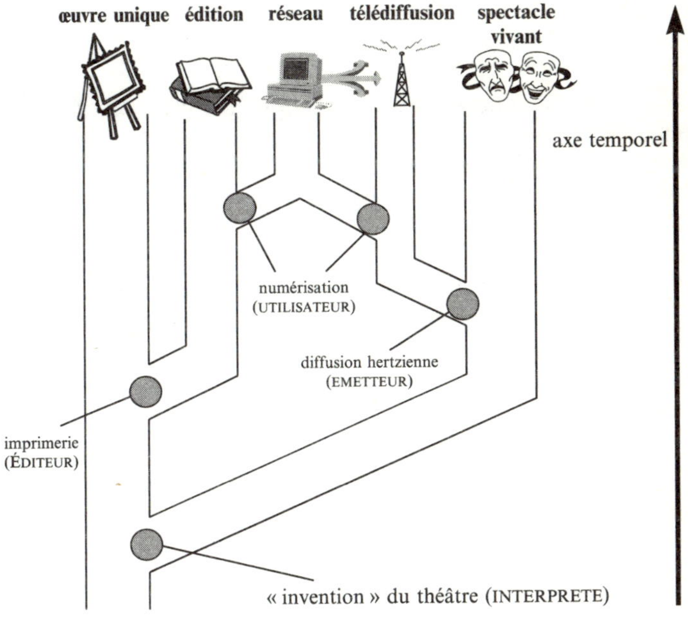

Fig. 5. — Une « phylogenèse » des modes de diffusion

L'œuvre unique, ou le modèle du marché de l'art

Dans le premier type idéal, celui des arts plastiques comme la sculpture ou la peinture, l'acte de création aboutit à un produit fini : par exemple, le tableau. L'auteur en est aussi l'éditeur dans la mesure où l'œuvre et le support sont indissociables. L'œuvre, qui est le fait d'un seul créateur, est ici matérielle et unique. Lorsque Rembrandt peint une nouvelle *Leçon d'anatomie* ou lorsque Monet décide de faire une nouvelle version de *la Gare Saint-Lazare,* cela donne lieu à des œuvres nouvelles. La reproduction n'est alors que re-production, nouvelle production. Quant à la diffusion, elle se fait dans un cadre classique de propriété. Le détenteur de l'œuvre-support peut « l'exploiter » en l'exposant ou la revendre. La source de diffusion est donc ici l'auteur, puisqu'il livre lui-même son œuvre au marché.

Aujourd'hui ce modèle se retrouve essentiellement dans le marché traditionnel de la peinture – à l'exclusion de l'édition de reproductions ou de la vente de produits dérivés – et des arts plastiques.

L'œuvre éditée, ou le modèle de l'édition

L'invention de l'imprimerie a rendu possible la reproduction matérielle des œuvres. D'unique, l'œuvre devenait multiple grâce à l'intervention d'un entrepreneur, l'éditeur. Ce dernier, au prix d'un important investissement financier, participe à la phase de création en multipliant les supports de l'œuvre. C'est un grand pas dans le sens du démantèlement de l'unité de l'œuvre et de son support. Même s'il est maintenant envisageable – mais au prix d'un investissement coûteux – de reproduire l'œuvre, le couple créateur auteur-éditeur reste la source de diffusion.

Ce modèle nous plonge de plain-pied dans l'économie de l'immatériel : on peut désormais posséder un livre sans avoir la propriété de l'œuvre qu'il contient.

L'œuvre jouée, ou le modèle de la représentation publique

En fait, si la reproduction matérielle est née avec l'imprimerie, l'unicité de l'œuvre n'était plus la règle générale depuis longtemps. Il faut remonter au moins jusqu'à la Grèce antique pour voir apparaître, avec le théâtre, la reproduction immatérielle, ou représentation. Dans ce mode de diffusion, l'œuvre est portée par un vecteur non seulement physique, mais surtout, et parfois uniquement, humain. En plus des interventions d'un « éditeur » et d'un metteur en scène qui investissent avant la mise sur le marché de l'œuvre, c'est surtout l'intervention des interprètes qui est notable. Ils fournissent eux aussi un investissement préalable sous forme de travail (apprentissage, répétitions...) mais, en outre, ils participent à la création de l'œuvre par un double investissement en travail et en personnalité au moment même de sa mise sur le marché. Ainsi, la phase de production de l'œuvre et le marché se rejoignent dans un support daté et situé, incarné par les interprètes.

Le théâtre a ouvert la voie à l'œuvre jouée. Mais il a aussi ouvert la voie à l'œuvre immatérielle. La distinction entre œuvre et support est donc très antérieure à l'invention de l'imprimerie, puisque la représentation publique donne l'opportunité à tout entrepreneur de jouer l'œuvre de tout auteur. Notons enfin que le modèle de la représentation publique élargit le bassin de diffusion non seulement à la dimension temporelle, mais aussi à la dimension spatiale dans la mesure où deux troupes peuvent jouer la même œuvre à deux endroits différents, simultanément.

Deux grandes ruptures distinguent les modèles de l'œuvre éditée et de l'œuvre jouée du premier modèle. La mise à disposition de l'œuvre au public n'est plus le fait du seul auteur ; et l'auteur n'en est plus la source exclusive, puisque tout éditeur (ou producteur) peut, à partir du moment où l'œuvre a été délivrée et au prix d'un investissement notable, en délivrer une version par l'édition d'un support.

Aujourd'hui, ces deux modes de diffusion sont relativement courants et interviennent dans tous les secteurs de la création. Ils concernent l'édition de phonogrammes ou l'organisation de concerts en musique, l'édition en littérature, le théâtre en arts dramatiques, etc.

L'œuvre télédiffusée, ou le modèle de la télédiffusion

Télédiffusion signifie étymologiquement diffusion à distance. Ce modèle, plus récent, introduit un nouveau type d'intervenant dans la diffusion de l'œuvre, le diffuseur. La reproduction n'est plus matérielle. Elle consiste à présenter l'œuvre, dont le support peut être unique, à un public géographiquement et temporellement dispersé qui n'aura plus de contact physique avec elle. Une autre caractéristique importante tient à ce que l'investissement relatif à la mise à disposition du public (la diffusion) n'est plus proportionnel à l'étendue du public visé. Contrairement à l'édition ou à la représentation publique dans lesquelles, en plus d'un coût d'investissement souvent très élevé, le spectateur ou le lecteur supplémentaires entraînent un coût supplémentaire, la télédiffusion d'une œuvre n'est pas un service exclusif : que cinq cent personnes ou cinq millions regardent un film à la télévision ne change pas le coût de diffusion.

En outre, contrairement aux interprètes ou aux éditeurs, le diffuseur n'intervient pas dans la phase de production. Il n'est qu'un relais vers un second marché. Il en résulte une conséquence essentielle pour la mise en œuvre des droits d'auteur : puisqu'il n'y a plus d'échange physique relatif à l'œuvre entre le vendeur et le consommateur, les œuvres consommées ne sont plus identifiables simplement. Le diffuseur diffuse ses programmes sans pouvoir faire payer de ticket, comme c'est le cas dans l'édition ou la représentation publique. Les consommateurs ne paient plus pour telle ou telle œuvre mais acquittent un forfait, abonnement à une chaîne ou à l'ensemble des chaînes, pour avoir accès à toutes les œuvres diffusées, et d'ailleurs à tous les programmes diffusés, œuvres ou non. Parfois même, ils payent indirectement, par la publicité.

Dans ce dernier modèle, les diffuseurs restent « visibles » dans la mesure où la liste des programmes diffusés est nécessairement publique. Ce ne sera plus vrai avec l'avènement de l'œuvre en réseau...

L'œuvre en réseau, ou le modèle de l'Internet

Le diffuseur existe toujours, mais le réseau apparaît. Le diffuseur met les œuvres de son catalogue à disposition des consommateurs qui peuvent les visionner en tout lieu et à tout moment. Le réseau annihile les limitations géographiques ou temporelles de l'œuvre. Il n'y a plus de support matériel. On ne sait plus qui regarde quoi ni quand, puisque toutes les transactions sont délocalisées : n'importe quel « internaute » peut se connecter à n'importe quel serveur. En plus d'une rémunération forfaitaire, sous forme d'abonnement au réseau, les diffuseurs peuvent faire payer l'accès à leur serveur soit au coup par coup, soit par un forfait. Le problème réside en ce que tout récepteur est aussi un diffuseur potentiel. Il n'y a plus de passage obligé auquel on puisse appliquer un contrôle : ni caisse du cinéma, ni éditeur unique, ni diffuseur visible. La diffusion de l'œuvre est délocalisée, dématérialisée et ne permet plus d'identifier les consommateurs des œuvres.

Ce modèle délocalise la création tout autant que la diffusion de l'œuvre. Devenue numérique, l'œuvre peut être traitée et modifiée par chaque utilisateur. Création, diffusion et consommation deviennent presque indissociables. Aujourd'hui, les œuvres sont définies par leur phase de conception : le tournage d'un film ou l'enregistrement d'un disque restent des activités « industrialisées » et sociales. Il n'est pas exclu qu'elles puissent devenir purement virtuelles. L'auteur de demain, internaute infographiste, pourra passer des journées à créer une œuvre sur son ordinateur. Il lui suffira ensuite, pour la divulguer, de la mettre en libre accès sur le réseau. La phase d'édition sera annihilée, et nous serons revenus au temps des arts plastiques : un auteur face à son travail, qui est son propre éditeur. À la différence que l'œuvre, entre-temps, sera passée d'unique à indéfiniment reproductible, de matérielle à virtuelle, de respectable à modifiable, d'œuvre à information.

Conclusion

À chacun des modes de diffusion que nous venons de mettre en évidence correspond l'un des modèles de mise en œuvre du droit d'auteur que nous avons identifiés dans la première partie : au mode de diffusion éditoriale (modèle de l'édition) correspond le modèle du reversement direct, sur le principe de la remontée des recettes du diffuseur à l'auteur en passant par l'éditeur ; au modèle de la télédiffusion correspond le modèle de la perception à la source, qui fait intervenir une société de gestion collective ; et à la diffusion par copie privée, dernier pas vers le modèle de l'œuvre en réseau, correspond le modèle de la taxation. Par ailleurs, le processus de dématérialisation que l'on observe en suivant l'historique des modes de diffusion se traduit par la multiplication des intervenants dans la phase de production et par l'extension du bassin de diffusion. Les deux problèmes auxquels répond le droit d'auteur s'amplifient alors au cours de ce processus : la multiplication du nombre d'intervenants rend plus difficile la question de la gestion de la coopération ; l'extension du bassin de diffusion celle de la rétribution des investisseurs. En constatant que l'histoire du droit d'auteur et de ses formes de mise en œuvre répondait aux évolutions des conditions de production et de diffusion des œuvres, nous avons donc mis en évidence la place primordiale de ces deux problèmes et de la technologie comme facteurs structurants du système du droit d'auteur. La technologie a fait le droit d'auteur.

Elle continue d'ailleurs à le structurer sur la longue période. Seulement, aujourd'hui, la technologie doit composer avec un autre facteur structurant qui a pris une place croissante dans son évolution, ce que nous appelons le mythe de l'auteur romantique.

Chapitre 5

Le mythe de l'auteur romantique

« Les biens protégés par la propriété intellectuelle devinrent des biens marchands ; une protection par la propriété intellectuelle devint une nécessité pour sauvegarder les marchés des créations intellectuelles » (John F. Mogg, directeur général, DG XV, Marché intérieur et services financiers, Commission européenne[1]).

« J'ai toujours senti que l'état d'auteur ne pouvait être illustre et respectable qu'autant qu'il n'était pas un métier » (Jean-Jacques Rousseau).

Voilà deux idées largement partagées ! Les deux problèmes que nous avons évoqués dans le chapitre précédent, celui de l'incitation à la création et celui de la gestion de la coopération, semblent appeler des réponses uniques : l'institution de droits de propriété et l'octroi de certains de ces droits aux investisseurs intellectuels[2]. Pourtant, nous allons voir qu'il n'en est rien et que ces deux principes sont à rattacher au mythe de l'auteur romantique.

L'auteur romantique est un modèle d'organisation de la création : un auteur conçoit une œuvre seul, la fait éditer par un éditeur qui la délivre au marché. Ce modèle, qui ne décrit qu'une petite partie de la réalité, a force de mythe dans la mesure où il imprègne la représentation dont on se fait de la création. Nous verrons dans un premier

1. Conférence internationale, « Le droit d'auteur et les droits voisins à l'aube du XXIe siècle », Firenze, Italy, 2-4 juin 1996, trad. Th. Paris.

2. Le deuxième de ces préjugés ne fait pas l'unanimité, puisqu'il est à la base de la division entre le modèle du droit d'auteur et celui du *copyright* : dans le modèle anglo-saxon, le salariat n'est pas considéré comme incompatible avec la création ; dans le modèle français, il est censé conduire à une création standardisée et médiocre.

temps combien ce mythe est vivace. Pour les auteurs, pour les ayants droit, mais aussi pour les juristes et pour nombre de personnes impliquées dans la gestion de la création, il constitue un faisceau de principes qui ne peuvent être remis en cause, au premier rang desquels l'incompatibilité du salariat avec la condition d'artiste et la nécessité de la rémunération à l'œuvre. Néanmoins, nous verrons dans un deuxième temps que ce mythe inspire la réalité et que le fonctionnement de la création a tendance à s'y conformer. C'est une conclusion que l'on peut qualifier de « constructiviste » (Watzlawick, 1981) dans la mesure où la pensée précède la réalité, où la réalité est une invention de la pensée : que la représentation de l'auteur romantique soit vivace dans l'esprit des acteurs de la création fait qu'ils la réalisent. Pour autant, les principes qui découlent directement de cette représentation doivent être relativisés. Dès lors que le modèle de l'auteur romantique ne décrit qu'une frange de la réalité, les solutions en termes d'organisation de la création n'ont plus force de nécessité : nous montrerons dans la troisième partie qu'aussi bien le problème de l'incitation à la création que le problème de la gestion de la coopération ont d'autres solutions que le droit d'auteur. Mais la vivacité du mythe véhicule l'idée contraire, qui se traduit par l'acceptation générale comme principes fondamentaux de l'impossibilité du salariat pour les auteurs et de la rémunération à l'œuvre. C'est en cela que le mythe est un facteur structurant du droit d'auteur.

Le mythe : un élément constitutif du champ de la création

Dans la première partie de cet ouvrage, nous nous sommes appliqué à relativiser le modèle de l'auteur romantique et à montrer qu'il était loin de décrire l'ensemble des situations de création. Il serait vain de vouloir faire la part des choses, dans ce modèle, entre le mythe et la réalité. Car la vivacité du mythe dans les représentations des acteurs nous impose de le prendre en considération en tant que tel. Comme ressource cognitive, il constitue un élément à part entière du champ de la création.

Le mythe, un élément de la réalité

« La définition contestée, mais dominante, que notre société donne de l'art et de l'artiste est le fruit d'un processus de différenciation des activités humaines dont on pourrait situer l'origine à la Renaissance » (Moulin, 1978). Depuis, l'artiste serait passé du statut d'artisan à celui d'*alter deus* (Moulin, 1978, 1990, 1992), être souverainement libre, animé de sa seule inspiration, faisant fi de toutes les contraintes qui pourraient s'imposer à lui, aussi bien la demande du marché que les besoins élémentaires de survie[1]. En somme, l'auteur romantique s'affirme comme l'antithèse de l'*homo oeconomicus,* agent sans rationalité économique avec pour seule logique celle de sa vocation, de son inspiration. Si tel est le cas, son travail – ou plutôt, son sacerdoce – échappe à toute tentative de contrôle. Rémunérer les auteurs ne s'inscrit plus alors dans une démarche de régulation économique mais relève d'un impératif éthique de la part de la société de répondre au don des artistes par un contre-don[2] : l'auteur fait don de son œuvre, indépendamment des contraintes qui pèsent sur lui ; la société lui donne en échange les moyens de continuer à vivre et à créer. La mythologie de l'auteur romantique exclut donc la création artistique de la « cité industrielle » pour la plonger au cœur d'une « cité civique » (Boltanski et Thévenot, 1987, 1991). Sa régulation ne relèverait alors pas de l'économie mais de l'éthique.

La question que nous ne pouvons trancher – et que nous ne voulons trancher – est celle de l'existence d'un *homo artisticus* indépendant des structures dans lesquelles il évolue ; autrement dit, la question de savoir si la condition d'artiste est un fait physiologique ou social. La condition d'artiste précède-t-elle celle d'*homo oeconomicus* pathologique, ou est-ce le contraire[3] ? Les sciences sociales ont depuis longtemps évacué cette question en refusant d'isoler les hommes des structures sociales et en substituant à la notion d'*homo oeconomicus* celles d'acteur (Crozier, 1963) ou d'agent (Berry, 1983), etc. Depuis H. Simon et sa formulation initiale de la rationalité limitée[4], la rationalité des individus ne peut plus se concevoir indépendamment de leur environnement, cette notion regroupant aussi bien les contraintes externes que

1. L'image du *starving artist* est très étroitement liée à celle de l'auteur romantique. Par ailleurs, comme toute mythologie, celle-ci a ses héros dont un Van Gogh, artiste marginal et maudit, semble être la meilleure incarnation.

2. Mauss (1924). Il n'est d'ailleurs pas certain que la démarche du type idéal de l'auteur romantique s'inscrive dans un système de don et de contre-don, puisqu'il semble même détaché de toute préoccupation sociale : il crée par vocation et s'il s'adresse au marché, cela semble être uniquement pour pouvoir continuer à vivre et à créer.

3. En simplifiant, Van Gogh est-il devenu fou parce qu'il était artiste ou est-il devenu artiste parce qu'il était fou ?

4. Simon (1945, 1955). On pourra aussi se référer à l'article de O. Favereau sur la rationalité (Favereau, 1997).

les ressources cognitives, notamment les représentations qu'ils se font de ces contraintes. Le mythe de l'auteur romantique relève de ces ressources.

Un mythe vivace

L'histoire de l'art est riche de ces exemples d'auteurs ayant rejeté complètement le système et qui font désormais partie de sa mythologie. Mais ce sont désormais des mythes, romancés, idéalisés. Néanmoins, dans une récente étude socio-économique à base de questionnaires, M. Vessillier-Ressi a fait apparaître que la population des artistes répertoriés en France[1] partageait – et partageait avec les auteurs « mythiques » – un certain nombre de caractéristiques constitutives de ce modèle. Charles Baudelaire déclarait que : « L'homme de génie veut être *un*, donc solitaire » (Vessillier-Ressi, 1997, p. 36), Francis Saillart considère que les artistes sont « des hommes et des femmes seuls, car la création nécessite notamment la solitude et l'indépendance, aussi l'unicité, la liberté "totale"... qualités divines ! » (*ibid.*, p. 36). Comme Jean-Jacques Rousseau (« On s'imaginait que je pouvais écrire par métier comme tous les autres gens de lettres, alors que je ne sus jamais écrire que par passion » (*ibid.*, p. 58)), Dana Briggs ne conçoit pas la création comme une activité professionnelle (« Être artiste n'est pas une profession. [...] L'œuvre personnelle d'un artiste ne peut pas être produite dans les circonstances habituellement associées avec ce que l'on appelle la vie professionnelle » (*ibid.*, p. 58)). Et Pierre Henry fait écho à Pierre Boulez (« Pour lui, créateur, donc égoïste, du moins égocentrique, l'ordre de priorité sera respecté : d'abord l'œuvre à faire » (*ibid.*, p. 40)) lorsqu'il déclare : « Je n'ai jamais cherché à m'intégrer dans le système et je l'ai beaucoup dit et écrit en son temps. Notre indépendance totale me semble ce qu'il y a de plus important » (*ibid.*, p. 40). Globalement, les artistes consultés se reconnaissent donc dans ce modèle du créateur seul, marginal et indépendant.

Que les artistes interrogés se reconnaissent dans ce modèle ne le valide pas pour autant. Peut-être que la représentation qu'ils se font

1. En se basant sur une définition sociale de l'artiste : est artiste celui qui est considéré comme tel par les structures administratives, notamment les organismes de Sécurité sociale (AGESSA, Maison des artistes...). Cf. Vessillier-Ressi, 1997. Par ailleurs, la population des artistes du spectacle vivant aux États-Unis a été analysée par Baumol et Bowen (1966) qui ont montré que l'image du *starving artist* était une vision romancée de la réalité.

d'eux-mêmes, du fait de leur prétention au statut d'artiste, est teintée par la représentation sociale de l'artiste, modèle qu'ils ont en tête : ils se voudraient libres, parce qu'ils revendiquent le statut d'artiste et que les artistes sont censés être des gens libres. Finalement, par là même, ils contribueraient à renforcer le mythe mais aussi à lui donner une certaine réalité. Le mythe serait auto-entretenu. En allant plus loin, nous pourrions même y voir une réelle stratégie collective d'entretien de ce mythe, plus ou moins consciente, poursuivie par l'ensemble des acteurs du champ (les artistes) pour préserver un statut privilégié. Il s'agirait alors d'un mécanisme de reproduction (Bourdieu, 1972).

Dans tous les cas, force est de constater que cette représentation est vivace et largement partagée. Dès lors, il nous faut la prendre en compte, et ce, quel que soit son degré de réalité. Serait-elle pure représentation que nous ne pourrions pas la rejeter sans autre forme de procès...

Du mythe aux contraintes cognitives

Que les créateurs artistiques soient des personnalités indépendantes qui ne peuvent être salariées est une représentation largement partagée, en France tout au moins. Qu'elle relève d'une convention ou d'une nécessité, elle est en tout cas étroitement liée au modèle romantique de la création. Ou bien la création artistique est investie d'un caractère sacré qui impose des contraintes d'ordre éthique au fonctionnement du secteur, ou bien les créateurs sont des personnalités particulières, marginales d'une économie plus traditionnelle, dotées d'une rationalité toute particulière et, de ce fait, étrangères aux modes de gestion et de régulation traditionnels.

Cette représentation prend la forme d'une contrainte d'ordre cognitive : la représentation partagée de la création artistique et les conventions qu'elle véhicule rendent difficile d'envisager d'autres modes de rémunération. Le mythe de l'auteur romantique a une part de réalité en ce sens qu'il interfère avec elle. Il n'existe pas en tant que modèle fidèle et descriptif, mais il fait partie intégrante de l'environnement des acteurs économiques du champ – les créateurs mais aussi les économistes et les juristes, les législateurs, etc. Contentons-nous maintenant simplement de dire que le droit se construit notamment en fonction des représentations que se font de ses principes les acteurs de cette construction. Or, les juristes du droit d'auteur partagent largement cette vision qui imprègne la législation du droit d'auteur. Il est par exemple remarquable que la notion d'originalité soit admise et reconnue par tous les praticiens du droit d'auteur comme le seul critère valable de protection d'une œuvre de l'esprit (Edelman, 1993 *a* ; Colombet, 1992), alors qu'elle ne figure pas dans le Code de la propriété littéraire et artistique[1]. Pas plus que des termes comme « personnalité » ou « nouveauté » dans lesquels elle pourrait être sous-entendue.

« On peut dire qu'une œuvre de l'esprit protégée est une création réalisée par un travail intellectuel libre et s'incarnant dans une forme originale » (Edelman, 1993 *a*).

Plus généralement, les ouvrages juridiques présentent le Code de la propriété littéraire et artistique comme la déclinaison de principes fondamentaux (Edelman, 1993 *a* ; Colombet, 1992), en déplorant parfois ses modifications comme la traduction d'un changement de « "paradigme", c'est-à-dire de modèle d'explication et de valeurs » (Edelman, 1993 *b*, p. 4).

« La loi du 3 juillet 1985 nous introduit brutalement dans une ère culturelle où le créateur devient le rouage indispensable et néanmoins secondaire d'une entreprise – l'œuvre audiovisuelle – dont il n'est plus le maître » (Edelman, 1993 *b*, p. 3).

Or on peut tout autant lire le Code de la propriété littéraire et artistique comme une formalisation de pratiques existantes s'adaptant aux évolutions technologiques, en enfreignant parfois les principes fondamentaux qu'on leur reconnaît (Paris, 1999, p. 165-177). C'est sur cette nuance que nous voudrions insister ici : le droit d'auteur n'obéit pas directement à des principes fondamentaux, mais est perçu comme obéissant à des principes fondamentaux. L'ensemble de ces principes, constitutifs du mythe de l'auteur romantique, s'en trouvent structurants.

Le rôle des catégories et le caractère structurant du mythe

Le mythe de l'auteur romantique est vivace. À tel point qu'il est solidement ancré dans notre langage : l'existence même des termes « auteur » et « œuvre » en dérive et le perpétue. Nous avons montré dans la première partie combien une œuvre pouvait être un objet collectif. La notion d'auteur la décrit comme une création individuelle.

1. Le caractère original est exigé uniquement pour le titre d'une œuvre de l'esprit, cf. Code de la propriété intellectuelle, art. L. 112-4.

Et derrière la notion d'œuvre, il y a l'idée qu'une création est un produit figé, fruit définitif du travail d'une personne.

Dans cette partie, nous allons montrer en quoi le mythe, par l'intermédiaire de ces catégories mentales qu'il véhicule ou sur lesquelles il repose, contribue à structurer le réel. Nous verrons d'abord comment ces catégories influent sur la forme des produits qui sont créés. Nous montrerons ensuite qu'elles constituent des ressources de coordination pour les acteurs impliqués dans la création et que, ainsi, leur existence même entraîne la création vers le modèle romantique. Autrement dit, le fait même de penser en termes d'auteur et d'œuvre produit les conditions d'une création romantique.

La structuration du réel par les catégories du langage

« Auteur » et « œuvre » sont des mots et des catégories mentales. Ils s'appuient donc sur un contexte pouvant varier selon les situations, d'un pays à l'autre par exemple, et font référence à un ensemble de propriétés. En sciences cognitives, on distingue deux sortes de classification, les classifications « monothétiques » et les classifications « polythétiques » (Sokal, 1977). Les premières sont établies à partir d'une propriété discriminante ; les secondes à partir d'un ensemble de propriétés dont aucune n'est discriminante : une classe est un groupe d'objets qui partagent une large part de ces propriétés. Le langage et la classification en concepts[1] qu'il établit relèvent des secondes. Le langage constitue donc des classes d'êtres uniques partageant des propriétés communes, formelles ou fonctionnelles (Nelson, 1977). Les catégories sont porteuses d'une subjectivité collective.

La notion d'œuvre ne peut être rattachée à un critère objectif, elle relève d'une catégorisation polythétique : sont œuvres les créations proches par leurs caractéristiques des « prototypes »[2] des œuvres. Les limitations du langage à décrire le réel permettent d'ailleurs d'expliquer la nécessité d'un certain nombre de conventions traditionnelles : qu'un tableau doive être réalisé sur une toile, qu'une œuvre musicale doive être composée selon les principes fondamentaux de l'harmonie ou qu'une pièce de théâtre doive respecter la règle des

1. Sokal utilise le mot grec *taxon* (*taxa* au pluriel) : il désigne un ensemble d'objets de n'importe quel ordre reconnus comme un groupe dans un système de classification.

2. Rosch (1977). Les « prototypes » désignent des membres caractéristiques, exemplaires, de la catégorie *(the most characteristic member of the category)*. Les prototypes sont les objets réels (par opposition à idéel) les plus proches du type idéal.

trois unités constituent quelques conventions parmi d'autres qui peuvent être interprétées à partir de la notion de catégorisation. Les conventions techniques, de support, de format ou de fond se sont peut-être imposées, entre autres raisons, pour pallier l'absence de critères objectifs.

Prémunissons-nous d'éventuelles accusations de fonctionnalisme en présentant cette idée d'un autre point de vue : quiconque veut faire de l'art sera tenu, s'il n'a pas une réputation qui lui permette de « faire ce qu'il veut », de concevoir quelque chose qui soit identifiable, du fait d'un certain nombre de propriétés partagées, aux prototypes des œuvres. Nous retrouvons ici un comportement que H. Garfinkel a observé chez une personne « intersexuée » *(intersexed)* : pour s'affirmer comme femme malgré des attributs génitaux masculins, Agnès devait se conformer aux standards de comportement, d'apparence, d'aptitudes, de sentiments et d'aspirations féminins (Garfinkel, 1967, p. 146 et sq.). Dans le domaine de la création, et dans celui plus général des artefacts, l'identification des objets, c'est-à-dire leur assignation à une classe (Sokal, 1977), précède leur construction et relève plus, de ce fait, d'une qualification. Il se produit alors un effet centripète selon lequel les créateurs concevront des produits proches de « prototypes ». La classification linguistique du réel, ou tout au moins de l'artificiel, entraîne sa quantification, c'est-à-dire la standardisation des situations.

Les catégories, ressources de coordination

La catégorisation a aussi une fonction de régulation sociale, en ce sens qu'elle confère des droits et des devoirs. (Dukheim et Mauss, 1903) ont fait apparaître, dans les tribus primitives, les liens étroits entre l'organisation sociale et la fonction classificatrice. « Une classe déterminée d'une phratrie ne peut contracter de mariage qu'avec une classe déterminée de l'autre phratrie » (Dukheim et Mauss, 1903, p. 20), mentionnent-ils comme règle d'un type idéal de tribu. Le phénomène est le même dans la création artistique. Comme pour les œuvres, la catégorisation procède d'une opération de qualification dans des classes existantes. Ainsi, « auteur » n'est pas un mot déictique, c'est un qualificatif : le signifiant modèle le signifié. Pour utiliser les termes de Searle, c'est une fonction-statut, en ce sens que « l'assignation de l'appellation implique [...] l'assignation de certaines nouvelles fonctions, par exemple sous la forme de droits et de responsabilités, qui ne peuvent entrer en vigueur que s'il y a acceptation collective de ces mêmes fonctions » (Searle, 1995, p. 119).

Dès lors que quelqu'un est embauché comme réalisateur de film, il aura alors telles fonctions, tels droits et devoirs. Car les catégories auxquelles se réfèrent les acteurs, dans la définition des termes de leur coopération par le langage, sont porteuses d'une composante « contextuelle » : elles exigent une interprétation relative à des « contextes de signification, [...] schèmes cognitifs d'origine sociale » (Girin, 1990). La coopération s'effectue dans un cadre matriciel, catégorisé. Par les catégories s'opère ainsi une « montée en généralité » des situations ponctuelles, qui leur permet de tirer parti des ressources institutionnelles. M. X..., réalisateur, contractant avec M. Y..., producteur, pour la réalisation d'un film, placent *de facto* leur transaction dans le cadre global des contrats de réalisation d'un film. Des droits et devoirs en découlent pour chacun d'eux.

Les catégories constituent donc des ressources de coordination pour les situations de coopération. Mais ces ressources ont tendance à se rigidifier et à devenir des contraintes.

L'auteur romantique : le mythe structure la réalité

Dans cette partie, nous défendons l'idée de l'existence d'un cercle vicieux. Le mythe de l'auteur romantique renforce l'idée de nécessité du système de droit d'auteur. Ce système attribue *a priori* la fonction d'auteur à un intervenant particulier du processus de création. Cet intervenant, dès lors que la responsabilité de l'œuvre lui est attribuée, aura tendance à s'impliquer particulièrement dans sa conception. Cela concentre l'apport créatif sur une catégorie d'intervenants et renforce ainsi l'idée selon laquelle l'œuvre est le fruit du travail d'un auteur ! Autrement dit, la qualification et l'attribution des droits et devoirs implicites déterminent la prise de responsabilité qui définit finalement l'auteur. On se comporte en auteur parce qu'on est appelé auteur.

> « L'auteur du film, c'est le réalisateur. C'est pourquoi j'ai voulu devenir réalisateur » (Jean Cocteau)[1].

Une telle propriété est mise en évidence par les théoriciens du salaire d'efficience *(efficiency wage model)* (Akerlof et Yellen, 1986) à propos des salaires. À partir du constat d'incomplétude du contrat de travail, de son incapacité à définir et contrôler le contenu de l'échange, ils rejettent la loi classique d'égalité du salaire et de la productivité

1. Cité par Jean Delannoy, in *L'Écran français*, n° 15, 10 octobre 1945.

marginale et s'efforcent d'établir des lois de formation des salaires qui intègrent l'hypothèse d'une interrelation positive entre salaire réel et effort fourni : l'effort fourni dépend aussi du salaire attribué. Ils proposent ainsi deux modèles différents : le modèle de l'échange de dons réciproques *(partial gift exchange)* (Akerlof, 1982) selon lequel salaire et effort consistent en un échange de dons et contre-dons, le modèle du salaire équitable *(fair wage)* (Akerlof et Yellen, 1990, présenté par Reynaud, 1993) dans lequel les salariés adaptent leur effort en fonction de l'équité qu'ils perçoivent de leur salaire.

Le système engendrerait ainsi des auteurs au sens romantique du terme en exaltant la capacité de certaines catégories à déterminer le produit fini, en leur attribuant le *final cut.* Cela rejoint les analyses de Michel Foucault pour qui la prise de responsabilité et l'engagement d'une personne sur une œuvre, qui sont à la base du mythe de l'auteur romantique, se seraient affirmés à partir du moment où l'on a octroyé des droits de propriété.

> « Comme si l'auteur, à partir du moment où il a été placé dans le système de propriété qui caractérise notre société, compensait le statut qu'il recevait ainsi en retrouvant le vieux camp bipolaire du discours, en pratiquant systématiquement la transgression, en restaurant le danger d'une écriture à laquelle d'un autre côté on garantissait les bénéfices de la propriété. »[1]

La fonction « auteur », liée à une fonction technique, est attribuée *ex ante* à un intervenant qui, du fait de cette responsabilisation, s'impliquera et effectuera des choix qui ne laisseront aucun doute sur la « paternité » de l'œuvre. Finalement, les fonctions associées dans notre inconscient au mot « auteur » et les pratiques courantes sont le reflet les unes des autres. L'attribution des droits modifie les catégories dans leurs attributions respectives. En accordant des droits de propriété aux réalisateurs de cinéma, on en fait réellement des auteurs : ce sont eux qui vont s'investir. Le système des droits engendre donc les auteurs. Seulement, les modes de production s'en trouvent rigidifiés, puisque chaque situation particulière participe de la définition des catégories qui servent de cadres aux situations suivantes. Reconnaître des droits à telle personne, c'est lui accorder le statut d'auteur, mais c'est aussi accorder le statut d'auteur à la catégorie dont elle relève. Autrement dit, du fait du rôle des catégories comme outils de coordination, une rétribution *ex post* en droits de propriété devient *de facto*

1. Foucault (1969, p. 799). Cette thèse semble en partie corroborée par l'étude historique de Jeancolas, Meusy et Pinel (1996), qui montre que la prise des responsabilités artistiques des réalisateurs de films s'est faite concomitamment à la reconnaissance de leur statut d'auteur.

définition *ex ante* des droits et devoirs. La division du travail s'institutionnalise, ainsi que les statuts et finalement l'ensemble des structures de production.

Le modèle de l'auteur romantique est un mythe. Il ne décrit pas la réalité mais constitue une représentation partagée à laquelle la réalité a tendance à se conformer. En effet, le modèle n'est pas le seul possible, ce n'est pas non plus le seul à l'œuvre. En vérifiant que d'autres solutions existent aux problèmes de la gestion de la coopération entre les différents intervenants et de la valorisation commerciale des produits, nous allons pouvoir montrer que ce mythe est un élément structurant important du système du droit d'auteur.

Le mythe, facteur structurant du droit d'auteur

Le système du droit d'auteur s'est constitué en réponse à deux problèmes de gestion de la création. Dans cette partie, nous analysons plus précisément ces deux problèmes, et constatons qu'ils n'appellent pas de solution unique. Des systèmes autres que la propriété intellectuelle sont envisageables pour résoudre les problèmes des biens publics, et plusieurs sont même à l'œuvre aujourd'hui dans les industries culturelles. De même, d'autres systèmes existent pour résoudre les problèmes de la coopération.

De nombreuses solutions à la rémunération des œuvres

La question de la rémunération des œuvres peut se ramener, dans une première approche, à celle des biens publics : comment inciter à la création de biens qui intéressent tout le monde mais que personne n'a intérêt à financer ? Cette question a fait l'objet de nombreux travaux, qui ont débouché sur l'identification de trois types de solutions. Nous verrons que chacune d'elles existe dans le domaine culturel. Mais les biens culturels ne relèvent que rarement des biens publics purs. De nombreuses autres solutions existent alors, qui consistent à produire des biens qui ne soient pas publics.

Trois solutions ont été proposées aux « problèmes des biens publics » : les subventions, la production gouvernementale directe et le monopole réglementé (David, 1993 ; Cohendet, Foray, Guellec et Mairesse, 1998). La première consiste à « accorder aux producteurs indépendants des subventions publiques et exiger que les biens soient disponibles gratuitement ou moyennant un prix symbolique. La deuxième est que l'État lève des impôts pour financer sa participation directe à la production et à la distribution des biens, qu'il fournisse et qu'il gère les ressources nécessaires et qu'il sous-traite, s'il y a lieu, les travaux au privé. Là encore, il s'agit de fournir le bien sans avoir à le faire payer. La troisième solution est de créer un monopole privé, réglementé de manière publique, et autorisé à facturer aux consommateurs des prix qui assureront un taux de bénéfice “normal” » (David, 1993, p. 34-36). Pratiquement, chacune de ces solutions est mise en œuvre aujourd'hui sous formes d'aménagements institutionnels dont P. A. David décrit les types idéaux sous les dénominations respectives de patronage *(patronage)*, production publique *(procurement)* et propriété *(property)*. Le premier est le mécanisme des subventions, que l'on retrouve, par exemple, dans le domaine culturel, dans les systèmes d'aide sélective au cinéma. Le deuxième s'incarne aujourd'hui dans le système de la recherche publique et a existé dans le cinéma soviétique en ex-URSS *(Goskino)* ou au Mexique jusqu'en 1977, mais aussi en France à la télévision à l'époque de l'ORTF. Enfin, le troisième est le système de la propriété privée ou, dans le cas qui nous intéresse, de la propriété intellectuelle.

D'autres solutions se révèlent à condition de ne pas appliquer simplement l'outillage théorique des biens publics aux productions de l'esprit. Le caractère public n'est pas inhérent aux biens mais est fonction de la manière dont ils sont produits (Cowen, 1985 ; Palmer, 1989). Ainsi, un bien artistique peut être rendu « impur » (Palmer, 1989) en étant incorporé à un support tangible, un livre par exemple. Dans les secteurs culturels, outre ces supports tangibles, de nombreux systèmes d'exclusion existent comme les murs qui entourent les théâtres, les guichets ou les placeurs. Les biens culturels sont des biens publics impurs (ou mixtes). Selon leurs modes de diffusion, ils satisfont ou ne satisfont pas aux deux critères de non-exclusion et de non-rivalité. Par exemple, pour le cinéma, la diffusion en salles présente des effets d'encombrement, et l'exclusion est possible ; à l'opposé, la télévision hertzienne n'autorise pas l'exclusion et n'est pas sujette à effets d'encombrement.

D'autres solutions existent qui rejoignent les analyses de Mancur Olson (Olson, 1966) selon lesquelles lier un bien public à un bien privé permet de résoudre le paradoxe de l'action collective. En effet, un bien public profite à l'ensemble d'une collectivité : c'est le cas de la Défense nationale. Dès lors, les individus, même s'ils aspirent à disposer de ce bien, peuvent ne pas vouloir s'impliquer dans sa production, se disant qu'ils en bénéficieront : ce comportement est connu sous le nom de *free-riding* ou passager clandestin. Du fait des comportements de passager clandestin, des individus qui aspirent à un bien collectif ne se regroupent donc pas spontanément pour l'obtenir : c'est le paradoxe de l'action collective. Pour illustrer la solution qu'il met en évidence, Mancur Olson montre comment les syndicats, pour susciter l'adhésion de leurs membres, la rendent préalable à l'obtention d'un emploi : le bien collectif (les bénéfices tirés de l'action du syndicat) est lié à un bien privé (l'accès à un emploi) (Olson, 1966).

Des solutions de la sorte existent pour les biens culturels. Songeons au ticket d'entrée ou au fauteuil de cinéma, biens non collectifs qui sont vendus en même temps que le film. Ces procédés peuvent d'ailleurs nourrir de véritables stratégies de marketing. Ainsi, pour contrer la concurrence de la télévision qui permet aux spectateurs de contourner ces multiples systèmes d'exclusion, les exploitants de cinéma diversifient leur produit en construisant des salles très confortables dotées d'écrans géants (« grande salle », « salle panorama », « salle prestige »...) et de procédés de sonorisation de haute technologie (« son haute définition », « son digital SRD », « son Sony stéréo », « Dolby SR », « digital DTS »...). Le développement des multiplexes s'inscrit dans cette même stratégie de reconquête par la diversification : autour de nombreuses salles de grand confort offrant un grand choix de films, se déploient parking, restaurants, espaces jeux vidéo ou Internet, cafés, etc. Les logiciels, particulièrement sujets aux piratages, car particulièrement détachés de leur support, sont vendus avec des manuels, des mises à jour périodiques ou des numéros d'appel gratuits assortis de mots de passe, permettant aux acheteurs de bénéficier de conseils permanents. Le logiciel n'est qu'une partie d'un service global qui fait dire à Ithiel de Sola Pool qu'il faut parler non plus de *copyright* mais de *service-right* (droit au service)[1].

La publicité constitue une solution du même ordre : elle consiste à lier à la diffusion du bien la dissémination d'une information prodiguée par un annonceur. La radio et la télévision ont longtemps, jusqu'à l'arrivée du câble ou du cryptage, constitué des biens publics purs. Ne pouvant mettre en place des systèmes d'exclusion, elles « ont contourné le problème en s'abstenant de vendre des programmes à des auditeurs pour vendre des audiences à des annonceurs qui deviennent les véritables consommateurs de télévision, ce qui rétablit

1. Ithiel de Sola Pool, « Whither Electronic Copyright », *in* Martin Greenberger, *Electronic Publishing Plus,* 226, 1985, cité dans Palmer (1989).

ainsi la rivalité des consommateurs et leur possible exclusion » (Farchy et Sagot-Duvauroux, 1994). C'est aujourd'hui le mode de fonctionnement de la télévision hertzienne privée et, en partie, de la télévision publique, d'une partie de la presse et, de plus en plus, de l'Internet.

Enfin, d'autres systèmes ont fait leurs preuves pour des produits très spécifiques. Le système de souscription pour la publication de certains livres en est un. Le fait de lier le bien à son exécution ou à une marque en est un autre. Certains artistes, qu'ils soient auteurs ou seulement interprètes, disposent ainsi d'un monopole de fait sur la prestation de leurs œuvres. C'est le mode de protection qu'utilisent – plus ou moins consciemment – la plupart des groupes de musique rock : une chanson des Rolling Stones ne peut être chantée que par les Rolling Stones, de même qu'une chanson de Grateful Dead ! Écoutons le parolier de ce groupe :

> « C'est vrai que je ne touche pas de royalties sur les millions de copies de chansons faites pendant mes concerts, mais je ne vois aucune raison de me plaindre. Personne d'autre que Grateful Dead ne sait jouer une chanson de Grateful Dead : aussi, si vous voulez vivre cette expérience et pas simplement une maigre projection, devez-vous nous acheter un billet. En d'autres mots, la protection de notre propriété intellectuelle tient à ce que nous en sommes l'unique source en direct » (Barlow, 1993, trad. Th. Paris).

Malgré leur diversité, l'ensemble des solutions présentées comme alternatives aux solutions « publiques » restent cantonnées dans un système marchand. Toutes consistent à redonner de la rareté à l'œuvre. Mais l'ensemble de ces solutions ne suffit pas à rendre compte de la réalité : pour mieux nous en convaincre, il n'est qu'à observer que nombre d'œuvres passées aujourd'hui à la postérité ont été conçues en dehors des systèmes du marché et des subventions publiques. Nous présentons maintenant ces modes de régulation alternatifs.

Des solutions pour gérer la coopération

(Barrère et Santagata, 1999) établissent que trois modèles de régulation de la production des biens artistiques coexistent aujourd'hui, chacun comme survivance de son époque de prédilection : le modèle marchand et deux modèles non marchands. Le modèle du marché prédomine aujourd'hui. Mais deux modes de régulation alternatifs mettent plus en avant la valeur « sémiotique » des œuvres d'art. Il s'agit d'une part du modèle institutionnel des relations personnelles, dont l'époque de prédilection recouvre le Moyen Âge et une partie de la Renaissance, et dont l'expression actuelle est le système du mécénat. L'œuvre d'art y a un rôle de légitimation de pouvoir, et les artistes sont pris en charge par les monarques.

> « Simone Martini, de Sienne, vivait à la cour de Robert d'Anjou à Naples vers 1315, où il avait été nommé familier et fait chevalier. Il recevait un salaire annuel d'environ 50 onces. En échange, il fournit au roi un bien sémiotique très particulier, l'immortalisation du couronnement de Robert par Saint Louis dans une période où ses prétentions à la royauté étaient remises en doute » (Barrère et Santagata, 1999, trad. Th. Paris).

Il s'agit d'autre part du modèle du don *(the gift model)*, exacerbé dans le mouvement de l'art pour l'art, qui s'accomplit aujourd'hui dans les communautés artistiques. L'artiste est indifférent à la sanction du marché et au succès commercial et recherche essentiellement l'accumulation de capital symbolique[1]. Il conçoit ses œuvres comme des dons à la communauté artistique. Ces deux derniers modèles ont contribué à forger le mythe de l'auteur romantique : le premier met en avant l'inspiration divine de l'auteur, le second sa liberté.

Cette typologie décrit moins des modèles de régulation alternatifs que des logiques cohabitant avec des poids plus ou moins importants dans les mondes de l'art. À la Renaissance, par exemple, si la logique politique du modèle des relations personnelles est très développée, la logique économique l'est aussi, car nombre d'œuvres sont réalisées sur commande (Baxandall, 1972). Aujourd'hui, chacune de ces trois logiques intervient. La logique économique est indéniable dans la mesure où les artistes créent, sauf exception, en relation avec le marché. La logique politique intervient aussi : les États défendent leur création nationale, les entreprises ou les particuliers s'enorgueillissent de parrainer tel ou tel artiste, telle ou telle œuvre (sponsorings divers, fondation GAN ou Actions Gitanes dans le cinéma...). Enfin, la logique artistique est interne à ces mondes : elle se traduit par la volonté de tous de faire évoluer l' « état de l'art ». C'est elle qui intervient notamment lorsque l'on demande à des « gens du cinéma » de juger le travail de leurs pairs, comme c'est le cas pour l'attribution des César et des Oscar (vote de la profession), de la Palme d'or du Festival de Cannes (jury constitué de professionnels) ou des avances sur recettes octroyées aux projets de films par le Centre national de la cinématographie (commission présidée par un professionnel)[2].

1. Sur la notion de capital symbolique, cf. Bourdieu, 1992.

2. Pour un panorama des mesures de soutien de l'État au cinéma, on pourra se reporter à Benghozi (1989, p. 188).

Finalement, si l'on veut dessiner une figure de l'artiste, il faut prendre en compte ces trois dimensions : c'est une personnalité plus ou moins indépendante qui veut accumuler capital symbolique et capital financier et qui évolue dans un univers où l'artiste est sacré et où l'on recherche son « partenariat ». Cette définition étant, d'autres solutions que le droit d'auteur sont envisageables pour le problème de la coopération, notamment le salariat.

Salariat et création ne sont pas incompatibles. Un domaine proche du secteur culturel, la recherche scientifique, qu'elle soit publique ou privée, fonctionne sur le mode du salariat, et ce malgré les problèmes de mesure et de contrôle que nous avons évoqués. Dans certains secteurs artistiques, le salaire existe : troupes de théâtre, ateliers de scénaristes, etc. Dans d'autres, un contrat de travail lie les producteurs aux auteurs : c'est le cas par exemple pour les réalisateurs de cinéma à Hollywood. Mais le fonctionnement de la recherche et d'autres secteurs ne peut néanmoins s'expliquer sans faire intervenir la nature sémiotique des productions. Les chercheurs sont payés au salaire, mais c'est une autre forme de rétribution qui les incite à produire, une rétribution symbolique. Leur signature accroît leur réputation et leur valorisation académique. Les différentes solutions envisagées sont en fait des modes alternatifs de répartition de la propriété : à l'artiste la réputation, à l'employeur les gains ; aux créateurs les gains, au sponsor l'image de marque...

Conclusion

Le système du droit d'auteur s'est imposé non pas comme la solution unique aux problèmes de la création culturelle mais comme un modèle particulier. D'autres modèles sont envisageables, d'autres coexistent avec lui, mais il est le modèle dominant. Une composante essentielle de ce modèle est la représentation qui le sous-tend : celle d'un auteur inspiré qui crée son œuvre dans le seul but d'exprimer ses sentiments profonds, à l'exclusion de toutes considérations financières ou marchandes. C'est le mythe de l'auteur romantique, dont nous avons essayé de montrer le caractère structurant sur le système du droit d'auteur. Le système n'est pas régi par de grands principes de justice sociale ou de justesse économique ; mais son évolution est influencée par des croyances issues de ce mythe, selon lesquelles l'auteur doit avoir des droits sur son œuvre, laquelle doit faire l'objet d'un paiement spécifique pour chaque consommation. En somme, ces croyances renvoient un modèle linéaire de rémunération des œuvres – le consommateur paye le diffuseur qui paye le producteur qui paye l'auteur – au modèle linéaire de l'auteur romantique.

Le mythe est donc le deuxième facteur structurant du droit d'auteur, qui a joué un rôle croissant depuis la Révolution, au fur et à mesure que des fonctions initialement « techniques » devenaient, dans nos représentations, des impératifs de justice ou d'efficience productive. La Révolution marquait aussi l'entrée en scène de la composante gestionnaire du droit d'auteur, la gestion collective. Dès lors, cette composante a pris un poids croissant, à tel point qu'elle joue un rôle essentiel dans l'évolution du système aujourd'hui.

Chapitre 6

La gestion collective et la logique gestionnaire

Le système du droit d'auteur a une composante gestionnaire qui assure sa mise en œuvre quotidienne : il s'agit essentiellement de la gestion collective. Seulement, il serait faux de considérer cette composante comme hiérarchiquement asservie à la composante idéelle ou légale du système. La gestion collective n'est pas simplement au service de la loi, mais constitue un élément à part entière du système. L'histoire a d'ailleurs fait apparaître un lien étroit entre la genèse de la loi et celle de la gestion collective. Aujourd'hui encore, au même titre que la technologie ou le mythe, la gestion collective est un facteur structurant du système.

L'action structurante de la gestion collective n'est pas du même ordre que celles de la technologie et du mythe. La technologie structure l'évolution du droit d'auteur sur le long terme en le contraignant à s'adapter à ses évolutions. Le mythe agit sur les représentations des acteurs et se traduit par une limitation des degrés de liberté. Nous allons voir dans cette partie que la gestion collective intervient dans la dynamique de court terme du système en faisant valoir sa logique gestionnaire.

Pour bien comprendre le rôle de la logique gestionnaire dans l'évolution du droit d'auteur, nous allons analyser sa dynamique propre. La première partie de cet ouvrage avait mis en évidence une complexité croissante de la gestion collective. C'est cette complexité que nous allons nous efforcer de comprendre, en montrant un tout autre aspect de la gestion collective, son caractère conflictuel. Car le fonctionnement très machinal, parfaitement huilé du système, ne dissimule pas longtemps les nombreux conflits qui s'y produisent. Nous verrons d'abord que les guerres de concurrence entre sociétés traduisent à la fois la cohabitation d'intérêts divergents au sein de catégories *a priori* homogènes et l'existence de stratégies différentes d'une société à l'autre. Ensuite, nous mettrons en évidence le caractère instable de la gestion collective en mettant en évidence les tensions entre les intérêts particuliers des ayants droit et le fonctionnement de la gestion collective. Enfin, nous décrirons la dynamique générale de la gestion collective comme la résultante de deux mouvements opposés.

Logique gestionnaire et précarité des catégories

L'existence de logiques propres dans la mise en œuvre même du droit d'auteur apparaît dans la multiplication des sociétés d'auteurs. Pour des raisons évidentes de simplicité, voire de rationalité, l'ensemble des acteurs concernés par la gestion du droit d'auteur se disent favorables à un nombre limité de sociétés. Pourtant, leur nombre continue d'augmenter. Parmi ces sociétés, certaines ont été ou sont encore en véritable situation de concurrence, ce qui défie toute rationalité et est largement dénoncé par les autorités en charge de leur surveillance, le ministère de la Culture.

> « Mais le ministère de la Culture et de la Francophonie considère lui-même que les modalités de cette gestion pourraient être encore simplifiées si les ayants droit mettaient fin à des doublons, et même à un "triplon", que la pratique ne justifie aucunement... » (Ministère de la Culture, rapport annuel sur les sociétés d'auteur, 1992).

L'analyse de trois de ces doublons va nous permettre de mettre en évidence deux aspects importants de la dynamique du droit d'auteur : l'existence d'une logique de gestion et la précarité des catégories d'ayants droit.

Les situations de concurrence comme révélateurs de la précarité des catégories d'ayants droit

Des trois situations de concurrence qui ont marqué le paysage français de la gestion collective ces dernières années, seules deux persistent : SPEDIDAM/ADAMI et SCPP/SPPF, le conflit entre la SPADEM et l'ADAGP s'étant soldé par le dépôt de bilan de la première. Dans ces schémas de concurrence, les deux sociétés gèrent les droits d'ayants droit relevant d'une même catégorie, pour les mêmes exploitations.

Des titulaires de droits peuvent donc adhérer indistinctement à l'une ou à l'autre des sociétés qui se disputent réellement des parts de marché : il s'agit, dans la situation de la SCPP et de la SPPF, des producteurs de phonogrammes, auxquels la loi de 1985 a reconnu le droit à rémunération équitable ; il s'agissait, dans le cas de la SPADEM et l'ADAGP, des droits des artistes des arts visuels (arts graphiques, arts plastiques...). Le cas SPEDIDAM/ADAMI est un peu particulier dans la mesure où leurs attributions respectives ont été délimitées par une sentence arbitrale à l'occasion de la loi de 1985 : la SPEDIDAM représente tous les musiciens « anonymes » d'un enregistrement (l'orchestre), et l'ADAMI les autres.

Dans chacune de ces situations, la concurrence est née d'un sentiment, de la part d'un certain nombre d'ayants droit, de ne pas être représentés. Elle est donc la conséquence d'une mise en marge, volontaire ou involontaire, d'une partie du collectif, d'une fragmentation de ce collectif. La coexistence de la SPEDIDAM et de l'ADAMI provient de ce que ceux-ci ne reconnaissent pas ceux-là comme leurs égaux et que ceux-là ne se sentent pas représentés par ceux-ci.

« L'ADAMI refuse le rapprochement, parce qu'elle conteste les clés de répartition actuelles (50-50) » (un responsable de la SPEDIDAM).

« Les artistes solistes et les musiciens constituent deux mondes à part » (un responsable de l'ADAMI).

De la même façon, la SCPP représente essentiellement les sociétés de production *majors*, alors que la SPPF rassemble les indépendants[1].

« La SPPF est née après la SCPP, par défiance des producteurs indépendants vis-à-vis de la SCPP des *majors*, » (un responsable de la SPPF).

Enfin, sur le cas de la gestion des droits des artistes visuels, deux versions des faits s'opposent. Mais dans chacune d'elle, la fragmentation du collectif apparaît très clairement.

« L'ADAGP, c'est le Salon des refusés : le Syndicat de la propriété artistique[2] ne prenait que les grands artistes » (un responsable de l'ADAGP).

« L'ADAGP a été créée par Chagall et d'autres qui ont refusé d'adhérer à la SPADEM, parce qu'ils n'avaient pas l'esprit syndicaliste » (un responsable de la SPADEM).

Ces scissions effectives, il s'ensuit en général des guerres de concurrence entre sociétés. Nous allons voir maintenant que ces

1. Pour diverses raisons, un certain nombre d'indépendants adhèrent néanmoins à la SCPP.

2. Le SPA, dont est issue la SPADEM.

guerres de concurrence – et les difficultés de rapprochement sous-jacentes – traduisent l'existence d'une ou de logiques propres à la gestion des droits.

L'irrationalité des doublons ou les rationalités propres des sociétés en concurrence

Dès lors que les scissions se sont produites, la rationalité économique pousse au rapprochement pour des raisons d'économies d'échelle. Dans chacun des cas, de multiples tentatives en ce sens ont eu lieu mais jamais elles n'ont abouti, et ce pour plusieurs raisons. Une première est que les populations représentées ne sont plus toujours les deux parties d'un même collectif : les artistes-interprètes solistes et les musiciens d'orchestre n'ont pas les mêmes habitudes de travail, les *majors* et les indépendants n'ont pas les mêmes préoccupations. Une seconde tient aux différences de « politiques » mises en œuvre[1]. Les sociétés en position de dominance, qui gèrent le plus de droits, peuvent proposer des frais de gestion plus faibles et en faire l'élément central de leur stratégie pour attirer d'autres ayants droit ; leurs concurrentes ne peuvent se battre sur ce terrain des frais de gestion et sont donc acculées à mener une politique différente : elles s'efforcent d'opposer à la modicité des frais de gestion les arguments d'une gestion rigoureuse nécessitant notamment des investissements techniques importants.

« Nous nous devons d'être rigoureux. [...] J'ai toujours voulu être bon, ça a évité la fusion et l'absorption. [...] On veut imposer une qualité de gestion » (un responsable de la SPPF).

« La SPADEM investit beaucoup. [...] On a mis au point un programme informatique qui fait apparaître les images dont la diffusion est autorisée avec tel ou tel support. C'est un gros investissement » (un responsable de la SPADEM).

Ces investissements coûteux les poussent aussi à développer une politique de long terme concrétisée par un incessant combat pour l'extension des droits gérés : cela se traduit par des procédures judiciaires, par l'insertion dans des organismes de pression internationaux, par des recherches sur les nouvelles technologies...

« [...] La SPADEM a demandé un décret pour percevoir le droit de suite dans les galeries. [...] On est très actif sur la défense du droit d'auteur » (une responsable de la SPADEM).

1. Nous avons développé cet argument dans Paris (1995).

Nous avons donc, l'une en face de l'autre, une société dominante qui privilégie des frais de gestion faibles pour préserver sa dominance, et une société dominée qui développe une logique de long terme axée sur une gestion rigoureuse et une bataille continue pour un élargissement des droits. Cet éloignement interdit alors tout rapprochement des sociétés.

« L'union n'est pas possible, car la SPADEM se situe à tous les niveaux aux antipodes de l'ADAGP » (un responsable de l'ADAGP).

« La SPADEM et l'ADAGP ont des politiques différentes. [...] L'une agit, l'autre non. On a donc des frais de gestion élevés, et eux en profitent » (un responsable de la SPADEM).

Il n'y a donc pas une rationalité économique unique qui pousserait les sociétés à se rapprocher pour assurer une efficience de la gestion des droits, mais bien des rationalités locales propres à chacune des sociétés. Nous allons voir maintenant que le phénomène de multiplication des catégories peut conduire les ayants droit, dans certains cas, à se singulariser au point de créer leur propre société. L'examen du cas de la succession Picasso met en évidence ce phénomène.

La précarité des catégories d'ayants droit

« Notre salut est en nous-mêmes. Il est dans une entente de nos droits, dans une reconnaissance mutuelle de notre force. Il est donc du plus haut intérêt que nous nous assemblions, que nous formions une société, comme les auteurs dramatiques ont formé la leur » (Honoré de Balzac, *Lettre aux écrivains français*, 1836).

Le phénomène de scission des sociétés de gestion collective marque en quelque sorte l'institutionnalisation de nouvelles sous-catégories. Ces sous-catégories sont souvent latentes au sein de catégories qui apparaissent homogènes : des populations relevant d'une même catégorie présentent de grandes disparités, tenant notamment aux préférences temporelles et à l'aversion au risque des personnes concernées. Par exemple, contrairement aux artistes graphiques installés, les débutants ne sont pas toujours favorables au droit de suite. Cette taxe sur les reventes constitue une pression à la baisse sur les prix et se traduit, pour les jeunes créateurs dont les œuvres ne seront pas revendues, par une perte sèche de revenus (Hummel *et al.*, 1994).

Les sociétés d'auteurs sont le siège de guerres intestines permanentes (Paris, 1995). Les ayants droit sont répartis en catégories, et le partage des droits s'effectue par catégories. À la SACD, des clés de répartition des droits entre scénaristes et réalisateurs sont mises en œuvre. Mais la définition de ces catégories relève de rapports de force entre scénaristes de la vieille génération et jeunes scénaristes (Pasquier, 1995). À la SACEM, ce sont les éditeurs et les auteurs qui doivent se partager les droits, les clés de répartition faisant l'objet de négociations internes. Aussi, la cohabitation de plusieurs catégories au sein d'une même société est une situation instable susceptible de mener à l'implosion. C'est ce qui transparaît dans le phénomène de segmentation de la gestion collective.

Poussé à son paroxysme, ce phénomène se traduit par l'affirmation de leur singularité par certains auteurs. Les auteurs à succès peuvent ainsi préférer une gestion individuelle qui leur garantit des taux plus élevés que le système mutualiste de la gestion collective. C'est de cette façon que s'est terminé le conflit entre sociétés d'auteurs graphiques en France : en 1995, la succession Picasso a quitté la SPADEM – et la gestion collective – pour créer sa propre société de gestion de droits, Picasso administration.

La décision des héritiers Picasso de quitter la SPADEM et, par là, la gestion collective a été prise dans un contexte particulier. Le déséquilibre était croissant entre ADAGP et SPADEM : en 1995, la première gérait environ 70 % des droits des artistes plasticiens contre 30 % pour la seconde, et les frais de gestion s'élevaient à 25 ou 26 % à la SPADEM contre seulement 17 à 22 % à l'ADAGP. En outre, la gestion de la directrice de la société était mise en cause par une association d'ayants droit et surveillée de près par le ministère de la Culture. Enfin, la situation financière s'avérait catastrophique[1]. Dans ces conditions, le départ des héritiers de Picasso apparaît comme l'évolution normale d'une situation de concurrence bancale : les frais de gestion devenant trop élevés, ils sont partis. Seulement, le choix de créer un organisme de gestion propre au lieu de se tourner vers l'ADAGP nécessite une analyse plus approfondie.

Picasso est l'archétype de l'ayant droit pour lequel la gestion collective s'avère économiquement non intéressante, notamment parce qu'elle conduit à la négociation d'accords collectifs quand il est en mesure d'imposer seul des taux beaucoup plus favorables[2]. La gestion collective fonctionne en général sur le principe du répertoire : les utilisateurs peuvent y puiser à volonté en paiement d'une rému-

1. « La SPADEM a déposé son bilan » (*Le Monde*, 5 décembre 1995), « Le tribunal de grande instance de Paris prononce la liquidation de la SPADEM » (*Le Monde*, 16 mai 1996).

2. D'autres ayants droit ont ou ont eu leur propre société de gestion : Matisse (Les héritiers Matisse), les successions Brassaille et Utrillo, Albert Uderzo (Les éditions Albert-René), etc.

nération globale. Ainsi, les droits perçus par un auteur pour un passage à la télévision ne dépendent que du type de l'œuvre, de la durée et de l'heure de programmation, indépendamment de tout critère de qualité ou de succès. La gestion collective constitue donc une renonciation partielle des droits des ayants droit, dépouillés de leur droit d'autoriser ou d'interdire, mais aussi dépouillés de leur droit de négocier.

Dans le domaine de la peinture, la gestion des droits n'est pas purement collective. Notamment, pour les droits de reproduction de leurs œuvres, les auteurs sont consultés et peuvent négocier les tarifs. Il n'en reste pas moins que la collectivisation de la gestion homogénéise la population des ayants droit, rendant ainsi difficile la gestion de l'individuel. Cela se traduit par une égalité de traitement, notamment dans la mise en œuvre du contrôle et de la répression de la piraterie. Or le contrôle de la piraterie des œuvres de Picasso demande à lui seul des moyens énormes. Cela se traduit aussi par une difficulté à gérer l'exclusivité, notion prépondérante dans le marché des arts visuels. Les utilisateurs ont tous des desiderata différents quant aux modalités d'exclusivité des contrats d'utilisation : exclusivité sur un ou plusieurs territoires, sur un ou plusieurs supports, pour une certaine durée, etc. La gestion de ces contrats, tous différents, n'est plus sujette à économies d'échelle, chaque œuvre, tout au moins pour les œuvres très exploitées, devant presque faire l'objet d'une gestion particulière. Enfin, l'homogénéité due à la gestion collective entrave la gestion du droit moral, prépondérante en arts visuels. En effet, si autoriser la diffusion d'un film est indépendant de l'exploitant et du mode d'exploitation, il n'en est rien de l'exploitation des œuvres picturales. Un peintre pourra très bien accepter qu'une de ses œuvres illustre un calendrier édité par le Louvre et refuser que la même œuvre soit reproduite sur des *T-shirts* vendus dans les rues de Montmartre. Dans les secteurs « à forte densité de droit moral », la gestion des droits d'auteur inclut la gestion d'une image de marque et peut s'inscrire dans une stratégie commerciale.

> « Le problème de l'exclusivité est pointu dans les arts visuels. La gestion collective ne sait pas traiter les cas particuliers, elle uniformise les situations. Or dans le monde des affaires, les situations ne sont jamais uniformes, surtout quand vous voulez partir à la conquête des marchés » (un responsable de Picasso administration).

Voilà, en plus des raisons circonstancielles, les motivations du départ des héritiers Picasso. Elles font nettement ressortir le poids des intérêts singuliers des acteurs. Dans ces conditions, c'est le phénomène même de la gestion collective qui peut s'avérer mystérieux et, en premier lieu, l'intervention de Beaumarchais il y a deux siècles[1].

L'analyse de ce cas nous a permis de mettre en évidence la tension constitutive du système et de son évolution entre les exigences de généralité et les intérêts particuliers ou singuliers. Parmi les différentes logiques en présence, il en est une dont nous avons vu transparaître l'influence à propos des difficultés de rapprochement entre sociétés concurrentes : une logique gestionnaire, propre au système. Nous allons l'approfondir maintenant en montrant que la logique des sociétés d'auteurs ne peut se ramener aux logiques des ayants droit et que le système est doté d'une certaine autonomie qu'il s'agit de bien comprendre pour en saisir l'évolution.

Autonomie du système et poids de la logique gestionnaire

Une première approche du monde de la gestion collective nous a laissé l'impression d'un paysage assez structuré, aux frontières qui paraissent naturelles tant elles sont stables. Et pourtant, ce paysage est le lieu de tous les affrontements : des simples discordes aux batailles sanglantes. Parmi les personnes consultées, nombreuses sont celles qui ont fini par lever le voile sur le champ de bataille sur lequel elles évoluaient : « Il y a en fait des rivalités énormes, des attaques très fortes, des batailles épouvantables entre sociétés d'auteurs », « c'est un conflit à mort », « c'est des histoires de gros sous, [...] c'est très sordide. [...] On n'arrête pas de se tirer dans les pattes. Il n'y a pas que des belles choses dans le droit d'auteur », « c'est la jungle. Au moment où la gestion collective est attaquée, on devrait être tous ensemble, je suis un peu déçu... ».

La perception des droits pour les auteurs, dès qu'elle sort des situations routinières, implique une négociation qui tourne parfois au conflit. Le système, pour bien réglé qu'il soit, ne s'adapte pas sans heurts aux situations nouvelles comme s'il n'était guidé que par un principe fondamental : octroyer une juste rémunération aux auteurs. En plus des conflits dans les situations de doublons, d'autres conflits se produisent : guerres froides entre sociétés non directement concurrentes et guerres civiles entre la société et ses ayants droit. Ces différents conflits sont révélateurs du poids de la logique gestionnaire dans le fonctionnement du système.

1. Sur ce mystère, que nous avons appelé le mystère Beaumarchais, on pourra se référer à Paris, 1999.

Les guerres froides, révélatrices d'une logique gestionnaire

Les conflits entre sociétés non directement concurrentes existent et sont même relativement fréquents. Les sociétés ne contestent que très rarement leurs attributions historiques, institutionnalisées. Une fois les frontières tracées, elles ne sont pas remises en cause. Ainsi la SACD ne se bat pas pour récupérer la gestion des droits relatifs aux musiques de film ; elle ne s'est pas engagée dans la bataille au bon moment et ne le fait pas aujourd'hui.

« La musique de film n'est pas chez nous, parce qu'en 1930, on n'a pas été foutu de se battre. [...] La SACEM percevait les droits du pianiste au temps du cinéma muet puis elle s'est battue pour continuer à percevoir sur la musique de film. Elle perçoit aujourd'hui sur chaque billet et la SACD, tintin ! Il y a tout un pan qui nous a échappé » (un responsable de la SACD).

C'est lorsqu'une ressource nouvelle apparaît que des litiges se déclarent, prenant parfois la forme de véritables conflits ouverts. L'histoire en fournirait certainement de nombreuses illustrations, avec l'avènement du cinéma, de la télévision et de la radio, et les nouvelles populations de créateurs que cela a engendrées. Plus près de nous, nous pouvons citer le conflit SACD versus SACEM qui a donné lieu à l'amendement Carat[1]. Ce conflit a porté sur la répartition de leurs droits relatifs à la copie privée aux producteurs cinématographiques américains. La loi prévoit que 25 % des sommes collectées au titre de la copie privée soient affectées par les sociétés qui les gèrent à des actions d'aide à la création.

« Ces sociétés utilisent à des actions d'aide à la création, à la diffusion du spectacle vivant et à des actions de formation des artistes : 1) 25 % des sommes provenant de la rémunération pour copie privée ; [...]. »[2]

La répartition effectuée jusqu'alors[3] par la SACEM lui permettait de gérer ces 25 % consacrés à l'action culturelle, soit 11 millions de francs. C'est cette compétence que la SACD a contestée, en arguant qu'elle était de son ressort.

« Si toutefois la SACEM était mise hors jeu, ce remodelage des flux financiers aurait un effet annexe que personne ne considère comme négligeable : l'affectation des 25 % prélevés sur la part auteurs américains pour l'aide à la création et

1. On pourra en trouver une présentation dans « Le droit d'auteur gagne une bataille sur le *copyright* », *Écran total*, n° 60, 21 décembre 1994.

2. Art. L. 321-9 du Code de la propriété intellectuelle (extrait).

3. L'amendement Carat a été discuté à la fin 1994.

au spectacle vivant. C'est actuellement la SACEM qui prélève et utilise les 11 millions de francs ainsi dégagés. Si la société des auteurs dramatiques français était chargée de la gestion de la part auteurs américains, elle se verrait du même coup chargée de la gestion de cette somme qu'elle pourrait utiliser aux actions culturelles de son choix. »[1]

La gestion de ces droits permet à la société déclarée compétente de réaliser des économies d'échelle et d'accroître son pouvoir de négociation. Notamment, elle permettait à la SACEM de compter parmi ses adhérents les *major companies* américaines. La gestion des 25 % cristallise d'autres intérêts professionnels : ainsi les auteurs-réalisateurs-producteurs de cinéma ont-ils créé l'ARP[2] pour disposer des sommes dédiées à l'action culturelle, grâce auxquelles ils ont pu s'affirmer comme le fer de lance de l'exception culturelle et de la défense du cinéma français. Pour la même raison, la Guilde des scénaristes a récemment projeté de créer sa propre société de gestion de droits.

« Parce que 25 % des sommes sont consacrées à l'action culturelle, la copie privée a un poids politique. Elle nous donnera les moyens d'agir » (Dominique Lancelot, vice-présidente de la Guilde des scénaristes)[3].

L'apparition de nouvelles ressources – comme ici la part copie privée des auteurs cinématographiques américains – est donc susceptible de susciter discussions ou conflits. En fait, chaque nouveau droit, chaque nouvelle catégorie de créateurs, chaque nouvelle ressource constituent un enjeu énorme dans la mesure où il peut devenir une véritable poule aux œufs d'or. C'est pour cette raison que la SACD s'est intéressée très tôt aux infographistes ou que toutes les sociétés sont constamment à l'affût de l'évolution des nouvelles technologies.

Les guerres civiles, révélatrices d'une logique administrative

La deuxième manifestation de cette logique gestionnaire est observable dans les conflits entre certains ayants droit et leur société. Il est symptomatique qu'une proposition de loi ait été déposée, en 1996, afin de renforcer la protection des auteurs vis-à-vis des sociétés de gestion de leurs droits[4]. Cela a fait suite aux mises en cause de leur ges-

1. Rapport de l'Assemblée nationale, n° 1770, 7 décembre 1994.

2. Société civile des auteurs, réalisateurs, producteurs.

3. « Copie privée : la Guilde persiste, la SACD réprouve », *Le Film français*, 25 avril 1997.

4. *Le Monde*, 11 mai 1996.

tion par leurs ayants droit qui ont touché tour à tour la SPADEM et l'ADAMI. Sans entrer dans les détails de ces affaires[1], nous allons essayer de dépasser leur caractère anecdotique et faire ressortir ce qu'il y a de structurel en elles.

Une société d'ayants droit, auteurs ou titulaires de droits voisins, est dirigée par un conseil d'administration constitué d'adhérents élus par leurs pairs, ayants droit pour lesquels elle perçoit. Une structure administrative, l'ensemble des salariés de l'entreprise, est alors chargée de mettre en œuvre la politique définie par ce conseil d'administration. Mais des bras de fer entre les deux catégories d'acteurs, ayants droit et administratifs, se produisent assez fréquemment, et les auteurs se heurtent quelquefois aux différences de vue de la structure administrative. Par exemple, les nouveaux créateurs sont régulièrement au centre de nombreuses discussions entre les auteurs et leur collectif.

« On dit aux auteurs : “Ne laissez pas passer ces nouveaux créateurs que sont les infographistes.” Mais ils ne veulent pas, parce qu'il faudrait partager le gâteau. “Même si, aujourd'hui, vous êtes obligés d'abandonner un chouïa, vous toucherez plus demain avec la croissance du multimédia” » (un responsable de la SACD).

Cet exemple illustre bien la différence de points de vue. Les adhérents n'ont aucun intérêt à voir arriver de nouveaux auteurs. L'économie d'échelle qu'ils permettent de réaliser à court terme est imperceptible. En revanche, ils entraînent un partage des sommes à répartir. La société y voit un intérêt à long terme, à un horizon où les auteurs actuels ne seront peut-être plus concernés. En somme, elle ne défend pas seulement les intérêts des auteurs actuellement adhérents, elle se fait aussi le défenseur des auteurs futurs, car, plus prosaïquement, elle assure sa survie. Nous le voyons dans le débat qui eut lieu au cours de l'assemblée générale de la SACD de novembre 1924 : laissons la parole à Michel Carré, président de la Société des auteurs de films, et Henry Bernstein, dramaturge et sociétaire de la SACD :

« Et surtout, ce que vous ne dédaignerez pas, c'est la source considérable de bénéfices que vous en pourrez tirer, les ressources nouvelles qui vous permettront d'augmenter le chiffre de vos pensions de retraite » (Michel Carré, SAF, Assemblée générale extraordinaire de la SACD, 19 novembre 1924).[2]

1. Pour plus d'informations, on pourra se référer à divers articles de journaux : « L'ADAMI ouvre ses comptes » (*Le Figaro*, 11 janvier 1996) ; « À qui profitent nos droits d'auteur ? », par Serge Vincent (*Le Monde*, 7-8 septembre 1997) ; « Un rapport public accable la gestion de l'ADAMI » (*Le Monde*, 8 octobre 1997), etc.

2. Cité dans Pinel, 1996, p. 67.

« Quand le cinéma sera en mesure de concourir à grossir la caisse des pensions, alors nous pourrons prendre des engagements à son égard. Jusque-là nous ne lui donnerons que notre appui moral » (Henry Bernstein)[1].

Cette opposition entre la logique de long terme des administratifs et la logique de court terme des ayants droit conduit à des incompréhensions entre des entités persuadées de partager les mêmes intérêts. Nous avons ainsi entendu de la bouche de nos interlocuteurs, au hasard de nos entretiens : « Les créateurs sont des êtres à part, ils n'ont aucune conscience du monde économique, aucune rigueur », « les artistes sont bordéliques, il faut s'occuper d'eux », « les auteurs sont des gens instables qui ont tendance à ne voir que les avantages et qui voudraient partir dès qu'apparaissent les inconvénients », ou encore « la nature de l'artiste n'est pas d'être un bon juriste »... Leitmotiv du collectif désabusé devant l'irrationalité de ceux dont il pense incarner les intérêts !

Les ayants droit veulent percevoir leurs droits à des frais le plus bas possible, tandis que le collectif doit assurer sa survie en s'impliquant dans des actions de *lobbying* et de jurisprudence ou en réalisant des investissements, autant de frais qui viennent grossir les frais de gestion. En outre, il a intérêt à regrouper le plus possible d'ayants droit pour avoir du poids dans ses actions de *lobbying* et une position favorable dans les négociations.

En poussant notre analyse un peu plus loin, nous pouvons établir la cohabitation de trois logiques différentes, en distinguant la structure administrative de son conseil d'administration. Si la structure administrative est animée d'une logique gestionnaire qui vise à assurer son développement et sa survie (*e.g.* protection de ses emplois), le conseil d'administration est garant d'une logique institutionnelle visant au développement de l'institution qu'il administre (développement des droits, des perceptions...). Un exemple peut nous faire mieux sentir cette différence : si la logique institutionnelle se traduit par la volonté de percevoir tous les droits pour lesquels la société est mandatée, la logique administrative peut s'opposer à la perception d'un droit « non rentable », c'est-à-dire susceptible d'occasionner des frais de gestion trop élevés.

La coexistence de ces trois logiques au sein même d'une société d'auteurs, ajoutée aux conflits d'intérêt entre sociétés permettent d'expliquer la dynamique très conflictuelle du système. Plus encore, les ayants droit ont des intérêts propres qui les poussent à se singulariser par rapport à la catégorie dont ils relèvent.

1. *Ibid.*

Intérêts individuels contre logique gestionnaire

Le cas que voici montre comment les intérêts singuliers d'un ayant droit peuvent se heurter à la logique gestionnaire du système. Dans le domaine de la musique, les sociétés de gestion collective effectuent contrôle et répartition par sondage. Dans le cas des discothèques, des relevés d'écoutes sont effectués par les délégués de la SACEM : ils viennent à l'improviste dans les établissements et y passent deux heures durant lesquelles ils prennent en note les morceaux diffusés. Ces relevés servent ensuite de base à la répartition aux auteurs. La logique gestionnaire de ce système est évidente : la SACEM « ne peut évidemment pas suivre à la minute près la diffusion des titres dans les quelque 1 600 établissements de ce genre en France »[1]. Seulement, deux auteurs, Daniel Vangarde et Jean Kluger, ont contesté la justesse des relevés, s'estimant lésés, parce que leurs chansons[2] seraient essentiellement diffusées en fin de soirée, à des heures où les délégués de la SACEM ne seraient plus dans les discothèques !

Nous entendons illustrer, par cet exemple, comment la gestion quotidienne même du système est sous la tension permanente de l'opposition entre des logiques de gestion et les intérêts non pas nécessairement d'une catégorie, mais même parfois individuels. Alors même qu'ils contestent des taux de gestion élevés, les ayants droit font pression, en affirmant collectivement ou individuellement la particularité de leurs situations, pour une gestion affinée (« dans la dentelle »), épousant plus la diversité des situations.

Plus que d'une logique gestionnaire propre aux sociétés de gestion collective, c'est une infinité de logiques locales qu'il nous faut prendre en compte pour comprendre la dynamique du système : il y a bien une logique de gestion qui a un poids important, mais elle se décline en intérêts divergents selon les sociétés d'auteurs, et au sein d'une société entre logique administrative, logique institutionnelle et logique des ayants droit, laquelle se décline elle-même en une multitude de logiques individuelles. C'est l'ensemble de ces logiques qui font la dynamique de la gestion collective.

1. « Deux auteurs-compositeurs contestent devant la justice les relevés d'écoutes de la SACEM dans les discothèques » (*Le Monde*, 13 décembre 1996).

2. Ce sont les auteurs des chansons du groupe La Compagnie créole : *C'est bon pour le moral*, *Le Bal masqué*, *Ça fait rire les oiseaux*, etc.

La dynamique de la gestion collective

Nous avons évoqué dans la première partie de cet ouvrage que le système du droit d'auteur avait tendance à se complexifier : multiplication des sociétés d'ayants droit, allongement des circuits de reversement des droits, complexité croissante des règles internes de répartition, etc. Les éléments que nous venons de présenter nous permettent de comprendre ce phénomène. Nous sommes désormais en mesure de décrire la dynamique du monde de la gestion collective : nous allons montrer qu'elle résulte de deux mouvements opposés, celui qui pousse à la balkanisation, et celui qui pousse à l'unification des organes de gestion en un guichet unique.

Une dynamique de balkanisation

Tous les conflits, qu'ils soient internes à une société, entre sociétés concurrentes ou entre sociétés non directement concurrentes, traduisent l'existence d'intérêts et de logiques différents, de populations différentes au sein de catégories générales. Petit à petit, ces catégories s'affinent dans le même temps que les sociétés d'ayants droit se multiplient. On irait ainsi vers une situation où les auteurs de cinéma, les auteurs de théâtre, les scénaristes, les romanciers, etc. auraient chacun leur propre société... En Allemagne, une société gère les droits des producteurs de films érotiques ; au Canada, jusqu'en 1989[1], deux sociétés géraient les droits musicaux, la Composers, Authors and Publishers Association of Canada (CAPAC) pour les créateurs de langue anglaise, et la Performing Rights Organization of Canada (PROCAN) pour les francophones (Alexander, 1994) ; en France, Picasso Administration ne gère que les droits relatifs à l'œuvre du peintre.

> « Il est plus facile d'éviter que les intérêts d'un groupe soient subordonnés à ceux d'un autre si tous les groupes de titulaires de droits forment des sociétés distinctes » (OMPI, 1990).

À ce mouvement de balkanisation s'opposent d'une part le frein des difficultés inhérentes à la gestion individuelle dans certains secteurs, et d'autre part le frein de la tradition et des institutions qui tend

1. Elles ont fusionné en 1989 dans la Society of Authors and Composers of Canada (SOCAN).

à imposer une certaine stabilité. En outre, alors qu'elles sont déchirées par de nombreux conflits, les sociétés de gestion collective ont tendance à se rapprocher. La dynamique de balkanisation est ainsi contrecarrée par une dynamique d'unification.

Une dynamique d'unification

Les sociétés de gestion collective mettent en place un certain nombre d'accords professionnels, pour plusieurs raisons. La première que l'on peut invoquer relève de la logique gestionnaire. Se regrouper face à un interlocuteur commun permet de réaliser des économies d'échelle importantes. La SDRM perçoit et effectue le contrôle auprès des producteurs de phonogrammes et de vidéogrammes au lieu que la SCAM, la SACD et la SACEM le fassent chacune de leur côté en mettant en place leurs propres outils de perception et de contrôle. De même, la SACEM a longtemps réalisé les perceptions de la SPRÉ auprès des discothèques et elle continue à le faire auprès des établissements et lieux sonorisés et ce, sans contrepartie, sous la seule justification d'économies d'échelle.

« [...] Ces organisations constituent parfois une forme particulière de "coalition". Elles remplissent alors seulement les tâches de gestion collective qui, en pratique, ne peuvent être menées à bien que par une seule organisation (par exemple, le contrôle et la perception des droits) ; quant à la répartition des montants perçus, elle est assurée par les sociétés membres de cette organisation de "coalition", par exemple les sociétés d'auteurs et les organisations d'éditeurs » (OMPI, 1990).

La SACEM joue un rôle privilégié dans ces collaborations : du fait de son poids – financier, institutionnel, historique... –, elle exerce une force d'attraction sur les autres sociétés. Elle est très fortement impliquée dans le contrôle de la SDRM[1] et dans le fonctionnement de SORECOP et Copie France[2], elle concourt également à la perception de la rémunération équitable pour la SPRÉ et a des accords de partenariat avec la SACD[3]. La perception de droits particuliers par certaines

1. Elle en détient 41 parts sur 61 et lui fournit sa structure administrative et matérielle.

2. Elle leur fournit aussi leur structure administrative et matérielle.

3. Certaines délégations provinciales sont communes aux deux sociétés. Ces collaborations se situent sur un plan différent des conflits évoqués, ce qui crée parfois des situations insolites. Ainsi, tandis que la SACEM et la SACD s'opposaient devant les tribunaux à l'occasion de l'amendement Carat, elles travaillaient (et travaillent toujours) de concert en province où les agences locales sont communes aux deux sociétés.

sociétés peut s'avérer trop coûteuse, et il est parfois préférable pour elles de les confier à une société qui dispose d'un outil de perception performant et qui en tirerait des économies d'échelle profitables. En l'occurrence, l'appareil de perception de la SACEM est le plus performant, et ce parce que la gestion collective est particulièrement développée dans le secteur de la musique. C'est donc tout naturellement que des sociétés mandatent la perception de certains droits à la SACEM, contribuant ainsi à accroître encore son pouvoir. Il est tout aussi naturel, quand une société commune est créée, d'utiliser des structures administratives et matérielles existantes plutôt que d'en créer de nouvelles. Et là aussi, les structures les plus performantes constituent un choix tout indiqué.

La seconde raison que nous pouvons invoquer s'exprime en termes de pression. La pression des diffuseurs pour un système de protection simple impose à la gestion collective une démonstration quotidienne de son efficacité ; la réduction du nombre d'interlocuteurs pour les utilisateurs en est une condition. Elle permet en outre d'établir des rapports de force favorables dans les négociations des tarifs avec les utilisateurs. C'est pour ces raisons que des sociétés correspondant à des exploitations particulières ont été créées : SORECOP et Copie France sont ainsi les interfaces uniques entre le monde de la gestion collective et les producteurs et importateurs de supports d'enregistrements respectivement audio et vidéo ; la SDRM est l'interface unique avec les producteurs de phonogrammes et de vidéogrammes. Les rapprochements sont une manière pour les sociétés de gestion de défendre la légitimité du système. La volonté commune qui s'est fait jour autour de l'idée de « guichet unique » est le résultat de cette pression à la légitimité.

La dynamique résultante : vers le guichet unique

L'identification de ces deux mouvements de scission et de rapprochement nous permet de penser qu'on se dirige vers une situation où chaque catégorie d'ayants droit aurait sa propre société de répartition, toutes ces sociétés se regroupant au sein d'une unique société de perception, le « guichet unique », seule interface avec les diffuseurs.

Cette évolution risque de s'accélérer d'autant plus vite avec le développement des nouvelles technologies qui entraîne d'une part une démarcation des modes d'exploitation et des secteurs, d'autre part une multiplication des œuvres collectives. Un producteur multimédia aura tôt fait de dénoncer le système s'il devait s'adresser à dix sociétés pour éditer une œuvre. C'est pour cette raison qu'un certain nombre de sociétés d'auteurs (ADAGP, SACD, SACEM, SCAM) ont récemment créé une nouvelle société commune, SESAM, appelée à être l'interlocuteur unique de tous les diffuseurs multimédia et à distribuer les sommes perçues aux différentes sociétés.

Cette société, dès lors qu'un certain nombre d'accords généraux seront pris avec les utilisateurs, les producteurs multimédia, doit permettre de mettre en œuvre la perception. C'est au niveau du partage que les problèmes se poseront alors. Une œuvre ayant plusieurs auteurs, les clés de répartition des droits perçus risquent d'être l'occasion de nouveaux conflits entre les différentes catégories d'ayants droit...

Conclusion

L'observation de sa dynamique nous a permis de mettre en évidence que la composante de mise en œuvre du droit d'auteur, la gestion collective, en est un élément structurant à part entière, qui joue un rôle important dans son évolution au jour le jour. Les sociétés en charge de la perception des droits n'agissent pas seulement comme des courroies de transmission entre des règles et leur mise en œuvre, mais elles font évoluer les règles, en fonction de leurs intérêts propres et dans les conflits qui s'y font jour quotidiennement. Des conflits internes, entre ayants droit, peuvent aussi provoquer la scission de sociétés de gestion collective, dès lors que les règles de partage des droits dressent l'une contre l'autre deux parties de la population des ayants droit.

La dynamique propre de la gestion collective est donc issue de la cohabitation de logiques multiples, dont certaines sont des logiques d'ayants droit, mais dont d'autres sont propres à la fonction de gestion. Plus qu'à des ajustements aux évolutions de l'environnement ou de la loi, ces logiques et leurs confrontations conduisent à l'instauration de nouvelles pratiques ou règles, à l'émergence de nouvelles structures de gestion ou même à l'apparition de nouvelles catégories porteuses de revendications pour des droits spécifiques. L'affirmation d'une logique gestionnaire, qui met en jeu des conflits entre catégories d'ayants droit, des contraintes de gestion, des impératifs de rentabilité, des guerres de concurrence entre sociétés, voire des stratégies de diversification, se traduit ainsi par une dynamique endogène du dispositif.

Dans cette dynamique, une problématique nous semble jouer un rôle essentiel, sinon fondamental, dans l'évolution du droit d'auteur : la tension permanente entre la généralité des catégories et la singularité des situations et des acteurs. Elle sera au cœur de la troisième partie de ce livre.

Conclusion de la deuxième partie

Au terme de cette deuxième partie, nous invitons le lecteur à une vision du droit d'auteur beaucoup plus complexe que celle qui verrait des évolutions technologiques imposer une adaptation de la loi visant à prendre en compte l'ensemble des situations nouvelles pour y traduire les principes fondamentaux auxquels elle répondrait. Du réel, des acteurs et du discursif : voilà en somme ce que nous avons réintégré dans le système du droit d'auteur. Ou, pour reprendre les termes de Riveline, c'est à la matière, aux personnes et au sacré que nous avons rendu leur place dans le système, à côté des institutions (Riveline, 1991). Si tant de problèmes se posent aujourd'hui, c'est certes que l'arrivée des nouvelles technologies de l'information et de la communication brouille les catégories juridiques existantes, mais c'est aussi que l'ensemble des règles du jeu sont à construire dans un secteur où des intérêts énormes sont en jeu, et c'est enfin que les différents principes fondamentaux soit s'avèrent intenables, soit entrent en conflit les uns avec les autres.

Les facteurs que nous avons présentés comme structurants du système du droit d'auteur – la technologie, le mythe et la gestion collective – permettent de rendre compte de la structuration des pratiques en quatre modèles – modèle « droit de suite », modèle du reversement direct, modèle de la perception à la source, modèle de la taxation. Mais les évolutions ne se font pas « en douceur », et le quotidien du droit d'auteur est constitué tout autant de conflits que de fonctionnement machinal. En présentant ces facteurs, nous avons présenté l'ensemble des ingrédients qui font ces conflits au quotidien. Les évolutions technologiques modifient les conditions de production et de diffusion des œuvres, font évoluer les problèmes auxquels sont confrontés les intervenants de la création, déséquilibrent les rapports de force entre les différents maillons de la chaîne de production et rendent possible l'affirmation de nouvelles revendications. Le mythe est un ensemble de principes, consignés nulle part mais admis comme règles cadres par les différents acteurs, qui sont utilisés pour légitimer les revendications, mais dont la teneur ne fait pas toujours consensus. Enfin, la gestion collective, qui met en œuvre le droit d'auteur au quotidien, s'impose comme un principe de réalité et fait évoluer les pratiques en fonction de ses contraintes et logiques de gestion, ainsi que de ses tensions propres.

C'est peut-être parce que les principes auxquels on l'asservit ne font pas l'unanimité que le conflit est au cœur du droit d'auteur. Sa dynamique, comme celle de la gestion collective, est une dynamique par le conflit. Intérêts singuliers contre intérêts collectifs, individus contre catégories... Plus généralement, c'est la tension entre le droit et la réalité qui s'y affirme quotidiennement.

Troisième partie

La dynamique du droit d'auteur : routine des conflits ou crise du système ?

Introduction

L'heure est aux dénouements ! Dénouement, car ayant présenté le fonctionnement et l'évolution du droit d'auteur, nous sommes en mesure de comprendre les problèmes qui se posent aujourd'hui. Mais dénouement aussi, parce que ces deux approches que nous avons suivies convergent en un point où elles se heurtent. D'un côté, notre photographie du système du droit d'auteur a mis en évidence un fonctionnement très structuré et routinier : à telle situation, telles règles de fonctionnement, tel mode de rémunération. D'un autre côté, notre étude longitudinale a débouché sur l'identification de trois facteurs structurants – technologie, mythe, gestion collective –, qui déterminent l'évolution du système sur la longue période. La question se pose de l'articulation de ces deux descriptions : comment un fonctionnement routinier au quotidien débouche sur une évolution sensible sur le long terme ?

Dénouement encore, car se pose la question, centrale, de la confrontation entre généralité des règles et singularité des situations. Certes, les acteurs sociaux s'appuient sur les structures existantes pour parvenir à coopérer, dont certaines peuvent être informelles. Ces structures reposent sur la catégorisation : on fera comme cela, puisqu'on fait comme cela dans ce genre de situations. Par le jeu des catégories, toute situation se réfère ainsi à des situations semblables et reproduit les solutions adoptées, lorsqu'elles se révèlent satisfaisantes. Un producteur et un réalisateur s'accordent tacitement sur leur cadre commun, celui des transactions producteur-réalisateur dont ils reproduisent les solutions : tels droits et devoirs pour l'un et pour l'autre. Mais comment parvient-on à s'accorder dans les situations nouvelles, comme le monde de la création artistique sait en générer ? Pour un livre, un film ou un disque, la coordination est institutionnalisée. Mais pour un CD-ROM ou un site Internet, qui est l'auteur, qu'est-ce qui est protégé et comment se répartit-on les droits ? Aucune règle n'est encore véritablement institutionnalisée. En outre, nous verrons que d'autres tensions se font jour entre la généralité des catégories et la singularité des situations, qui tiennent à la dimension stratégique des acteurs impliqués et au caractère conventionnel des catégories : la qualification d'une situation est toute subjective et susceptible d'être dénoncée dès lors qu'un acteur y a intérêt.

Dénouement enfin, car nous avons montré que l'évolution du droit d'auteur était structurée par trois facteurs « internes », et non par des principes supérieurs juridiques. La régulation – l'établissement des règles – a donc une dimension « autonome » importante. Or le droit d'auteur a une dimension juridique, et le législateur comme le juge jouent un rôle dans son fonctionnement. Comment ce rôle s'accorde-t-il avec une régulation qui apparaît surtout autonome ? Autrement dit, comment réconcilier « régulation de contrôle » – la régulation de ceux qui font le droit et qui le font appliquer – et « régulation autonome »[1] – celle de ceux à qui les règles s'appliquent – dans le droit d'auteur ?

L'objet de cette troisième partie est d'étudier la dynamique du droit d'auteur, dans sa dimension non plus diachronique mais synchronique, en montrant que les conflits en sont une composante « normale », qui cristallisent les tensions qui peuvent résulter des dialectiques entre autonomie et contrôle, entre singularité des situations et généralité des règles et entre fonctionnement machinal et adaptation du système.

Les conflits sont le quotidien du droit d'auteur. Nous avons vu dans le premier chapitre combien son fonctionnement était machinal. Il s'agissait là du régime normal. C'est que de nombreuses situations sont extrêmement standardisées et que les règles qui s'y appliquent sont institutionnalisées. En marge de ces situations, d'autres ne rentrent pas dans le strict cadre des catégories existantes. La loi, et encore moins les principes généraux ne suffisent à définir un cadre qui soit accepté par tous les intervenants comme déterminant les termes de leur coopération. Aussi, en dehors des situations qui rentrent dans le cadre bien établi du droit d'auteur « routinier », tel qu'il est mis en œuvre par les dispositifs existants, se pose à chaque fois la question de la qualification des situations « nouvelles ». Dans telle

1. Sur la régulation autonome et la régulation de contrôle, voir Reynaud, 1989.

situation nouvelle, qui est l'auteur, qu'est-ce que l'œuvre et quel niveau de droits accorder ? Derrière les questions soulevées et les argumentations mises en avant à l'occasion de chaque conflit, c'est un compromis qui se dessine entre différents éléments : détermination d'un équilibre entre protection des auteurs et diffusion des œuvres pour assurer la pérennité d'un secteur, prise en compte des questions de mise en œuvre et des intérêts en jeu, y compris du point de vue des organes de gestion, le tout étant encadré par des principes supérieurs relevant du mythe de l'auteur romantique et jouant ici le rôle de « principes de justification ». Le droit d'auteur apparaît alors non pas comme uniquement du juridique, mais comme, à la fois, du discursif sur l'auteur, des dispositifs de gestion et de la régulation. Et c'est au cœur de cette dynamique du conflit que le système se construit au jour le jour. Tel sera l'objet du chapitre 7.

Dans cette régulation qui semble « autonome », dans le sens où ce sont les acteurs à qui elle s'applique qui la construisent, quels sont alors les rôles du juge et du législateur ? Car le droit d'auteur reste un domaine juridique : le règlement des conflits passe par l'arbitrage des législateurs qui ont le dernier mot dans l'élaboration des lois, ou des juges qui ont le dernier mot dans la mise en application de ces lois. Le chapitre 8 sera consacré à l'analyse de cette régulation de contrôle, c'est-à-dire non pas du fonctionnement des institutions concernées, mais de la manière dont elles interviennent dans le règlement des conflits. Nous pourrons alors comprendre comment la cohérence et la généralité du système sont maintenues dans ce concert de logiques locales : que le système soit régi par le droit constitue une pression à la légitimité des revendications.

Seulement aujourd'hui, l'avènement des nouvelles technologies semble transformer la nature des conflits. Les conflits de l'Internet et de la numérisation sont-ils encore les conflits routiniers du droit d'auteur, dans lesquels il se construit en permanence pour s'adapter aux évolutions de son environnement ? Ou traduisent-ils des problèmes insurmontables de mise en œuvre et d'adaptation du droit qui annonceraient une crise qui peut s'avérer fatale ? C'est la question qui alimentera le chapitre 9.

Chapitre 7

La construction du système du droit d'auteur : une dynamique par les conflits

Le système du droit d'auteur évolue. La législation change : après une révision en profondeur qui a donné lieu à la loi de 1985, des modifications régulières sont apportées au Code de la propriété intellectuelle[1]. Les structures de gestion se transforment aussi : la SPADEM a été dissoute en 1996, la SESAM a été créée la même année, la SACD a élargi son domaine d'intervention au secteur de l'image fixe, etc. Enfin, les catégories évoluent : le logiciel est reconnu comme une œuvre, les doubleurs de cinéma ont désormais le statut d'artistes-interprètes...

Ces évolutions se font au travers de conflits et de négociations. L'accession des doubleurs français au statut d'artistes-interprètes s'est faite à la suite d'une longue grève de la profession en 1994-1995 ; la loi de 1985 « apparaît comme le résultat d'un compromis entre de multiples intérêts divergents, sinon contradictoires (Edelman, 1993 *b*, p. 23) » ; quant à la dynamique de la gestion collective, nous avons longuement montré la place qu'y tenaient les conflits.

Ce travail constitue une contribution à la compréhension de la régulation des systèmes sociaux. Car au cœur de notre analyse, figure la question des rapports qu'entretiennent les acteurs avec les formes de coordination, la manière dont ceux-là contribuent à construire celles-ci, et la manière dont celles-ci structurent les actions de ceux-là. La question des rapports entre les décisions et les règles y est donc

1. La dernière en date étant la loi du 1er juillet 1998 de transposition de la directive européenne relative aux bases de données (loi n° 98-536 du 1er juillet 1998, *JO* n° 151 du 2 juillet 1998, p. 10075).

centrale. Divers courants de recherche ont abordé ces questions. Les travaux de gestion sur les outils de gestion (Girin, 1981, Berry, 1983, Moisdon, éd., 1997) l'ont fait en se focalisant sur l'entreprise et en observant comment un type particulier de formes de coordination, les outils de gestion, structuraient de manière très forte le comportement des acteurs. Toujours dans l'entreprise, la théorie de la régulation sociale (Reynaud, 1989) a analysé le processus de régulation, au sens de la construction des règles, en montrant qu'une régulation conjointe s'établissait, résultant de la confrontation permanente de la régulation autonome des acteurs auxquels les règles s'appliquent, avec la régulation de contrôle, celle qui leur est imposée. Enfin, au niveau de la société, l'économie des conventions s'est donnée pour objet l'étude du « rôle des repères collectifs dans la coordination des actions individuelles » (Eymard-Duvernay, 1994, p. 312). Il s'agit de comprendre comment ces repères, « formes » ou « conventions », médiatisent les rapports interindividuels (Thévenot, 1985 ; CEE, 1985 ; Orléan, éd., 1994).

Dans le droit d'auteur, chaque jour nouveau apporte son lot de procès. Mais les conflits en cause ne sont pas tous du même ordre. Nous en identifions trois sortes : les affaires de piraterie, les crises locales et les attaques frontales. Les premiers types de conflits, sur lesquels nous ne reviendrons pas dans cette partie sont des affaires de déviance, de transgression délibérée des règles en vigueur, qui constituent le phénomène de la piraterie : un utilisateur exploite une œuvre en bafouant les droits des ayants droit. Elles entrent dans le cadre du système, et, une fois détectées, peuvent se régler par les dispositifs existants : les juges font appliquer la loi. À côté de ces situations de déviance, d'autres conflits se produisent fréquemment qui jouent un rôle particulier dans la mesure où ils contribuent à la construction du système. Ce sont des situations qui ne permettent pas une application simple des règles existantes. Nous montrerons dans une première partie que ces situations, et les conflits qui en résultent, les « crises locales », tiennent au caractère conventionnel des notions d' « auteur », d' « œuvre » ou de « juste » qui fondent le système. Nous verrons dans un deuxième temps que dans d'autres situations – les « attaques frontales » – les règles existantes sont remises en cause par un acteur particulier qui défend ses intérêts. Enfin, nous montrerons qu'à l'exception des conflits de piraterie, les autres traduisent une même incomplétude du cadre de coordination constitué par le système du droit d'auteur. La construction du système se fait alors dans une dynamique du conflit : toute nouveauté dans les situations de coopération est l'occasion d'une renégociation du cadre de coordination.

Les crises locales : un système de régulation fondé sur des notions conventionnelles

En plus des conflits de piraterie, liés à une enfreinte avérée des règles en vigueur, d'autres conflits se produisent régulièrement. Ces conflits, que nous appelons « crises locales », révèlent des vides dans le système et se traduisent par son impuissance à répondre de manière mécanique à ces situations conflictuelles. Autrement dit, se font jour des déficits locaux de régulation, c'est-à-dire des situations d'anomie (Reynaud, 1989, p. 263 et sq.). Le système ne suffit pas à générer de la coordination entre les acteurs sur ces situations et doit le plus souvent avoir recours à un deuxième niveau de régulation, les tribunaux. Les crises locales sont des conflits liés à des situations pour lesquelles le système n'a pas de routines. Nous verrons qu'elles traduisent la difficulté à adapter les catégories traditionnelles – œuvre, auteur, mode de diffusion... – à des situations nouvelles ou originales. Plus encore, elles soulignent le caractère conventionnel de ces catégories. Elles sont finalement les manifestations d'un monde de l'art en mouvement, dont règles et conventions se construisent en permanence.

Des crises « locales »

Nombreux sont les conflits qui mettent à mal le système en révélant ses « vides » : ils concernent des situations qui ne s'inscrivent pas facilement dans les catégories définies d'œuvres, d'auteurs, de types de support, etc. et qui soulèvent des questions de qualification. Ce sont des situations pour lesquelles le système « ne sait pas répondre » et qui conduisent en général à un jugement très attendu susceptible de faire jurisprudence.

Deux coauteurs d'un livre se déchirent sur la question des droits lorsque l'un des deux le réédite en supprimant le chapitre écrit par le second[1]. Le scénariste d'une bande dessinée attaque le dessinateur pour en avoir réutilisé les personnages dans une autre série sans lui reverser de droits[2]. Des salariés vont en justice contre leur employeur

1. Dame Sitbon c/ Errera et autres, CA Paris, 14 mars 1994, *La Gazette du Palais*, recueil bimestriel 1997-1.

2. Godard c/ Houdelinckx, Cass. 1re civ., 6 mai 1997, *Recueil Dalloz-Sirey*.

pour revendiquer des droits sur un logiciel qu'ils ont créé sur leur lieu de travail à l'aide d'ordinateurs de l'entreprise et sous l'impulsion de l'employeur[1]. D'autres exemples, nombreux et variés, sont amenés chaque année devant les tribunaux. Contrairement aux conflits liés à des affaires de piraterie, ceux-là n'impliquent pas nécessairement des intervenants extérieurs au processus de création *stricto sensu :* ce sont des conflits de coopération, de propriété ou d'identité entre cocréateurs.

Ainsi, dès lors qu'une situation est nouvelle, qu'elle ne rentre pas dans les situations types – ou catégories – existantes, les règles en vigueur ne suscitent plus toujours l'accord des acteurs impliqués. Par le mécanisme de la jurisprudence, ces situations conflictuelles contribuent à construire le système.

Œuvre et auteur : des notions conventionnelles

Si ces conflits se produisent, c'est que des catégories qui semblaient au départ clairement délimitées apparaissent aujourd'hui de plus en plus floues. Aussi, plus que des vides dans le dispositif, ces conflits mettent en lumière l'absence de critères nets de définition des catégories et, au-delà, tout le caractère subjectif d'un système qui, pour constituer un cadre de coordination, devrait s'avérer absolument objectif.

À côté des situations routinières pour lesquelles l'institution fonctionne très machinalement, de nombreuses situations problématiques apparaissent. Si la définition des principes du droit d'auteur n'est guère sujette à discussion, leur application aux situations réelles pose plus de problèmes. L'auteur d'une œuvre dispose de droits sur chacune des exploitations. Mais qu'est-ce que l'œuvre ? Et qui est l'auteur ? Un film concrétise la collaboration de plusieurs intervenants. Qui peut prétendre au statut d'auteur parmi le scénariste, le réalisateur, le directeur de la photographie, le compositeur de la musique, l'acteur principal ou même le producteur qui a pu être à l'origine du projet ?

Et qu'est-ce que l'œuvre ? L'utilisation d'un personnage secondaire d'une bande dessinée peut-elle être considérée comme une exploitation de l'œuvre ? Là aussi, des règles informelles sont institutionnalisées pour les situations routinières. Mais dès lors qu'une situa-

1. Saiche c/ Société STAB, CA Pau, 1re chambre, 31 janvier 1996, *La Gazette du Palais*, recueil bimestriel 1997-2.

tion nouvelle se produit, la question se pose. Régulièrement, des procès doivent y répondre : un film documentaire à base d'archives est-il une œuvre[1] ? Une photo prise sur le tournage d'un film est-elle une œuvre ?[2]...

Si, pour une création collective donnée, la notion d'auteur n'a pas de sens intrinsèque, elle prend son sens, parce que l'octroi du statut d'auteur à telle catégorie d'intervenants pousse ces intervenants à assumer des responsabilités d'auteur. Aussi, pour les situations « routinières » qui reproduisent des situations passées, l'auteur est une réalité. Pour un film, la question de l'auteur a été institutionnalisée de longue date : le partage des droits et devoirs se fait machinalement, selon des règles formelles ou informelles. Ainsi, chaque « monde de l'art » fonctionne autour d'un modèle dominant, qui consiste en l'existence de règles informelles de répartition des prérogatives des différents intervenants et, partant, en la reconnaissance collective de l'affectation de la fonction « auteur ». En régime permanent, les notions d'auteur et d'œuvre ont donc un sens, qui s'est forgé au fil de l'institutionnalisation des règles de fonctionnement du monde de l'art considéré. Il en va autrement du régime transitoire.

Les situations nouvelles dans un vide institutionnel

Pour des créations nouvelles, comme un logiciel ou une œuvre multimédia, l'identification de l'œuvre et de l'auteur pose des problèmes. Car les situations de production d'œuvres d'un nouveau type évoluent dans un environnement institutionnel non encore figé, dans un monde de l'art en construction, dans lequel la fonction « auteur » ne s'est pas encore fixée sur une catégorie d'intervenants. Ainsi, aux débuts du cinéma, les réalisateurs n'étaient encore considérés que comme des techniciens : leurs seuls droits étaient ceux de salariés ordinaires. Ce n'est qu'après une longue lutte qu'ils se sont vu reconnaître le statut d'artiste (Jeancolas, Meusy, Pinel, 1996). Plus récemment, ce sont les artistes-interprètes qui ont obtenu des droits sur les rediffusions des œuvres dans lesquelles ils intervenaient. Et il y a quelques années, les doubleurs de cinéma ont à leur tour, à la suite d'une

1. SARL Media c/ Scher, CA Paris, chap. 4, sect. A, 12 décembre 1995, *Recueil Dalloz-Sirey,* 1995, n° 11 IR, p. 65.

2. SNC *Le Parisien libéré,* c/ Société UGC Droits audiovisuels, Cour de cassation, chambre civile 1re, n° 95-14 664 p, 3 juin 1997, *La semaine juridique, JCP,* G, 1997, n° 31-35, IV, n° 1587, p. 250.

épreuve de force, accédé au statut d'ayants droit. À l'origine de chacune de ces situations, une catégorie d'acteurs a soulevé la question de l'identité de l'œuvre et du caractère artistique de leur apport.

Avec l'apparition de nouveaux types d'œuvres, de nouvelles formes de création, les catégories existantes ne sont plus suffisantes, et la question se pose de l'identification des auteurs ainsi même que des œuvres. Mais elle ne se pose pas uniquement *ex post* des situations de production, au moment d'éventuels procès, elle intervient *ex ante* dans la mesure où le système du droit d'auteur est un système de coordination qui doit assurer de la prévisibilité : c'est la nécessité d'un cadre institutionnel de coordination qui se pose.

Des attaques frontales : une remise en cause des règles établies

Un autre type de conflits, les attaques frontales, met en avant le caractère subjectif et précaire du cadre existant. Dans ce type de conflits, un acteur ou une catégorie d'acteurs dénoncent le système non pas dans les vides qu'il pourrait avoir mais dans ses routines établies.

La dénonciation de routines établies

Pour illustrer ce type de situations, nous nous appuyons de nouveau sur l'exemple de la remise en cause des règles de répartition des droits prélevés en discothèques, par deux auteurs, qui mettaient en avant que leurs œuvres étaient diffusées à des heures où la SACEM n'effectuait plus de relevés.

Cet exemple montre comment une catégorie d'acteurs, ici deux auteurs particuliers, peuvent revendiquer un affinement des règles en vigueur en mettant en évidence la singularité de leur situation par rapport au système général. Dans ce cas, c'est l'injustice de la non prise en compte des situations singulières qui est dénoncée. Dans d'autres cas, des attaques sont portées au système au nom de l'injustice de ses règles en vigueur pour une situation particulière. Toute la difficulté de ces conflits – et par suite, toute la précarité du système – tient au flou de la notion de justice. C'est ce que nous voyons dans l'exemple du conflit des discothèques avec la SACEM.

Une justice à négocier

Selon la loi, les discothèques doivent verser une redevance à la SACEM pour l'utilisation de son répertoire musical, le taux de redevance – la juste rémunération des auteurs – étant laissé à la négociation. Le monopole qu'a la société d'auteur pour la « commercialisation » des droits qu'elle détient lui octroie incontestablement une position de force dans cette négociation. En 1979, plusieurs discothèques ont contesté les tarifs imposés par la SACEM et ont refusé de payer des droits jugés trop élevés. Pendant quinze ans, plus de 1 200 procès ont été intentés par la SACEM tandis que le Bureau européen des médias et industries musicales (BEMIM) portait un recours contentieux, en arguant qu'elle abusait de sa position de monopole. Une intervention du Conseil de la concurrence français en 1993 a contraint la SACEM à réviser ses tarifs, les jugeant inéquitables. Finalement, un accord à l'amiable a été trouvé, sous l'impulsion du ministère de la Culture, et la situation s'est régularisée depuis.

> « Pour l'avenir, SACEM et BEMIM, les deux parties principalement intéressées, ont convenu d'un tarif de droits d'auteur approprié à la conjoncture actuelle, tarif rétroactif au 1er janvier 1990. La centaine d'actions judiciaires en cours fera l'objet de désistements réciproques, toutes les discothèques reprenant le paiement régulier des droits dus à la SACEM à compter du 1er janvier 1994 » (Ministère de la Culture et de la Francophonie, communiqué de presse, 10 janvier 1994).

Nous reviendrons sur cet exemple.

Ainsi, les tarifs entre sociétés de perception et utilisateurs se fixent en règle générale par la négociation. Ils évoluent régulièrement, au fil des négociations et renégociations : le taux de droits d'auteur perçus auprès des discothèques a décru régulièrement, de 8,25 % en 1978 à 3,70 % en 1994. Les tarifs varient aussi en fonction des conditions de perception. Par exemple, la SACEM a accepté de diminuer le taux de perception applicable aux exploitants de cinéma, en contrepartie d'une perception centralisée par le CNC ; de même, elle a convenu avec les syndicats des discothèques (BEMIM, SNDLL...) d'une grille de tarifs variables selon que l'établissement adhère ou non à un groupement professionnel.

Ces exemples montrent à quel point le conflit et la négociation sont au cœur du système, plus qu'une improbable justice qui ferait consensus et à laquelle se rendraient l'ensemble des acteurs des filières de création. L'ensemble de ces conflits traduisent un processus de régulation, de construction conjointe d'un cadre général de coopération pour les situations de création. Mais ce cadre est lui-même fragile, car toutes les situations sont singulières.

Toute situation est singulière, donc critique

Dans les situations précédentes, des injustices étaient dénoncées, soit parce qu'une situation particulière n'était pas prise en compte par la règle générale, soit parce que la règle en vigueur pour un type de situation était considérée comme injuste. En réalité, ces conflits reposent sur les mêmes subjectivité et précarité des catégories. Dès lors qu'une situation présente un caractère de nouveauté, des acteurs peuvent en dénoncer les règles, parce que les conditions de la négociation ont changé. Or toute situation est par définition singulière. Aussi se fait jour une tendance de la part des différents intervenants à remettre en cause non pas tant les règles établies de la coopération que leurs cadres.

Toute situation, du fait de ses singularités, est susceptible d'être rendue critique par les intervenants qui veulent bénéficier de règles plus favorables. Toute l'ambiguïté de la régulation globale des situations locales se manifeste ici : la nécessité d'un cadre durable et prévisible, si elle est intégrée par les acteurs, s'accompagne de tensions relatives à la catégorisation des situations. Cela transparaît très nettement dans les propos de cet acteur central d'un autre conflit, celui qui a opposé depuis 1988 les discothèques à la SPRÉ à propos du taux de la rémunération équitable des artistes-interprètes et producteurs de phonogrammes.

« Notre position de départ a été de considérer que nous sommes plus proches des établissements de spectacles que des médias, et qu'en conséquence la loi qui ne prévoit pas de rémunération induite proportionnellement au pourcentage de recettes pour les établissements de spectacles aurait dû s'appliquer aux discothèques. Nous étions plutôt favorables à une sorte de rémunération forfaitaire initiale annuelle plutôt qu'à un pourcentage sur les recettes brutes TTC. [...]

Autre problème, 25 % du parc des discothèques a disparu au cours des quarante-huit derniers mois. [...] Le taux de rentabilité moyen de nos entreprises est de 10 à 15 %. Nous sommes donc un secteur sinistré. Il faut donc tenir compte de ce phénomène pour évaluer la capacité contributive de notre profession.

Quant au coût de la musique... Au taux de 1,65 %, cela signifie que pour une entrée à 60 F, la SPRÉ prélève 1 F. C'est choquant ! Pour une discothèque, la musique représente une part importante de ses frais : SACEM, charge du personnel musicien (le disc-jockey) à hauteur de 15 %, technicien du spectacle *(light jockey),* l'achat des disques représentent une charge de 3 à 6 % du chiffre d'affaires TTC. Or, nous considérons que la discothèque est un tremplin pour disques et artistes. Nous lançons les modes avant les médias, du moins en ce qui concerne les producteurs indépendants qui font des produits typiquement discothèques. Pour notre part, nous devons sans cesse acquérir du matériel performant à la pointe de la technologie (3 à 5 % de notre chiffre d'affaires). Il conviendrait également d'ajouter la charge des artistes et spectacles musicaux que nous donnons en direct dans nos établissements, pour lesquels nous payons des cachets aux artistes interprètes. Or, actuellement, on n'en tient pas compte, puisque l'on prélève des droits voisins sur des recettes engendrées par un spectacle vivant, non par des disques [...] » (Patrick Malvaës, président du Syndicat national des discothèques et lieux de loisirs)[1].

Autrement dit, la situation des discothèques est trop singulière pour relever de la catégorie des diffuseurs...

L'intégration juridique des catégories, nécessaire à une coordination globale, est donc contrecarrée par un mouvement de désintégration résultant des stratégies de différenciation portées par des collectifs qui défendent des intérêts propres. Les catégories sont soumises en permanence à la tension des situations critiques, et cela fait évoluer le système dans une dynamique du conflit.

Une dynamique du conflit

L'analyse de ces quelques conflits nous permet de proposer une première ébauche de modélisation de la dynamique du droit d'auteur. Cette modélisation repose sur trois propositions : la première est que le système du droit d'auteur constitue avant tout un cadre de coordination qui sert de référence aux acteurs impliqués dans les filières de création ; la deuxième est que les conflits qui s'y produisent mettent en jeu des intérêts individuels déguisés en revendications générales ; la troisième est que le système se construit en permanence et que les conflits sont le moteur de sa dynamique.

Un cadre de coordination, intrinsèquement instable

Le système du droit d'auteur est un cadre de coordination, qui porte en lui les germes de son instabilité. En effet, le système a pour fonction de rétribuer les créateurs mais plus généralement de définir

1. « La guerre des discothèques », in *Spectacle infos* (magazine des professionnels du spectacle), n° 41, juin 1995.

et faire respecter les droits et devoirs des différents intervenants, c'est-à-dire d'offrir un cadre prévisible à des situations de coopération qui se produisent de manière ponctuelle. Une production culturelle – film de cinéma, disque, livre... – nécessite de faire coopérer le temps d'un projet, et dans une interaction très étroite, des agents aux intérêts différents, aux logiques différentes : un éditeur ou producteur, un ou des auteurs, des interprètes, des techniciens. Le système du droit d'auteur définit *ex ante* les règles du jeu applicables pour la création et pour la diffusion des œuvres : il définit les règles de rétribution des investisseurs, il définit les règles de coopération des créateurs.

Seulement, la mise en œuvre d'un cadre de coordination passe par une modélisation des situations, laquelle repose sur des catégories générales : pour bénéficier des règles générales de ce cadre, chaque situation doit pouvoir être décrite au travers de ces catégories. Le modèle sous-jacent au système français est, *grosso modo,* celui-ci : un auteur crée une œuvre financée par un éditeur et diffusée selon un mode de diffusion particulier. En découlent des règles de coopération qui définissent les droits et devoirs de l'auteur et de l'éditeur. Mais comment cette modélisation tient-elle compte de la diversité des situations ? Les œuvres ont souvent plusieurs auteurs ; l'éditeur peut avoir une responsabilité artistique importante dans la conception de l'œuvre ; des intervenants qui ne sont ni l'auteur ni l'éditeur peuvent avoir une part essentielle dans la valorisation commerciale de l'œuvre : ce peut être un artiste-interprète, mais ce peut être aussi quelqu'un qui n'intervient pas directement dans le processus de production. Bien d'autres situations sont envisageables qui ne s'inscrivent pas spontanément dans le cadre du modèle général sous-jacent au système. Le droit d'auteur reconnaît des droits aux auteurs des œuvres... mais qui sont les auteurs et que sont les œuvres ?

Face à la diversité des situations singulières, ce cadre de coordination général apparaît donc intrinsèquement instable. Il se traduit, nous en avons donné un aperçu, par de nombreux conflits.

Des revendications générales pour des intérêts particuliers

Les conflits que nous avons présentés, et tous les autres qui peuvent se produire, sont d'abord des conflits d'intérêt ou d'identité entre tel et tel type d'intervenants. Qu'il s'agisse d'un conflit entre sociétés d'auteurs sur la gestion de telles catégories de droits, d'un bras de fer entre sociétés d'auteurs et diffuseurs sur les taux pratiqués, ou encore d'un procès opposant deux créateurs d'une même œuvre, ce sont toujours les intérêts des acteurs impliqués qui sont en cause. Cela peut sembler une tautologie, mais ça n'en est pas une, car à chaque fois, les négociations se placent sur le terrain non pas du singulier mais du général.

Dans les négociations, la question de la légitimité des revendications est de première importance. Si les rapports de force sont essentiels, les acteurs adhèrent néanmoins à la règle fondamentale du jeu social selon laquelle toute revendication doit être argumentée et légitimée. « Peut-on représenter un intérêt qui ne soit pas légitime ? », se demande Jean-Daniel Reynaud (Reynaud, 1989, p. 122), faisant en quelque sorte écho à ce que Boltanski et Thévenot (Boltanski et Thévenot, 1987) ont appelé l' « impératif de justification », et qui traduit le fait que les acteurs sociaux en interaction, pour aboutir à un accord, sont tenus de légitimer leurs actions (au sens large, incluant les revendications) en les raccrochant à des idées ou à des représentations partagées. La condition première de cette légitimité est la généralité des revendications. Quelles que soient les singularités des situations, les revendications et les négociations se placent à un niveau général : les individus ou les groupes d'individus ne revendiquent pas en leurs noms propres mais au nom du rôle qu'ils tiennent, des catégories qu'ils représentent.

L'histoire du droit d'auteur est faite de négociations mêlant rapports de forces, revendications et justifications. Ainsi Jacobus Acontius revendiqua-t-il un brevet auprès d'Élisabeth Ire, en se targuant certes d'avoir inventé de nouvelles sortes de machines à roues et de fourneaux pour les teinturiers et les brasseurs, mais aussi en justifiant que des brevets devaient être octroyés aux inventeurs, car ils rendaient service à la société :

> « Il me semble honnête que ceux qui, par leurs recherches, ont trouvé des choses utiles à la société puissent tirer profit de leurs droits et de leur travail, d'autant plus qu'ils ont dû renoncer à tout autre moyen de gagner de l'argent, dépenser beaucoup pour leurs expériences, et souvent supporter de lourdes pertes, comme ce fut le cas pour moi » (Long 1991, p. 880, trad. de Th. Paris).

Pour utiliser le vocabulaire de Boltanski et Thévenot (Boltanski et Thévenot, 1987), les revendications individuelles s'élèvent au-dessus des contingences par des « justifications » qui se réfèrent à des « principes supérieurs communs ». Ici, c'est essentiellement la « cité civique » qui est invoquée : les termes « honnête », « utiles à la société », etc. ont une connotation « civique ». Ailleurs ce sera la « cité industrielle » (principe d'efficacité économique) ou la « cité de l'inspiration » (principe éthique). En d'autres termes, dans une situation particulière, on revendique des droits en référence à une certaine justice, qu'elle soit d'ordre éthique, social, civique ou économique. Négociations, pressions, rapports de force font alors qu'ils sont – ou ne sont pas – octroyés, en vertu d'un but précis qui peut être différent de celui pour lequel ils ont été revendiqués. Les grands principes, justice éthique ou justesse économique, ne peuvent donc être balayés d'un revers de main : s'ils n'ont pas été à l'origine du système, ils ont été au cœur même de sa construction en tant qu'outils d'argumentation.

Les conflits se traduisent par des revendications générales impliquant une discursivité sur l'auteur et l'œuvre, le juste et l'efficient. Ainsi, toute décision particulière, dans la mesure où le système constitue un cadre de coordination, a force de règle générale. C'est ainsi que des revendications particulières vont contribuer à la construction du système général.

Un système en construction permanente

L'instabilité intrinsèque d'un cadre de coordination général pour des situations qui sont toutes singulières fait que toute situation nouvelle apparaît comme une « situation critique » (Giddens, 1984) pour le fonctionnement des institutions, dans la mesure où elle se heurte aux routines institutionnelles existantes.

> « Par "situation critique", je fais référence à des événements radicalement perturbants et de nature imprévisible qui menacent ou détruisent la "certitude" des routines institutionnalisées chez un grand nombre d'individus » (Giddens, 1984, p. 110).

Ces situations apparaissent critiques, non pas parce qu'elles sont totalement privées de cadre auquel se raccrocher, mais parce qu'elles donnent l'occasion à certains acteurs de mettre en cause la validité des cadres existants pour ces situations nouvelles. Ainsi, dans cet univers bien réglé, tout bruit, toute situation qui s'écarte un tant soit peu des situations routinières, est critique en ce qu'elle modifie l'environnement, et donc les rapports de force, et offre ainsi l'occasion d'une renégociation.

Chaque situation conflictuelle apparaît alors comme une négociation « classique », entre des acteurs qui font valoir leurs rapports de force, mais dans laquelle la « justification », le rattachement aux grands principes du droit d'auteur, joue un rôle fondamental. Toute situation qui sort de la « normalité » est ainsi l'occasion, au-delà de la revendication particulière, soit d'une remise en cause, soit d'un « raffinement » du système. Que la négociation de groupe soit un aspect clé de la gestion des droits d'auteur (Besen, Kirby et Salop, 1992) rejoint finalement l'analyse de Giddens selon laquelle les situations critiques « tendent elles aussi à posséder un caractère routinier, précisément parce qu'elles font partie intégrante de la continuité de la vie sociale (Giddens, 1984, p. 110) ».

Ce modèle laisse plusieurs questions en suspens. Une première est celle du règlement des conflits : se fait-il uniquement dans les rapports de force ou implique-t-il d'autres éléments ? Et où se cristallise la notion de justice ? Une deuxième question est celle du maintien de la cohérence d'un tel système : dans la mesure où il est soumis à une tension permanente, et où la stabilité des règles n'est finalement que toute relative, par quels mécanismes le système se maintient-il ? Et comment parvient-il à assurer sa fonction de coordination ? Ces questions nous amènent tout naturellement à la question de la régulation de contrôle, et nous conduisent à faire intervenir deux catégories d'acteurs que nous avons jusqu'à maintenant délaissés, le législateur et le juge. Le chapitre 8 leur est consacré.

Conclusion

Dans les conflits qui y ont trait, c'est tout le système du droit d'auteur qui se construit au quotidien. Le droit d'auteur est avant tout un cadre général qui assure de la coordination en définissant et en mettant en œuvre un certain nombre de règles de coopération des différents acteurs socio-économiques. Ce cadre général, pour être général, repose nécessairement sur des catégories, c'est-à-dire des modélisations des situations. Et cela a deux types d'effets.

D'une part, de l'impossibilité pour les catégories de coller exactement à la réalité, associée à la dimension stratégique des acteurs, résultent les nombreux conflits qui émaillent le fonctionnement du droit d'auteur, et qui traduisent des désaccords sur l'interprétation des situations. Ces conflits conduisent à une redéfinition perpétuelle des catégories, et cela se solde par une complexification du système. D'autre part, s'observe un second effet, en quelque sorte inverse au premier. D'un côté, les situations font évoluer les catégories ; de l'autre, ce sont les catégories qui exercent une pression sur les situations : les situations se conforment aux catégories pour parfaitement rentrer dans leur cadre. C'est l'effet que nous avons décrit dans le chapitre 5 et qui pousse à la standardisation des « formes d'organisation de la production ».

C'est dans la dialectique qui s'instaure entre ces deux effets que le système évolue. On retrouve ici l'un des points centraux de la théorie de la structuration de Giddens, selon lequel les structures sont à la fois le cadre et le résultat des interactions des individus : « les propriétés structurelles des systèmes sociaux sont à la fois des conditions et des résultats des activités accomplies par les agents qui font partie de ces systèmes » (Giddens, 1984, p. 15).

Dans les conflits, les arbitres sont législatif et judiciaire : ce sont les acteurs en charge de l'élaboration des lois et ceux en charge de leur application. Et dans ces arbitrages, la cohérence des décisions apparaît comme un élément fondamental...

Chapitre 8

Les régulations du droit d'auteur et le règlement des conflits

Nous n'avons pas – ou très peu – parlé de la régulation de contrôle. Or les acteurs du système évoluent en permanence sous un double contrôle politique et judiciaire. L'objet de ce chapitre est d'étudier le mode d'intervention de ces régulations de contrôle dans le processus de régulation : la régulation judiciaire et la régulation politique. La seconde a trait à l'élaboration des règles, la première à leur interprétation dans le règlement des conflits.

La régulation politique définit les règles et intervient ainsi comme arbitre en dernier recours. Nous montrerons dans la première partie que l'élaboration des règles consiste en un arbitrage entre les divers intérêts en jeu. Mais cet arbitrage n'est pas neutre. Nous verrons en effet qu'il s'effectue en fonction d'enjeux généraux qui constituent non pas des grands principes mais des enjeux très concrets pour l'État. L'État apparaît donc comme un acteur particulier, avec des intérêts propres, qui arbitre plus en fonction d'impératifs que de grands principes de justice ou d'efficience.

La régulation judiciaire a trait à l'arbitrage non pas sur les lois mais dans les lois. Dans la deuxième partie, nous verrons que les jugements formulés consistent en réalité à préciser les règles et, finalement, contribuent à définir les règles informelles du système. La doctrine et la jurisprudence constituent ainsi des grilles de traduction des lois qui permettent aux acteurs de prévoir et d'anticiper les jugements. La régulation semble donc orientée par un principe de maintien de cohérence du système. Les acteurs, qui évoluent sous ce contrôle, intègrent cette contrainte de cohérence sous la forme d'un impératif de légitimité des revendications qui se traduit de deux manières.

D'une part, les revendications, aussi bien à l'occasion d'un procès qu'au cours de la renégociation d'un taux de perception, se situent non pas à un niveau singulier mais à un niveau général : les acteurs ne revendiquent pas en leur nom, mais au nom d'une catégorie dans un type de situation. D'autre part, la légitimité d'une revendication provient d'une extrapolation à partir de situations proches.

Enfin, nous compléterons notre modèle en énonçant la proposition selon laquelle cet impératif de cohérence, défendu par les régulateurs et intégré par les acteurs, se traduit par l'émergence spontanée de principes généraux pour le système.

La régulation politique : des arbitrages entre principes et intérêts divers

« Demain, l'industrie de l'audiovisuel et, plus largement, toutes les activités liées à la communication ne se contenteront pas de créer emplois et richesses : elles décideront du rayonnement et donc de la puissance d'une civilisation » (Philippe Douste-Blazy, ancien ministre chargé de la Culture)[1].

Dans la compréhension du système du droit d'auteur et de sa dynamique, il est important de considérer que les autorités publiques en charge de la définition des règles (lois, décrets...) ne se cantonnent pas à modifier les règles et à les adapter aux évolutions de l'environnement pour les mettre en conformité avec des principes auxquels elles répondraient. Ce sont des acteurs à part entière du système, avec des intérêts propres. Le droit d'auteur est certes, pour elles, un principe fondamental, mais c'est aussi un levier d'action sur plusieurs paramètres économiques, c'est un outil de régulation sectoriel, et c'est enfin un impératif qu'il s'agit de confronter à d'autres (droit de la concurrence, libre accès à la culture...).

Des intérêts propres à l'état

« L'idée générale réside dans l'encouragement de la création. Les droits d'auteur sont, pour le créateur, la récompense de la création. Mais l'État qui encourage la création de ses nationaux y trouve aussi son intérêt » (Sirinelli, 1992).

Les domaines du droit d'auteur sont porteurs d'enjeux considérables. Les études réalisées dans différents pays dans les années 1980 ont

1. « Ne perdons pas la bataille mondiale de l'audiovisuel », *Le Monde*, 30 mars 1999.

montré (Hummel, 1990) que les activités relevant du domaine du droit d'auteur[1] contribuaient déjà pour 2 à 3 % aux PIB et PNB nationaux, et que le pourcentage d'emplois correspondant était du même ordre. Pour les années à venir, toutes les prévisions avançaient récemment des taux de croissance à deux, voire trois chiffres, et d'ores et déjà, la « société de l'information », pour les emplois qu'elle doit générer, apparaît comme une priorité des autorités nationales ou transnationales[2].

Aux États-Unis, d'après des études récentes, le cœur des industries du *copyright* (*core copyright industries,* celles qui créent des œuvres protégées) contribue annuellement à hauteur de 240 milliards de dollars à l'économie américaine, auxquels il convient d'ajouter 120 milliards supplémentaires de contribution des industries liées à la diffusion des œuvres. Entre 1991 et 1993, alors que l'économie américaine avait un taux de croissance annuel de 2,7 %, les *core copyright industries* affichaient un taux plus que du double (5,6 %). En outre, l'emploi qu'elles engendrent a crû à un rythme quatre fois supérieur à l'économie globale entre 1988 et 1993 (Lehman, 1995). Enfin, l'audiovisuel figure chaque année parmi les trois premiers postes d'exportation dans la balance commerciale américaine.

Dans ces secteurs à fortes perspectives de croissance, susceptibles de générer de l'emploi, la protection des artistes passe au deuxième plan des priorités des autorités politiques, derrière des considérations en termes de développement économique. Ainsi, en matière d'œuvres audiovisuelles, la loi accorde-t-elle la primauté à l'achèvement de l'œuvre, quitte à suspendre certaines prérogatives de droit moral.

> « En d'autres termes, le droit moral est suspendu au profit de l'œuvre elle-même. Plus précisément, il ne peut paralyser l'achèvement de cette œuvre, même s'il recouvre son existence une fois l'œuvre achevée. Il s'agit bel et bien d'une exception au droit commun, puisque les droits de repentir ou de retrait sont exclus à cet égard » (Edelman, 1993 *b,* p. 55).

Aux États-Unis, cette primauté des indicateurs économiques sur tout autre impératif est à ce point culturelle qu'elle n'est pas même

1. Cela comprend les activités de production de biens protégés par le droit d'auteur mais aussi les activités de distribution et les activités de production et de distribution de produits qui sont utilisés avec les biens protégés *(hardware).* On trouve chez Lange, 1991, une définition des activités relevant du droit d'auteur.

2. Cela explique les nombreuses études et consultations organisées sur le sujet par les décideurs politiques, notamment aux États-Unis, Lehman, 1995 ou dans la Communauté européenne (Commission des Communautés européennes, 1995, Communauté européenne, 1997).

remise en cause par les réalisateurs qui se battent pour la reconnaissance de leurs droits moraux. Ils ne demandent ainsi des droits que sur l'œuvre achevée.

« Notre position est que les droits moraux ne doivent intervenir qu'après la première présentation publique de l'œuvre, après les séances tests, les avant-premières et les festivals, de sorte que les studios puissent librement modifier les films. Les compagnies doivent pouvoir être sûres que les droits moraux ne les toucheront pas en tant qu'employeurs » (E. Silverstein, Artists Rights Foundation, ARF, interview, 1997).

Face à l'ARF, la Motion Picture Association of America (MPAA), chargée de défendre les intérêts des *majors* hollywoodiennes, mène un véritable *lobbying* idéologique en répétant à l'envi que le droit moral est dangereux pour la création :

« Ces industries cinématographiques européennes qui embrassent avec ferveur le droit moral sont pour la plupart en déclin, d'autres moribondes, d'autres incapables de se montrer compétitives sur le marché international » (Jack Valenti, MPAA, janvier 1993)[1].

Ainsi, les aspects moraux et les aspects économiques sont intimement liés dans la question du droit d'auteur. Mais si certains acteurs défendent plutôt les premiers et d'autres les seconds, au niveau de l'État, dans le processus même de régulation, ces différents aspects sont rarement envisagés séparément, car l'État a des intérêts propres. Ainsi, dans le processus d'harmonisation des législations européennes sur le droit d'auteur, si la France défend sa conception morale du droit d'auteur, elle veille néanmoins à maintenir un niveau de production sur son sol. Témoin l'argumentaire du rapporteur de la commission des affaires culturelles au Sénat, lors du débat relatif à la transposition de directives européennes dans le Code de la propriété intellectuelle :

« Compte tenu de la complexité de la question, [...] il est urgent non pas de légiférer, mais de réfléchir sur les initiatives que nous pouvons prendre dans un futur proche, tant à l'échelon national qu'à l'échelon communautaire afin de parvenir à une harmonisation qui ne soit pas préjudiciable à notre conception du droit d'auteur. Il s'agit d'une impérieuse nécessité, car il existe, dans certains cas, des risques de délocalisation de certaines productions. La France mais aussi l'Europe ont exprimé leur ferme volonté de maintenir ces créations intellectuelles [...] sur leurs territoires » (M. Pierre Laffitte, rapporteur de la commission des Affaires culturelles)[2].

1. Cité par C. Brulé, *in* « Le dossier Valenti », *La Revue de la SACD,* n° 4, 3e trimestre 1993, p. 16.

2. Sénat, rapport de la séance du 19 décembre 1996.

Il n'est ici nulle motivation culturelle : il s'agit essentiellement d'avoir une activité industrielle importante, de préserver des emplois et d'afficher des chiffres du commerce extérieure honorables.

À la lumière de ces analyses, le débat récurrent entre *copyright* et droit d'auteur prend toute sa dimension. Au-delà des questions idéologiques qui ont passionné les débats et mobilisé la presse et une partie de l'opinion au moment des négociations du GATT et de l'AMI[1], des enjeux concrets se révèlent, en termes de balance commerciale et de croissance industrielle. Nous ne rentrerons pas dans le détail des négociations ni de ces projets d'accords. Rappelons seulement brièvement les termes des débats qui nous intéressent. Les négociations du GATT[2] en 1993 avaient pour but de libéraliser le commerce mondial en réduisant les barrières douanières. Elles se sont heurtées à la volonté des autorités françaises puis européennes, sous l'impulsion des sociétés d'auteurs (SACD, ARP) et des représentants des cinéastes (SRF, AIDAA, FERA), de donner à l'audiovisuel un statut particulier, l'exception culturelle. Il s'agissait notamment d'éviter la suppression des quotas de diffusion et de production[3] en vigueur en France et dans d'autres pays européens. La question du droit moral dans le volet TRIP's[4] des accords a constitué un autre objet de dissension avec les États-Unis qui voulaient l'en exclure. De même, en 1998, la perspective de la signature de l'AMI[5] a fait monter au créneau l'ensemble des professionnels du cinéma français. Cet accord aurait consacré « la libéralisation de l'économie mondiale en affranchissant les investissements privés internationaux de certaines contraintes que pourraient instituer les politiques nationales dans les pays d'accueil »[6]. Autrement dit, c'est

1. General Agreement on Tariffs and Trade, Accord multilatéral sur l'investissement. Pour une présentation des enjeux de ces négociations, cf. Lamberterie, 1998.

2. Ce que l'on a appelé les négociations du GATT était en réalité la dernière phase de l'*Uruguay Round* (1986-1993) qui a débouché sur la rédaction de l'acte final *(Final Act)* portant création de l'Organisation mondiale du commerce (OMC, WTO en anglais) et comprenant les différents accords négociés au cours du *Round* (nouvelle version du GATT, TRIP's, etc.) Le *Final Act* a été signé à Marrakech le 15 avril 1994 pour entrer en vigueur le 15 juillet 1995. Cf. http : //www.wto.org/wto/legal/ursum_wp.htm#General.

3. Les organismes de diffusions hertziennes ont des obligations aussi bien en termes de diffusion de programmes français que de participation au financement d'œuvres nationales.

4. ADPIC en français (Accord sur les aspects des droits de propriété intellectuelle qui touchent au commerce).

5. Les négociations de l'AMI se sont déroulées depuis 1995 dans le cadre de l'OCDE (Organisation de coopération et de développement économiques) avant d'être abandonnées en décembre 1998. Cf. http ://www.oecd.org/daf/cmis/mai/reportsf.htm.

6. « La polémique sur l'AMI, ou le refus d'un "modèle culturel unique" », *Le Monde*, 14 avril 1998.

tout autant la propriété littéraire et artistique, le fonds de soutien, les quotas de diffusion et de production, les aides à la production, à l'exportation, à la distribution et aux industries techniques qui auraient été touchés.

Dans les deux cas, la mobilisation a payé : l'audiovisuel est exclu du GATT, et la France est sortie des négociations de l'AMI en avril 1998. Mais le front idéologique en faveur de l'exception culturelle et contre un modèle culturel unique qu'a présenté la France ne doit pas masquer les enjeux concrets qu'il y avait derrière ces questions : une plus forte pénétration des marchés européens pour les Américains et le maintien d'une production nationale pour les Européens.

> « Il ne faut pas perdre de vue que la "bataille" menée aujourd'hui est d'abord économique, que les enjeux en sont clairement reconnus comme tels. Son caractère économique est évident lorsque l'on voit que la bataille pour le droit moral est aujourd'hui étroitement liée à celle pour l'exception culturelle dans les accords du GATT » (Laydu, 1994).

Une autre raison fait que la bataille du droit d'auteur et du *copyright* n'est pas purement idéologique : imposer son standard juridique est une garantie pour écouler sa production. Pour cette raison, la lutte s'étend. Chaque pays qui s'éveille aux droits de la propriété littéraire et artistique devient le lieu d'un nouveau front entre les deux « conceptions » et plus concrètement entre les parties en présence. Cette lutte est portée en France par les sociétés de gestion collective et aux États-Unis par les producteurs : les premières y voient un moyen d'accroître leurs perceptions et les seconds d'augmenter leurs ventes de droits. Dans ces conditions, l'on comprend aisément que l'exception culturelle puisse être à ce point défendue !

Nous avons certainement un peu noirci le tableau, car la notion de création artistique reste en France fortement teintée d'une conception « romantique » qui en fait une activité sacrée et hautement symbolique en marge de la sphère marchande. Les manifestations d'artistes ont par exemple toujours un poids considérable sur les décisions politiques. Il y a donc aussi des enjeux symboliques très forts. Mais ce n'est pas les remettre en cause que de reconnaître qu'ils ne sont pas tangibles et ne sont donc pas directement les enjeux des débats. Les débats ne portent pas sur un modèle culturel ou une conception de la création artistique, mais bien sur les outils que l'on a mis en place pour les défendre. Le modèle de soutien à la création en vigueur dans notre pays n'existe que par ces outils : le droit d'auteur mais aussi le fonds de soutien du cinéma, les quotas de production et de diffusion, etc. L'exception culturelle au concret s'exprime avant tout en termes quantitatifs : c'est la production de 120 à 140 films d'initiative française par an. Et c'est bien cela que l'on a défendu contre le GATT et l'AMI.

Dans son rôle de régulateur – de créateur de règles –, l'État intègre ses intérêts propres, liés à la bonne évolution des principaux indicateurs de l'économie nationale : emploi, commerce extérieur, croissance... Il se dote aussi d'une fonction de régulation sectorielle : le droit d'auteur est alors un outil qui lui permet d'intervenir dans le maintien des équilibres entre catégories d'acteurs des filières.

Le droit d'auteur, un outil de régulation sectorielle

Les arbitrages que doivent faire les représentants des autorités publiques en matière de droit d'auteur ne sont pas une simple application de principes supérieurs. Ils se font en général après audition de l'ensemble des intervenants des filières concernées, et apparaissent comme des compromis entre « l'esprit général du droit d'auteur », les intérêts propres à l'État et l'intérêt des différentes parties prenantes des filières considérées. Car ces arbitrages, et la définition des règles peuvent avoir des influences considérables sur les équilibres généraux des filières.

Dans les secteurs menacés, l'État intervient souvent pour freiner le déclin et préserver une profession : le droit d'auteur joue un rôle de subvention. Ce fut notamment le cas pour la reconnaissance des droits voisins des artistes-interprètes et des producteurs de phonogrammes. Sans nier que ces intervenants jouent un rôle important dans les processus de création, force est d'admettre que leurs revendications ont pu aboutir du fait notamment de la remise en cause des équilibres économiques par les effets conjugués du développement du magnétophone, du magnétoscope et de la télévision.

> « La SPEDIDAM a été créée en 1959 dans la mouvance des avancées technologiques : magnétophone et télévision. À partir du moment où on peut l'enregistrer, la prestation de l'artiste perd de sa valeur, sa prestation vivante est dévalorisée, et des musiciens sont au chômage » (un représentant de la SPEDIDAM).

À l'opposé, dans les secteurs en devenir, l'État peut avoir intérêt à alléger les règles pour favoriser la diffusion et la création au détriment de la protection des auteurs. C'est le cas dans le domaine du multimédia où une forte protection des auteurs peut avoir un effet négatif sur la création, car elle se fait beaucoup à base d'œuvres réutilisées : extraits de films, de textes et de musique. De même, la musique techno est créée à base de multitudes de sons repris d'œuvres existantes et reproduits à l'infini (échantillonnage ou *sampling*). Une protection forte des auteurs, avec obligation de demandes d'autorisation à chaque ayant droit, aurait des effets désastreux sur le développement des industries autour de ces nouvelles formes de création.

Pour clore cette partie, nous reprenons le constat de Bernard Edelman, selon lequel la refonte de la loi sur le droit d'auteur, loi du 3 juillet 1985, apparaît finalement comme un compromis entre les intérêts des divers intervenants des filières de la création. « En premier lieu, cette loi apparaît comme le résultat d'un compromis entre de multiples intérêts divergents, sinon contradictoires. Il n'est pas simple, en effet, de satisfaire tout le monde : les auteurs, les artistes-interprètes, les producteurs, les sociétés de télévision, les sociétés d'auteurs... Une simple lecture des auditions auxquelles a procédé le rapporteur de la commission spéciale du Sénat nous en convaincrait aisément. Alors que, par exemple, les producteurs poussaient à l'adoption d'un régime le plus proche possible du copyright, les auteurs rappelaient que "l'œuvre ne devait, en aucun cas, devenir, sous la pression des producteurs, une simple marchandise leur appartenant totalement"[1]. Alors que les artistes-interprètes et les producteurs désiraient recevoir une rémunération pour toute exploitation de leur œuvre, les directeurs de radiodiffusion proposaient à la fois de supprimer la rémunération des producteurs pour la diffusion de leurs phonogrammes et de modifier, vers le bas, l'assiette de rémunération des artistes-interprètes[2]. Alors que le directeur de l'INPI[3] estimait que la protection des logiciels par le droit d'auteur était préjudiciable, et qu'il était "nécessaire d'élaborer un texte spécifique, à caractère économique, qui s'inspirerait du *copyright* américain en le perfectionnant"[4], le législateur, prenant en compte, partiellement, les intérêts des créateurs, soumettait néanmoins les logiciels à la protection des droits d'auteur. On pourrait multiplier les exemples, décrire les alliances tactiques et les oppositions stratégiques, mais on aura déjà compris que cette loi est le produit d'une négociation entre différents groupes de pression. D'où l'extrême importance de la jurisprudence à venir qui devra, plus que jamais, jouer un rôle d'arbitre » (Edelman, 1993 *b,* p. 23).

1. Audition de M. Santelli, rapport de M. Jolibois au nom de la commission spéciale, n° 212. Procès-verbal de la séance du 24 janvier 1985, t. 1, p. 89.

2. Audition de M. Jeanneney, *ibid.,* p. 98.

3. Institut national de la propriété intellectuelle.

4. Audition de M. Combaldieu, rapport de M. Jolibois au nom de la commission spéciale, n° 212. Procès-verbal de la séance du 24 janvier 1985, t. 1, p. 112.

Dans la régulation du droit d'auteur, les principes généraux du droit d'auteur doivent composer avec les intérêts propres de l'État et avec les intérêts divers des multiples parties prenantes des filières de création. Plus encore, ils entrent en concurrence avec d'autres principes généraux.

Les principes du droit d'auteur en concurrence avec d'autres

Les principes du droit d'auteur n'ont, nous l'avons dit, aucune existence formalisée. Pour cette raison, ils ne font pas l'unanimité et ne permettent pas une lecture sans ambiguïté des situations qui résoudrait les conflits qui s'y rapportent. Feraient-ils l'unanimité qu'ils ne permettraient néanmoins pas un règlement spontané des conflits latents. Car le droit d'auteur et ses principes entrent eux-mêmes en conflit avec d'autres principes supérieurs – le droit de la concurrence, le droit à la culture – et que ce phénomène va croissant.

Dans l'affaire des discothèques, l'intervention du Conseil de la concurrence français a eu pour effet de modifier l'équilibre des forces en présence. La SACEM, jusqu'alors protégée par l'arme juridique qu'elle était seule à détenir, a vu apparaître en face d'elle la dissuasion du droit de la concurrence. Ainsi, les rapports de forces ont été rétablis : celle-ci agissait sous couvert du droit d'auteur mais désormais sous la menace du droit de la concurrence.

> « De longue date, les adversaires des sociétés d'auteurs ont tenté de faire juger qu'elles étaient de nature commerciale, de manière à les soumettre à la compétence des tribunaux de commerce qu'ils espéraient plus favorables à leurs thèses, et au statut fiscal des commerçants, ce qui entraverait gravement le fonctionnement desdites sociétés » (Desurmont, 1995).

Le droit d'auteur consiste en l'octroi d'un monopole sur l'exploitation de son œuvre à l'auteur, principe qui va à l'encontre de ceux que prône le droit de la concurrence[1]. Si cette affaire a fait grand bruit, c'est que certains y ont vu l'entrée dangereuse du droit de la concurrence dans le monde du droit d'auteur (Desurmont, 1995 ; Edelman, 1993 *b*, p. 273-278). Malgré sa singularité, elle était donc dotée d'une dimension générale, parce qu'elle soulevait la question de la légitimité des principes non pas seulement sur ce cas, mais sur le système tout entier. De même, les débats parlementaires et publics qu'ont suscité les questions de l'introduction des logiciels ou des bases

1. Pour un développement sur ces questions, voir De Vecchi, 1998.

de données[1] dans le champ de protection du droit d'auteur ont mis en avant le risque de contamination (Edelman, 1993 *b*, p. 50) que cela entraînerait.

Plus récemment, de longs débats publics ont porté sur la question de l'instauration d'un droit de prêt sur les livres des bibliothèques. Dans ce débat encore, le principe fondamental du droit d'auteur se trouvait confronté à un autre principe, en l'occurrence celui de l'accès à la culture. Le principe du droit d'auteur imposait l'application d'un droit de prêt, dans la mesure où le prêt de livres par les bibliothèques consiste en une exploitation de ces œuvres. D'un autre côté, le principe de l'accès pour tous à la culture s'oppose à l'imposition d'un droit qui viendrait augmenter le coût d'emprunt pour les usagers des bibliothèques. Derrière ces guerres de principes, il ne faut pas voir d'un côté les défenseurs acharnés de la culture gratuite, et de l'autre les fervents partisans de la protection des auteurs. Si une conception de la culture était en jeu, c'est surtout sur l'équilibre général de la filière du livre que portaient les principaux enjeux. Derrière ces principes, ce sont en fait les intérêts des différents acteurs qui s'affirment et dont l'affrontement est déplacé au niveau des grands principes.

Peut-on parler d'une multiplication des conflits de principes dans le système du droit d'auteur ? Depuis longtemps, le droit d'auteur est au cœur d'un débat, parmi ses théoriciens, porté par le dilemme incitation à la création versus frein à la diffusion. Autrement dit, il est en équilibre entre le principe moral de protection des auteurs et le principe économique de maximisation de l'intérêt général. C'est dans cette confrontation qu'il s'est construit. Seulement, aujourd'hui, les secteurs du droit d'auteur sont en train d'échapper au microcosme culturel : le rapprochement qui s'opère avec d'autres secteurs à l'économie plus classique – télécoms, informatique – se répercute dans les processus de régulation des secteurs. La convergence confronte de plein fouet le droit d'auteur aux principes de l'économie de marché. S'ensuit une mise en concurrence des cadres de référence, qui permet toutes sortes de revendications, et augmente la survenue de conflits dans la mesure où le cadre pertinent ne fait plus l'unanimité. Car les grands principes servent avant tout à légitimer des intérêts souvent personnels.

Autrement dit, le principe fondamental qui préside à la régulation du droit d'auteur est celui de la négociation. Pour défendre des principes généraux, il ne resterait donc plus que la régulation juridique...

1. Les bases de données sont protégées par un droit *sui generis*, proche du droit d'auteur et inclus dans le Code de la propriété intellectuelle (livre III, titre IV).

La régulation judiciaire : les gardiens d'un temple en construction

L'objet de cette partie est d'étudier le rôle de la régulation judiciaire dans la dynamique du système. Le système fonctionne de manière relativement machinale, et ses acteurs ont rarement affaire à la justice. Mais il évolue sous un strict contrôle judiciaire. Nous montrerons dans un premier temps que les acteurs intègrent ce contrôle et définissent leurs actions en fonction de ce qu'ils anticipent des décisions de justice. La justice agit ainsi comme une contrainte intériorisée. Les acteurs postulent la prévisibilité du droit, et cela se traduit par la nécessité pour les juristes de créer des jugements prévisibles. C'est en cela que la légitimité du droit passe par sa cohérence. D'autre part, pour être prévisible, le droit doit être lisible. C'est là le deuxième impératif de la régulation judiciaire. Ainsi, la jurisprudence et la doctrine contribuent à expliciter les règles du jeu en constituant une grille d'application des lois aux situations réelles. C'est par leur entremise que les situations réelles peuvent être lues dans les catégories du droit. Nous verrons ainsi que la plupart des décisions de jurisprudence participent à préciser ce à quoi renvoient les catégories auteur et œuvre. Enfin, nous verrons comment ces contraintes de la régulation judiciaire sont intégrées dans les négociations. Les acteurs doivent légitimer leurs revendications et, pour ce faire, s'appuient sur l'impératif de cohérence et s'en réfèrent aux structures existantes.

La cohérence comme hypothèse

Depuis que nous travaillons sur ce travail, nous avons été soumis à nombre de questions que se posaient les gens de notre entourage, chercheurs ou autres, qui avaient pu être confrontés à un problème précis. Ai-je le droit de mettre sur le *web* telle œuvre littéraire tombée dans le domaine public mais dont la traduction est récente ? Et si je la retraduis moi-même et que certaines phrases correspondent à cette autre traduction ? Et ai-je le droit d'y mettre l'édition récente scannée d'une œuvre littéraire en français tombée dans le domaine public ? En tant que « spécialiste du droit d'auteur », nous ne savons pas répondre ! Ou plutôt nous n'avons pas de réponse assurée.

Quand ces questions nous sont posées et que nous mettons en jeu notre « expertise » sur le droit d'auteur, nous devons fournir une réponse. Lorsque la situation décrite rentre dans les structures existantes, nous nous contentons de décrire comment cela se passe en pratique. Un cinéaste emprunte une chanson pour la mettre dans son film ? Il en a le droit : la SACEM percevra une part des recettes du film auprès des exploitants et les reversera aux auteurs de la musique. Nous n'avons pas répondu en fonction d'un principe de justice, mais en fonction des pratiques courantes. Après tout, cette pratique n'est pas nécessairement juste, car un film peut très bien relancer une chanson oubliée ou un artiste raté. Le compositeur profitera alors du succès du film en voyant ses ventes augmenter. Il sera rémunéré en droits d'auteur, alors que le film aura fait sa promotion ! Que ce soit en termes de justice ou d'efficience, c'est contestable. Pourtant cela se passe ainsi : c'est un cadre accepté, une convention. Quand la situation sort des sentiers battus, on s'attend quand même à ce que nous fournissions une réponse. Alors, nous nous efforçons de la rattacher à des situations routinières et à des principes plus généraux qui peuvent s'en déduire. Parce que, en tant qu'individu au cœur d'un système, nous croyons en sa « rationalité » : nous avons la conviction intime que nos actes ne seront pas soumis aux aléas d'un jugement subjectif mais que la justice que le système rendra est objective, c'est-à-dire prévisible. La rationalité d'un système de coordination, c'est sa prévisibilité. Sa prévisibilité passe par sa cohérence.

L'hypothèse – raisonnable – que nous faisons est que les acteurs pour lesquels le système du droit d'auteur constitue un cadre pour leurs actions agissent en intégrant le contrôle par le judiciaire par une anticipation basée sur une hypothèse de cohérence : ils se conforment aux pratiques existantes pour les situations connues, ils déduisent les règles susceptibles d'être énoncées, pour les situations nouvelles, en les raccrochant à des situations existantes.

> « Car cet émiettement des droits risque de nuire à la cohérence du système tout entier. Ce n'est pas une question d'esthétique, mais de sécurité juridique. À multiplier ainsi les prérogatives, on aboutit à des chevauchements qui affectent la lisibilité du droit, et on entre dans une logique d'interprétation restrictive qui se retourne contre ceux qu'on prétend mieux protéger » (Lucas, 1994).

Cohérence et lisibilité : tels sont les deux maîtres mots de la régulation judiciaire. Les juristes ne sont pas seulement les défenseurs de tel ou tel principe supérieur, ils s'efforcent avant tout de restaurer en permanence la cohérence et la lisibilité du système pour que l'outil qu'ils ont entre les mains, la loi, constitue un cadre qui soit prévisible et qui permette la coordination des acteurs sociaux. Il en va de sa légitimité...

La jurisprudence, un outil de lecture du droit

La régulation judiciaire a pour impératif, sinon pour fonction, de construire une cohérence pour fabriquer des verdicts prévisibles. Les instances judiciaires interviennent certes pour faire respecter la loi, mais aussi pour déterminer comment elle s'applique sur les cas litigieux. À côté des situations bien structurées par des pratiques machinales, il y a tous les cas nouveaux. Ils sont parfois gérés par la contractualisation et parfois sont amenés devant les tribunaux. Les arrêts qui font jurisprudence en matière de droits de propriété littéraire et artistique contribuent ainsi à préciser le cadre des situations concernées.

La jurisprudence n'a pas, dans les traditions de droit civil comme la France, le statut central qu'elle a dans celles de droit coutumier comme les États-Unis. En droit coutumier, « la construction du droit ne se fait pas par normes *a priori* [...] mais par approches casuelles successives ». En droit civil, « le droit est un ensemble de règles codifiées, générales et abstraites, établies par le législateur et confiées pour application aux tribunaux. La jurisprudence n'a donc qu'un rôle second dans la mise en place du système du droit »[1]. Elle a un rôle second, mais elle a un rôle tout de même : elle offre, au même titre que la doctrine, une source d'argumentations qui peuvent être réutilisées dans des cas semblables. L'expression « faire jurisprudence », si elle n'a pas le sens normatif qu'elle a aux États-Unis, est néanmoins utilisée en France dans un sens proche de « faire référence ».

Dans leur diversité, tous les jugements exemplaires, ceux qui font jurisprudence[2], consistent à apporter des réponses, dans des situations particulières, à trois grandes questions : qu'est-ce qui est œuvre ? Qui est auteur ? Telle utilisation de l'œuvre porte-t-elle atteinte aux droits des auteurs ? Ainsi, lorsqu'une situation singulière est jugée, elle est ramenée à une dimension générale. Autrement dit, le droit ne se contente pas de qualifier les situations, de les rattacher à des catégories, il définit ces catégories : il juge, mais surtout il définit le juste.

Qu'est-ce qui est œuvre ? L'on sait désormais que le thème d'une émission de télévision, simple sujet sur lequel s'expriment des auteurs, n'est pas une œuvre[3]. En revanche, le terme « hurlevent » créé par un traducteur de *Wuthering Heights* en est une : l'éditeur qui le réutilise

1. Nous empruntons ces formulations à Chantérac, 1989, p. 47-48.
2. La jurisprudence est constituée par l'ensemble des jugements publiés.
3. SA TF1 Télévision c/ SA Plaisance Films.

sans autorisation est coupable de contrefaçon[1]. Un dictionnaire anglais-français d'informatique en est aussi une, puisqu'il exige des choix personnels de la part de l'auteur : un dictionnaire qui reproduit la quasi-totalité des entrées et dont les ajouts constituent des entrées de remplissage est une contrefaçon[2].

Qui est auteur ? Si l'un des deux auteurs d'un livre le réédite en supprimant le chapitre écrit par le second, il devra lui verser des droits, car il s'agit d'une œuvre de collaboration : l'un et l'autre sont considérés comme auteurs de la nouvelle édition[3]. En revanche, chacun des auteurs d'une œuvre de collaboration peut exploiter séparément sa contribution personnelle lorsque la participation des coauteurs relève de genres différents : un dessinateur de bande dessinée peut donc en exploiter seul les personnages[4]. Le réalisateur d'un film documentaire à base d'archives a aussi la qualité d'auteur[5].

Telle utilisation porte-t-elle atteinte aux droits des auteurs ? Oui pour la colorisation d'un film en noir et blanc : c'en est une modification et non une adaptation, et elle porte donc atteinte au droit moral de l'auteur[6]. De même, la mise sur l'Internet d'œuvres musicales est une atteinte à ses droits patrimoniaux...[7]

Avec la jurisprudence, le droit définit donc des situations types qui permettent aux acteurs d'identifier le cadre dans lequel ils se situent. Ces situations ne sont d'ailleurs pas immuables, car les acteurs peuvent toujours revendiquer les singularités de leur cas. Cela nous ramène aux situations critiques. Comment la régulation judiciaire intervient-elle dans ces situations ? Nous allons voir maintenant qu'elle constitue une pression à la légitimité des revendications.

La légitimation des revendications

Aussi bien les négociations privées que les cas de règlement par les tribunaux mettent en avant le rôle de la négociation, qui apparaît ainsi comme un aspect clé du système des droits d'auteur. Dans ce processus, les rapports de force et le pouvoir jouent un rôle essentiel. Néanmoins, le règlement des conflits ne repose pas sur la loi de la

1. Uge poche c/ Delebecque et autres.
2. Société Jacques Claviez Informatique Inc. SA c/ Ginguay.
3. Dame Sitbon c/ Errera et autres.
4. Godard c/ Houdelinckx.
5. SARL Media c/ Scher.
6. Société Turner Entertainment c/ Huston.
7. Société des Éditions musicales Pouchenel c/ École centrale de Paris.

jungle, et l'argumentation est tout autant essentielle, du fait de la pression à la légitimité suscitée par le contrôle judiciaire.

Nous avons vu que les principes mêmes du droit d'auteur ne faisaient pas l'unanimité. Les principes de justification auxquels se réfèrent les acteurs sont multiples et peuvent se ramener *grosso modo* à trois des « cités » mises en évidence par Boltanski et Thévenot (Boltanski et Thévenot, 1987) : les arguments qui mettent en avant les droits indiscutables du créateur relèvent de la cité de l'inspiration[1], ceux qui se réfèrent à l'efficience économique de la cité marchande ; enfin, les arguments en termes d'applicabilité sont plutôt issus de la cité industrielle. Le conflit entre la SACEM et les discothèques a, par exemple, porté sur la détermination du cadre pertinent. Malgré la singularité de cette affaire, elle était dotée d'une dimension générale, parce qu'elle soulevait la question de la légitimité des principes non pas seulement sur ce cas, mais sur le système tout entier. De même, les débats parlementaires et publics qu'ont suscité les questions de l'introduction des logiciels ou des bases de données[2] dans le champ de protection du droit d'auteur ont mis en avant le risque de contamination (Edelman, 1993 *b*, p. 50) que cela entraînerait, autrement dit la dimension plus générale que pouvaient revêtir des décisions portant sur un secteur particulier. Enfin, pour la même raison, certains ont vu d'un mauvais œil l'introduction dans le Code de la propriété intellectuelle de la notion d'œuvre collective et de son mode de protection proche du *copyright*[3] :

> « L'œuvre collective est un monstre dans le système du droit d'auteur. On a mis un loup dans la bergerie, et je m'étonne qu'on ne l'ait pas encore utilisé. Je prédis que ça ne saurait tarder » (Me B. Jouanneau, avocat à la Cour de Paris).

La légitimation des revendications ne se réfère pas directement aux grands principes, mais s'appuie dans une large mesure, de façon plus ou moins explicite, sur l'ensemble des structures, règles formelles ou informelles, pratiques et institutions, qui constituent autant de ressources de légitimation. Autrement dit, le juste se lit dans les structures qui constituent ainsi des ressources cognitives pour les acteurs. En cela, nous rejoignons Jean-Daniel Reynaud :

> « [La légitimité d'une régulation] ne se déduit pas de valeurs intemporelles qu'il suffit de reconnaître » (Reynaud, 1994).

1. Ou peut-être d'une cité mixte entre la cité civique et la cité de l'inspiration.

2. Les bases de données sont protégées par un droit *sui generis*, proche du droit d'auteur et inclus dans le Code de la propriété intellectuelle (livre III, titre IV).

3. L'œuvre collective est la propriété de la personne qui en a l'initiative. Cf. art. L. 113-5 du Code de la propriété intellectuelle.

« La stratégie [de l'acteur] requiert l'examen d'une légitimité, ou plutôt à la fois cherche à la créer et se définit par rapport à ce qui en existe déjà » *(ibid.)*.

Prenons quelques exemples. Lorsque les instances d'arbitrage[1] sont appelées pour régler un conflit, elles n'arbitrent pas en fonction de leur perception du juste mais se réfèrent à des situations existantes semblables. Ainsi en fut-il du conflit entre la SACEM et les discothèques, où la Cour de justice des communautés européennes reconnut que la SACEM pratiquait des redevances trop élevées par rapport aux autres États[2] :

« [...] Une société nationale de gestion de droits d'auteur se trouvant en position dominante sur une partie substantielle du marché commun impose des conditions de transaction non équitables lorsque les redevances qu'elle applique aux discothèques sont sensiblement plus élevées que celles pratiquées dans les autres États membres, dans la mesure où la comparaison des niveaux de tarifs a été effectuée sur une base homogène [...]. »[3]

De même, aux États-Unis, le tribunal d'instance du district de New York Sud est chargé de veiller à ce que l'ASCAP fixe des redevances « raisonnables ». La première fois qu'il eut à intervenir pour exercer son pouvoir, à l'occasion du procès contre la chaîne câblée SMC en 1989[4], il jugea que le taux imposé par l'ASCAP était trop élevé. Tout le débat de ce procès porta sur la détermination de la situation de référence idoine : l'ASCAP proposa comme taux de référence celui qu'elle avait négocié avec Home Box Office, une autre chaîne câblée, mais le tribunal choisit de prendre le taux que BMI avait négocié avec SMC, parce que BMI avait moins de pouvoir de négociation que l'ASCAP[5].

La prise en compte des pratiques courantes dans la détermination du raisonnable, de l'équitable ou du juste ne s'observe pas uniquement à l'occasion des procès. Le taux de perception de la SPRÉ

1. Dans un certain nombre de pays, il est prévu des instances *ad hoc* pour arbitrer les conflits : *Copyright Board* au Canada (Alexander, 1994), Commission fédérale d'arbitrage en Suisse, *Performing Right Tribunal* au Royaume-Uni, *German Patent Office* en Allemagne (Besen, Kirby & Salop, 1992), etc.

2. Ce jugement a d'ailleurs suscité nombre de commentaires juridiques, certains trouvant choquant de qualifier abus de droit un mode de gestion qui ne vise qu'à faire respecter le droit, d'autres estimant la comparaison infondée en arguant de ce que les autres sociétés bénéficiaient de frais de gestion moindres en renonçant à percevoir certains droits trop coûteux et, ce faisant, s'écartaient de leur mission, cf. Rouart, 1995.

3. CJCE, 13 juillet 1989, Ministère public c/ Tournier, cité *in* Edelman, 1993 *b*.

4. ASCAP v. Showtime/The Movie Channel Inc.

5. Le répertoire ASCAP était 3 fois celui du BMI, et le taux de l'ASCAP 1,2 fois celui que BMI avait négocié avec SMC. Sur cette affaire, cf. Besen, Kirby & Salop, 1992.

auprès des discothèques a par exemple été défini en fonction du taux SACEM :

« Quand la SPRÉ a été créée en 1987, les droits ont été fixés en fonction d'un pourcentage SACEM de 8,25 %, la SPRÉ prélevant 20 % de ce montant, soit 1,65 % » (Patrick Malvaës, président du SNDLL)[1].

Finalement, la légitimité semble trouver sa source dans la proximité de situations institutionnalisées, donc elles-mêmes légitimes, qui constituent autant de points focaux auxquels les acteurs se réfèrent. Harold Garfinkel a observé le phénomène selon lequel la perception de la justice par les jurés des cours d'assises s'effectuait par rapport à la référence constituée par les pratiques courantes.

« C'est par contraste avec l'uniformité des événements de la vie de tous les jours, assez bien connus pour servir de fondements indiscutables aux jugements sociaux ordinaires, que le juré apprécie le moindre élément des structures sociales qui contraste avec eux » (Garfinkel, 1967, p. 111).

La régulation judiciaire fournit des clés de lecture des lois pour les situations réelles. En outre, elle s'impose un impératif de cohérence. Le droit se construit donc non pas en fonction de principes énoncés mais en référence à l'ensemble des structures existantes, notamment les règles formelles et les pratiques. En revanche, pour extrapoler les règles des situations nouvelles à partir des structures existantes, l'ensemble des acteurs du champ reconstruisent des principes sous-jacents à ces structures et, par là, contribuent à les renforcer comme principes fondateurs du système. Nous allons montrer maintenant que, ainsi, le système construit ses propres principes.

La régulation par les principes : une autorégulation

Dans cette partie, nous revenons sur la question du mode d'existence des principes dans le système du droit d'auteur, pour proposer une hypothèse forte. Jusqu'à maintenant, nous avons nié l'existence de principes directeurs pour le système : d'une part, il s'est construit spontanément pour répondre aux besoins de règles de coopération des acteurs de la création culturelle ; d'autre part, il évolue par les conflits et les négociations, desquels il apparaît comme un compromis permanent entre les intérêts des différents acteurs impliqués. L'hypothèse que nous défendons ici est que des principes jouent

1. Interview paru dans « La guerre des discothèques », *Spectacle Infos*, n° 41, juin 1995.

néanmoins un rôle directeur important et qu'ils existent dans les structures mentales des acteurs, sous forme de représentations partagées. Les grands principes du droit d'auteur seraient alors la « réinterprétation » que les acteurs élaborent des structures réelles du droit d'auteur, pour satisfaire leur besoin de cohérence des règles. Ce cercle vertueux – des principes sont déduits des règles, et les nouvelles règles sont contraintes par ces principes – assure alors la cohérence du système dans son évolution. Nous verrons que cette hypothèse s'inscrit dans un modèle constructiviste et en montrerons les implications sur un plan pratique.

Les structures réelles du droit d'auteur, structures d'interprétation de ses principes

Nous avons montré, à partir de plusieurs exemples, comment le juste se définissait par rapport aux routines existantes : pour juger d'une situation, les acteurs en charge de l'arbitrage d'un conflit la rapprochent de situations routinières existantes, dont l'institutionnalisation a force de justice, en quelque sorte. Plus encore, nous allons voir, à partir d'un autre exemple, que des principes sont déduits des structures existantes par l'ensemble des acteurs.

En 1994-1995, les doubleurs de films se sont mis en grève en France pour obtenir la reconnaissance de leur statut d'artistes-interprètes et bénéficier, à ce titre, de droits voisins sur les diffusions des œuvres à la télévision. Ils eurent gain de cause. Or les doubleurs de films n'interviennent pas dans la conception du film au même titre que les artistes-interprètes : ils prêtent leurs voix aux traductions de films étrangers.

Le processus de reconnaissance de droits aux doubleurs s'est joué au niveau des argumentations, le problème revenant à montrer que le principe qui avait conduit à la reconnaissance de droits aux artistes-interprètes pouvait s'appliquer aux doubleurs. L'argumentation reposait alors sur une reconstruction du principe selon lequel les artistes-interprètes disposaient de droits sur les œuvres. Ainsi, les doubleurs mirent-ils en avant que leur prestation reflétait leur personnalité, et se ramenaient ainsi à l'un des principes qui s'était imposé comme justificatif *a posteriori* du droit d'auteur. En outre, ils eurent l'appui de l'ADAMI, pour qui ils constituaient une population supplémentaire génératrice de droits à gérer.

> « Les artistes de doublage sont des comédiens. Le ministre a dit que c'était des artistes-interprètes. Ils ont une capacité à interpréter » (un représentant de l'ADAMI).

Ce mouvement fut suivi par des grèves identiques aux Pays-Bas, en Belgique et en Italie...

Cet exemple montre deux choses. D'une part, un principe de cohérence semble accepté par l'ensemble des acteurs qui postulent que l'ensemble des règles existantes, tant informelles que formelles, sont déduites de principes supérieurs. D'autre part, la perception du juste fonctionne selon un processus ascendant-descendant, qui consiste à reconstruire des principes à partir des structures réelles, et à les appliquer aux situations à juger. Plus que la perception du juste, c'est surtout la légitimation des revendications qui fonctionne ainsi : tout se passe comme si c'était là la règle du jeu des revendications, acceptée par tous comme garante de la cohérence sociale.

Un modèle constructiviste

Notre modèle propose une explication quant au mode d'intervention des principes dans le fonctionnement du système du droit d'auteur. Dans l'univers des sciences sociales, cette explication renvoie à un certain nombre de théories sur le fonctionnement de structures « informelles », que l'on peut diviser en deux grands courants : un courant qui interprète cette prégnance des structures informelles en termes d'intériorisation des valeurs ; l'autre en termes de prise en compte – et d'exploitation – d'une exigence de coordination. Notre modèle combine ces deux types d'explication et s'inscrit dans un cadre constructiviste. Cela se traduit par l'énonciation d'une quatrième proposition : les acteurs du système du droit d'auteur lui supposent une cohérence qui les conduit à lui construire des principes à partir de ses structures réelles.

De nombreux auteurs en sciences sociales ont contribué à ériger un modèle selon lequel les acteurs sociaux voyaient leurs actions contraintes par des structures sociales informelles, de l'ordre des valeurs ou des normes. Plus encore, certains ont fait le postulat que ces structures sociales informelles trouvaient leur source dans les structures formelles, réelles. Durkheim, dans cette perspective, considère que s'opère une « intériorisation des normes : les représentations mentales de l'individu ont pour contenu les “représentations collectives” » (Lourau, 1970, p. 109). Malinowski dégage trois éléments dans la structure de l'institution : en plus d'un système de normes et de rôles d'une part, de son *substrat matériel* d'autre part, c'est-à-dire l'ensemble de l'appareil matériel qui les met en œuvre, elle s'appuie sur sa charte, c'est-à-dire le contenu idéologique qu'elle véhicule. « La charte, c'est l'idée que se font les membres de leur institution, et la définition qu'en donne la communauté. »[1] Mauss et Lévi-Strauss ont, quant à eux, étudié les institutions comme des systèmes de représentation : « Les données institutionnelles sont des signes, des symboles, utilisés comme tels par les mécanismes les plus profonds de la pensée » (Lourau, 1970, p. 129). Autrement dit, comme les phénomènes culturels, elles donnent lieu à des « rationalisations secondaires ou réinterprétations »[2].

En économie et gestion, ces phénomènes ont aussi été évoqués. Bénédicte Reynaud a montré que les règles salariales véhiculaient des modèles d'organisation particuliers, des « modèles idéels » (Reynaud, 1992). Ainsi la règle du salaire aux pièces de Taylor portait-elle en elle l'idée que la valeur résidait essentiellement dans l'individu. L'auteur n'est pas allée jusqu'à dire que les règles créent les principes qui sont censés présider à leur mise en place, mais l'on peut se demander si cette règle n'a pas contribué à créer une idéologie de la productivité individuelle. Si le salaire reflète une certaine représentation du social, il est probable qu'il contribue aussi à la créer.

Dans une perspective plus volontariste – moins déterministe – un autre courant de travaux a travaillé sur l'hypothèse que l'intervention de structures informelles répondait à un besoin de coordination pour les acteurs socio-économiques. Le programme de recherches de l'économie des conventions repose ainsi sur l'hypothèse de la rationalité interactive, selon laquelle les acteurs fabriquent de la coordination. « Les agents économiques, en rationalité limitée (et justement parce que leur rationalité est limitée), sont directement intéressés par la coordination et ils n'ont de cesse d'inventer et de perfectionner tout ce qui pourra servir de support à la coordination entre eux. Ce support prendra la forme de données contextuelles, d'objets matériels ou symboliques, et de schémas de pensée – ou mieux, des trois à la fois » (Favereau, 1997). Dès lors, des principes focaux émergent : ce sont des principes suffisamment généraux permettant de faire l'accord sur ce qu'il convient de faire face à des situations imprévues (Kreps, 1990 ; Eymard-Duvernay, 1994). Or les principes qui ont servi à régler des situations antérieures sont les plus à même de s'imposer comme principes focaux : ce sont les principes qu'on lit dans la pratique. Les conventions suivent ainsi un « processus autoréféren-

1. Malinowski, *Une théorie scientifique de la culture*, Paris, Maspero, 1968. Nous reprenons l'analyse qu'en fait Lourau, 1970, p. 128.

2. Nous reprenons librement, ici, une formulation de F. Boas, *Handbook of American Indian Languages*, Bureau of American Ethnology, bulletin 40, 1911 (1908), Part I, p. 67, reprise par Lévi-Strauss, 1949, p. 26-27.

tiel » : « Les individus s'adaptent à une norme qu'ils sont en train même d'établir. »[1] L'exigence de coordination se traduit finalement par un dépassement des singularités des situations et leur généralisation, autrement dit par l'intégration d'une nécessité de légitimité, d'équité ou de justice (Thévenot, 1993). La justice serait finalement un investissement de forme auquel souscriraient volontairement les acteurs en interactions[2]. De la même façon, Crozier et Friedberg ont pensé l'éthique comme un construit social : comme la confiance dans le dilemme du prisonnier, elle est une condition de l'action collective. C'est une invention humaine qui structure le champ social (Crozier et Friedberg, 1977).

Ces deux types d'explication relèvent de traditions opposées : les premières de type subjectiviste et les secondes de type objectiviste. Giddens (Giddens, 1979, p. 1-8, 49-53 ; Giddens, 1987, p. 31-46) oppose les théories institutionnelles (approches objectivistes du structuralisme et du fonctionnalisme) aux théories de l'action (approches subjectivistes ou volontaristes) : les premières, de tradition sociologique, considèrent les structures sociales essentiellement comme des contraintes quand les secondes, relevant plutôt de la philosophie, traitent des buts, raisons et motifs de l'action. Notre modèle les articule, et se situe dans une position constructiviste réconciliatrice. En effet, l'explication que nous avançons sur le système du droit d'auteur les combine en distinguant leurs domaines de validité : le principe de cohérence s'impose aux juristes et aux législateurs, et les acteurs le perçoivent comme une contrainte, parce que le système évolue sous le regard du droit. Cela nous ramène à la question de la légitimité organisationnelle. Les acteurs sociaux se rangent à l'ordre établi tant qu'il est légitime. S'exerce donc une pression au « traitement égalitaire » selon laquelle « les précédents tendent à devenir des réactions habituelles dans les situations pour lesquelles ils sont apparus comme adéquats. (March et Simon, 1958, p. 40-42) ». Selon notre hypothèse, il en va de même pour le système du droit d'auteur : la nécessité de la cohérence est une contrainte de légitimité qui impose à l'organisation de se construire en permanence ses principes.

1. Orléan (1988), cité par Reynaud (1992). Sur le caractère autorenforçant des conventions, voir aussi Boyer et Orléan (1994).

2. Les individus souscriraient ainsi à l'impératif catégorique de Kant (« Agis de telle sorte que la maxime de ta volonté puisse être érigée en loi universelle », E. Kant, *Critique de la raison pratique*) ou au deuxième principe d'équité de Rawls (notamment, selon lequel les inégalités sociales et économiques « doivent être attachées à des fonctions et à des positions, ouvertes à tous, dans des conditions de juste égalité des chances » (Favereau, 1994 ; Rawls, 1971).

Quelles qu'en soient les causes, la justice se construit. Nous dépassons ainsi l'opposition déterminisme/volontarisme pour nous rallier aux thèses constructivistes qui combinent l'une et l'autre de ces approches. Laissons parler Jean-Daniel Reynaud : « Les valeurs s'imposent bien aux individus, mais elles ne sont pas transcendantes et indépendantes de leurs relations. Elles sont l'objet même de ces relations, elles sont construites par elles. Une action collective, en imposant des règles, invente un sens. Les valeurs sont l'horizon de ce sens, l'orientation de l'action collective. Leur contenu précis n'est autre que la construction même des règles » (Reynaud, 1989, p. 262). « Mais ce n'est pas nier l'importance des institutions et des hiérarchies, ni des systèmes de pensée rationnelle que de rappeler que la légitimité n'est pas seulement conférée de l'extérieur à l'action sociale. Elle en est aussi une partie, elle en est fondamentalement le produit à partir du moment où les individus s'engagent dans une action collective » (Reynaud, 1994). Pour Giddens, l'ensemble des structures, aussi bien réelles que mentales, sont ainsi à la fois le cadre et le résultat des interactions (Giddens, 1987). En cela, elles constituent autant de structures d'interprétation.

Chaque situation singulière contribue à faire évoluer le cadre. Les situations locales tirent leur légitimité du droit en se raccrochant à des situations voisines et, ce faisant, remodèlent les catégories ; le droit entérine le remodelage des catégories et redéfinit ses principes directeurs dans la recherche de la cohérence. C'est dans cette interaction que l'idée de justice se construit.

Les conséquences pratiques du modèle

Pour en terminer avec l'énonciation de notre modèle, il nous faut montrer d'une part comment cette modélisation du mode d'intervention des principes s'articule avec les éléments du modèle que nous avions énoncés précédemment, et d'autre part quelles en sont les implications sur le plan pratique.

Le rôle des principes et leur mode d'intervention constituent une composante à part entière du modèle que nous avons élaboré tout au long de cet ouvrage. Elle se traduit par la quatrième proposition que nous avons énoncée, laquelle s'articule avec les trois que nous avions énoncées précédemment. En effet, l'hypothèse de cohérence que les acteurs font du système, et qui se traduit par la reconstruction de principes, tient à ce que l'ensemble des acteurs attendent avant tout du système du droit d'auteur qu'il constitue un cadre de coordination pour leurs transactions. Dans leurs revendications, cet impératif de cohérence se traduit par la nécessité d'avoir un discours général, et de se référer à des principes supérieurs. Dans les conflits, c'est l'ensemble du système qui évolue, aussi bien ses structures réelles que ses principes.

Des conséquences résultent de ce modèle, qui permettent d'expliquer les différents phénomènes que nous avons décrits tout au long de cet ouvrage. Il s'agit d'une part de l'extension régulière du champ d'application du droit d'auteur et de la complexité croissante du système, d'autre part de l'existence de dogmes qui empêchent les acteurs de bien considérer les problèmes.

L'une des grandes questions que se posent les juristes du droit d'auteur aujourd'hui est celle de l'adaptation du droit aux nouveaux modes de création et de diffusion. L'enjeu est de définir un cadre précis pour les situations de coopération autour des produits culturels. L'historique que nous avons présenté montre que la définition de ce cadre s'établira de toute façon avec le temps, par la routinisation des pratiques. Les débats qu'ont aujourd'hui les juristes, dans la doctrine et la jurisprudence, contribuent d'ailleurs à le préciser petit à petit. En cela, on peut avoir confiance : le droit s'adaptera comme il s'est adapté à l'éclosion de chaque nouvelle technologie. Ainsi ce n'est pas tant la définition de bonnes catégories qui pose problème – puisqu'elle s'opérera avec le temps – que le fait même que le système repose sur la définition de catégories. Nous avons mis en évidence que ces catégories consistaient en un découpage artificiel de la réalité : c'était vrai avec les catégories professionnelles, ça le devient pour la classification par types d'œuvres. Une conséquence du flou de ces frontières est leur porosité : tout a tendance à y rentrer petit à petit. Ce mouvement se traduit en fin de compte par une généralisation de la notion d'œuvre et d'auteur, et s'accompagne d'une complexité croissante de la gestion des droits dans la production et l'exploitation des œuvres. De plus en plus de produits sont protégés par des droits, de plus en plus d'« auteurs » ont des droits sur les œuvres. Aujourd'hui, pour éditer une carte postale de la place Bellecour de Lyon la nuit, il ne suffit pas de payer des droits au photographe, il faut aussi en reverser à l'architecte et au concepteur des illuminations de la place ! S'affirme ainsi un contraste prononcé entre le caractère de plus en plus collectif des œuvres et la reconnaissance accrue de contributions individuelles sanctionnées par des droits. Cela se traduit par un double mouvement : la difficulté à identifier les contributions individuelles conduit à une multiplication des catégories d'ayants droit mais conduit aussi au renforcement de la place accordée à l'auteur. Plus les œuvres sont collectives, plus on leur cherche un auteur !

Cette extension régulière du champ d'application du droit d'auteur, qui couvrait à l'origine les auteurs de pièces de théâtres et qui couvre aujourd'hui les doubleurs du cinéma, les créateurs de logiciels ou la diffusion d'articles de journaux sur l'Internet, se traduit aussi par un grossissement du dispositif en charge de la gestion des droits : les sociétés se multiplient, les catégories d'ayants droit aussi, les procédures de répartition se complexifient.

L'autre phénomène que nous avons observé, et que notre modèle permet d'expliquer, est l'affirmation de dogmes qui « polluent » la manière qu'ont les acteurs d'aborder les problèmes ayant trait au droit d'auteur. Ainsi, aujourd'hui, l'ensemble des acteurs ont tendance à chercher des solutions aux problèmes suscités par l'arrivée de l'Internet, dans le cadre du système du droit d'auteur, c'est-à-dire dans un cadre où les œuvres sont payées à l'acte de consommation. Or cette approche entraîne sur des voies sans issue et empêche de trouver les solutions à ces problèmes. Ainsi, les éditeurs de contenus ont-ils d'abord concentré leurs forces sur les fronts technologique et juridique, dans l'optique de faire respecter le droit d'auteur, alors que leur problème était ailleurs. Nous reviendrons sur cet exemple dans le prochain chapitre. L'autre exemple que nous allons développer ici est l'opposition *copyright* / droit d'auteur, avec en toile de fond la question de la préservation de la diversité culturelle. Il s'avère en la matière qu'un certain nombre de dogmes dérivés du modèle du droit d'auteur, comme l'impossibilité du salariat pour les auteurs, peuvent conduire paradoxalement à une créativité bridée.

Par rapport au *copyright*, le système du droit d'auteur donne une grande liberté d'expression à ceux qui veulent s'exprimer. C'est notamment pour cette raison que les autorités nationales le défendent. Seulement, pour traiter la question de la préservation de l'identité culturelle, il faut peut-être reconnaître l'existence, et la nécessaire coexistence, sinon de deux types d'œuvres, au moins de deux modèles de création, l'un « poussé par l'offre » (les œuvres d'auteur), et l'autre « tiré par la demande » (les œuvres commerciales). Partant, il peut être intéressant de réfléchir à des modalités de cohabitation de ces deux modèles de protection.

Certes il est insupportable, lorsqu'un auteur s'exprime au travers d'une œuvre, que cette œuvre puisse être modifiée et altérée par autrui, à des fins commerciales. Seulement, tout réalisateur de cinéma n'est pas nécessairement un auteur. Certains le sont. Beaucoup sont forcés de l'être, notamment en France, du fait des règles informelles de division du travail véhiculées par le modèle cognitif sous-jacent au mode de protection en vigueur. Mais l'exemple de la télévision a montré qu'un réalisateur ou un scénariste pouvaient être de simples techniciens. Le modèle en vigueur en France favorise l'assimilation auteur-scénariste-réalisateur, qui se traduit par l'intégration de deux métiers pourtant relativement différents. Dans la pratique, peu de réalisateurs acceptent de tourner le scénario d'un autre, et peu de jeunes créateurs parviennent à réaliser un premier film sans en avoir écrit le scénario (Paris, 2000). Or, ce sont bien deux métiers différents et même deux formes d'expression complètement différentes. Après tout, rien n'impose que le réalisateur compose aussi la musique du film... Le modèle du droit d'auteur et la représentation qu'il véhicule peuvent ainsi constituer un frein à une création conçue de façon plus collective et organisée sur un mode plus industriel. De ce point de vue, vouloir une production compétitive au niveau international peut alors apparaître incompatible avec la défense bec et ongles du modèle du droit d'auteur.

La préservation de l'identité culturelle d'un pays passe par l'existence de structures de production et de diffusion. Pour qu'une culture s'exprime, il ne faut pas seulement protéger les personnes qui font des œuvres mais surtout donner la possibilité de s'exprimer à ceux qui en ressentent le besoin ou la volonté. Actuellement, le système du cinéma français donne une bulle d'oxygène à ceux qui font des films, ce qui conduit à la production de 120 à 140 longs métrages par an. Est-ce à dire que la culture française est préservée ? Non. Il y a un appel d'air, donc les films se font. Et ils se font le plus souvent sur le modèle des films d'auteur : une même personne écrit un scénario et le tourne. Mais cela répond à un objectif quantitatif de production de 130 films par an, auquel des moyens correspondants sont affectés. Certes, on trouve toujours 130 « auteurs » prêts à mobiliser ces fonds. Mais ce ne sont pas nécessairement des créateurs, ni nécessairement ceux qui ressentent le besoin de s'exprimer. Il s'agit donc là d'une logique de l'offre artificielle, car aucun objectif « culturel » n'est explicité : elle consiste à gérer des moyens, mais pas des objectifs.

Au contraire, pour que le cinéma soit une forme d'expression dont les auteurs puissent se saisir facilement, il faut défendre les structures de production et de diffusion. Alors, il constituera une forme d'expression accessible. Mais l'efficacité des structures suppose que des investissements soient réalisés et rentabilisés, que les sociétés de production soient maintenues opérationnelles, que les professions soient préservées, que les canaux de diffusion soient alimentés, etc. : ces structures doivent tourner à plein régime. Il faut donc inciter à la production de films de manière industrielle. C'est en cela que les deux modes de création sont complémentaires : pour avoir des œuvres d'auteur, il faut des structures efficaces, mais pour avoir des structures efficaces, il faut produire des œuvres industrielles. Et pour ce faire, il faut donner les coudées franches à ceux qui investissent dans ces œuvres.

Il faudrait alors envisager l'existence simultanée de deux modes de protection, l'un, proche du *copyright*, pour les œuvres industrielles faites par des réalisateurs-techniciens sur des scénarios de scénaristes-techniciens et l'autre proche du droit d'auteur pour les œuvres à l'origine desquelles il y a vraiment un auteur qui demande à s'exprimer. Un Jim Jarmusch qui souhaite faire des films d'auteur aux États-Unis s'appuie sur les structures existantes pour la diffusion des œuvres mais, pour avoir les mains libres, cherche l'argent nécessaire aux tournages dans d'autres pays.

> « Une fois le film terminé, je le vends à un distributeur américain. J'évite ainsi d'avoir un producteur qui cherche à me dicter ce que je dois faire : pas de réunions sans fin sur le script, pas de rushes à visionner ensemble, etc. »[1]

La préservation d'une identité culturelle et l'efficacité de structures industrielles sont étroitement liées. C'est peut-être dans la voie de la cohabitation des deux modèles de protection qu'il faut chercher à concilier ces deux impératifs. C'est peut-être aussi ce que l'on commence à observer avec la reconnaissance de l'existence d'œuvres collectives. Ce serait alors prendre acte de l'existence de deux types de films, de deux catégories de réalisateurs. Réalisateur redeviendrait alors un métier auquel pourrait s'adjoindre ou non la fonction d'auteur : il y aurait ainsi des œuvres d'auteur et des œuvres de producteurs.

Mais cela pose un problème de ligne rouge auquel il faudrait réfléchir. Nous avons vu qu'aujourd'hui, les sociétés d'auteur refusaient tout jugement de qualité pour la définition des œuvres et s'en remettaient au seul critère du support. Car avec un critère subjectif, dès lors qu'un produit serait qualifié de non-œuvre, tous les produits du même type pourraient l'être, par contagion. Avec deux modes de protection, le risque serait grand que les investisseurs, du fait d'un rapport de force favorable, obligent les créateurs à adopter le modèle de protection des œuvres industrielles. Néanmoins, l'entrée dans l'ère de l'Internet marque peut-être un renversement de tendance : on passe d'une situation de rareté des moyens de diffusion à une situation de rareté des œuvres à diffuser. On peut se demander si cela ne va pas conduire à une inversion des rapports de force en faveur des auteurs,

1. *In* « Complètement marge », *Télérama*, n° 2558, 20 janvier 1999.

qui leur permettrait de bénéficier de conditions plus favorables. La récente reconnaissance de droits aux scénaristes de renom hollywoodiens est peut-être symptomatique de ce renversement de tendance.

Conclusion

Dans ce chapitre, nous avons montré comment s'effectuait la régulation du droit d'auteur, comment étaient élaborées les règles, comment étaient tranchés les conflits. Ce faisant, nous avons retrouvé ce qui constituait pour notre modèle le chaînon manquant : la question du mode d'existence des principes dans le système du droit d'auteur. Quel rôle ont ces principes fondamentaux que l'on reconnaît au droit d'auteur ? Et surtout d'où viennent-ils, puisque nous avons montré que le système du droit d'auteur s'était construit en réponse non pas à de tels principes mais à des problèmes de gestion ? Ces principes, qui fondent et contraignent l'ensemble des revendications des acteurs, ne sont pas transcendants mais se construisent et se renforcent en même temps que la composante réelle du système. Leur existence réside dans l'interprétation que font les acteurs des structures réelles du système.

Cette question du mode d'existence des principes n'est pas anodine. L'exemple du traitement de la préservation de la diversité culturelle dans le cinéma montre à quel point la question de l'origine des principes de référence du droit d'auteur peut être importante. Nous nous opposons sur ce point à Sirinelli (1995), pour qui « ce qui importe aujourd'hui est moins la véracité de l'analyse contemporaine (vision humaniste du droit d'auteur) que le fait que celle-ci l'a emporté au point d'être érigée, au fil des ans, en véritable dogme. Reste qu'il serait déraisonnable d'ignorer la réalité du mouvement général au moment où des considérations industrielles viennent perturber l'ordonnancement actuel ». Nous nous y opposons, car les dogmes qui se sont érigés ont d'abord été des réponses à des problèmes de gestion, et que ces dogmes sont restés quand les problèmes ont évolué.

Certes, les problèmes ont évolué, et ont même radicalement changé avec l'arrivée de l'Internet et du numérique. Au point de mettre le droit d'auteur en crise ?

Chapitre 9

L'ère de l'Internet : crise du droit d'auteur ?

L'ensemble de nos analyses ont porté sur une évolution continue du système du droit d'auteur. Ces analyses résistent-elles à l'avènement des nouvelles technologies – le numérique et l'Internet – qui pose la question d'un « changement de paradigme » ? Les nouvelles technologies sont-elles un nouvel élément somme toute normal dans le processus d'adaptation continu du droit d'auteur ou ont-elles au contraire un effet de rupture sur cette dynamique ? Autrement dit, mettent-elles le droit d'auteur en crise ?

L'avènement des nouvelles technologies se traduit par deux conséquences importantes, et ce sont ces conséquences qui peuvent mettre le système en crise. La première, nous l'avons évoqué, tient à ce qu'il conduit à une rupture radicale dans le processus d'évolution des conditions de diffusion, dont il marque l'aboutissement. Avec les nouvelles technologies, la dématérialisation est effective, au sens où la consommation d'une œuvre par une personne n'exige plus aucun échange matériel entre les différents intervenants de la chaîne de valeur ajoutée. Quiconque peut consommer ou diffuser une œuvre, sans que cela n'implique ni échange d'un master avec l'éditeur, ni achat d'un « ticket » au diffuseur. Conséquence de cette évolution, dès lors qu'une œuvre existe dans l'univers numérique, elle devient disponible à tout instant, pour tous. Le bassin de diffusion spatio-temporel a conquis l'espace-temps. Les possibilités de contrôle de l'usage des œuvres s'en trouvent mises à mal, et c'est le spectre d'une piraterie généralisée qui se dessine.

Plus généralement, la deuxième conséquence est que l'ensemble des notions sur lesquelles s'appuie la législation du droit d'auteur sont rendues obsolètes : œuvre, auteur, première diffusion, mode de diffusion, etc., sont autant de notions susceptibles de voler en éclats à l'ère de l'Internet. Dès lors, ce sont les possibilités de caractérisation qui sont remises en cause. Qu'est-ce que l'œuvre ? Qui est l'auteur ? Telle utilisation porte-t-elle atteinte au droit d'auteur ? La capacité du système du droit d'auteur à apporter des réponses à ces questions apparaît décisive. Plus que la question de l'existence d'un vide juridique, c'est la question de la capacité du droit à caractériser les situations qui est soulevée.

Nous traiterons ces deux points consécutivement. Nous nous interrogerons d'abord sur la dilution des notions sur lesquelles s'appuie le système du droit d'auteur. Puis, pour analyser la question de la généralisation de la piraterie, nous nous appuierons sur l'exemple du secteur de la musique, en première ligne dans la résistance du droit d'auteur contre l'Internet.

La dilution des notions d'œuvre et d'auteur

L'arrivée de l'Internet et de la numérisation dilue les notions d'œuvre et d'auteur, ainsi que les autres notions sur lesquelles repose le système du droit d'auteur. Il devient difficile de caractériser une œuvre et un auteur, il devient difficile de concevoir les modes de diffusion séparément, alors même que le système s'est bâti secteur par secteur.

La dissolution du lien œuvre-support

Le lien entre une œuvre et son mode de diffusion est très fort, au point d'être ancré dans notre langage. Traditionnellement, un modèle de diffusion est associé à un secteur de la création. On parle du marché de la peinture, désignant ainsi le mode de diffusion par le nom du secteur. On parle de l'audiovisuel pour désigner l'ensemble des créations diffusées par ce canal. On parle du cinéma pour désigner indistinctement le secteur des œuvres cinématographiques et le lieu où l'on consomme ces œuvres. Si cette confusion linguistique existe, c'est qu'il a toujours existé un lien fort entre l'œuvre et son mode de diffusion. Pour reprendre un exemple cher à H. Becker (Becker, 1982), le jazz a vocation à être diffusé sous forme de représentation publique, de concert. À l'opposé, les musiques englobées sous les labels *dance, house, techno...* sont plutôt destinées à la vente. Cet état des choses est le fait de contraintes techniques, d'incompatibilité de format : une œuvre audiovisuelle ne peut pas être diffusée à la radio ou sous forme de livres. Aujourd'hui, ces contraintes sont estompées par l'avènement du numérique qui homogénéise les formats en traduisant sons, images fixes ou animées et textes sous la forme unique de *bits*. Malgré cela, il reste que le lien entre l'œuvre et son mode de diffusion peut rester fort et faire l'objet d'un choix de format, impliquant un certain nombre de règles et de contraintes. Depuis l'invention de l'imprimerie, la standardisation de la diffusion a des répercussions sur la création même, en imposant un formatage (David, 1994, p. 252). Un film de télévision doit répondre à des critères de durée mais aussi d'éthique. Au contraire, un film de cinéma est tourné avec un certain souci de qualité esthétique. Le choix d'un mode de diffusion est donc partie intégrante de la création. Le cinéaste Federico Fellini en témoigne d'ailleurs :

> « [...] Par exemple, le petit format, donc l'impossibilité de plans longs ou de scènes dans lesquelles les personnages deviendraient trop petits. De là prend naissance une autre syntaxe, une autre façon de raconter, beaucoup plus simplifiée, comme une série de tableaux. [...] Ce n'est donc pas le rythme cinématographique, nerveux, où une image glisse dans l'autre en l'appelant, où chaque image en produit une autre. Non. À la télévision, on ne peut pas faire cela » (Fellini, 1980).

Aujourd'hui, ce lien s'est déjà beaucoup dissipé de telle sorte que la plupart des œuvres sont exploitées sur de nombreux canaux de diffusion. Un film de cinéma entamera sa carrière sur grand écran mais sera ensuite commercialisé en K7 vidéo, diffusé à la TV, accessible sur l'Internet.

La « collectivisation » des œuvres

L'œuvre n'est donc plus toujours conçue dans l'optique d'un marché particulier mais est destinée, dès sa création, à être exploitée sur différents marchés. Seulement, chacun de ces marchés peut exiger une mise en forme particulière. Les photographies des sculptures exposées au Louvre se vendent sur le marché de la reproduction mais ont nécessité le travail – plus ou moins artistique – d'un photographe. La mise en scène d'une œuvre écrite pour le théâtre est reconnue comme étant une nouvelle œuvre, mais la retransmission d'une pièce de théâtre ne l'est pas, alors qu'elle exige un travail de réalisation et de montage. Le redécoupage[1] ou la colorisation[2] d'un film pour la télévision sont des nouvelles mises en forme qui relèvent cette fois, selon les conventions en vigueur, non plus d'un travail artistique mais du piratage, de l'atteinte au droit moral des auteurs ! Quant aux pages *web,* elles incorporent des morceaux de différents types d'œuvres dans une mise en forme particulière.

Ainsi, la création est désormais cocréation, parfois formalisée et parfois non. Elle est formalisée lorsqu'une équipe est réunie pour tourner un film. Elle l'est moins lorsqu'un éditeur produit une œuvre multimédia à partir de textes, de sons et d'images issus d'œuvres différentes. Elle ne l'est pas lorsque le film sort en salles, en même temps que sont commercialisés des produits dérivés, un jeu vidéo reprenant les personnages et des éléments du scénario, la bande originale du film sur un CD, etc. : le lancement d'un film s'inscrit désormais dans une stratégie globale[3] visant à créer une synergie entre des produits dont on ne peut pas identifier les contributions aux valeurs respectives les uns des autres. Elle ne l'est pas non plus lorsqu'un infographiste conçoit une œuvre à partir d'un logiciel créé par un informaticien ou lorsqu'un réalisateur ou un producteur soumettent une version provisoire du film à un public lors d'une projection test[4]. Dans ces conditions, c'est l'ensemble des notions sur lesquelles s'appuie le Code de la propriété intellectuelle qui sont menacées d'obsolescence : première publication, territoire de référence, représentation, reproduction, auteur et œuvre ne résistent pas aux nouvelles technologies (Sirinelli, 1994 ; Dreier, 1995 ; Benghozi et Paris, 1998).

Un cadre en phase de structuration

Avec la dilution du lien entre l'œuvre et son vecteur de diffusion et avec la nouvelle malléabilité des œuvres numérisées, la question de

1. À tous les sens du terme : les films sont remontés mais aussi recadrés *(panning and scanning)* pour être adaptés au format TV.

2. Le 19 décembre 1994, la cour d'appel de Versailles a jugé que la colorisation du film de John Huston, *Asphalt Jungle*, en vue de sa diffusion sur une chaîne française constituait une modification de l'œuvre et non une adaptation (Société Turner Entertainment c/ Huston).

3. Benghozi (1995 *b*), voir aussi l'article de *Libération,* « Le film, une pub pour les produits dérivés », 12 mai 1997.

4. La pratique des projections tests *(sneak preview)* est relativement courante à Hollywood et plus rarement utilisée en France. Elle consiste en « la projection surprise d'un état provisoire du film devant un public non averti dont on veut tester les réactions avant de mettre un produit sur le marché ». Cf. « Les professionnels du cinéma se méfient des projections tests », *Le Monde,* 2 septembre 1998.

l'identité de l'œuvre et de l'auteur devient prégnante. L'accès au marché ne constitue plus en effet une cristallisation de l'œuvre ni une désignation de son ou de ses auteurs. Au modèle linéaire de la création romantique se substitue donc un modèle totalement différent dans lequel les notions d'œuvre et d'auteur deviennent fluctuantes, au gré des adaptations et réutilisations. La dématérialisation et la numérisation rendent les situations de coopération particulièrement floues et plongent les œuvres dans l'ère de l'immatériel. Chacune des filières s'était structurée autour d'un support particulier qui portait non seulement l'œuvre, mais aussi l'ensemble des conventions qui s'y appliquaient : conventions quant à la division du travail et à la désignation de l'auteur, conventions quant à la définition de l'œuvre et aux limites d'utilisation. Si obsolescence du Code de la propriété intellectuelle il y a, ce n'est pas tant parce que les catégories existantes ne sont plus suffisantes à décrire la réalité que parce que la réalité ne se conforme plus aux catégories existantes.

La question suscitée par l'avènement des nouvelles technologies est donc celle de la redéfinition d'un cadre de coordination partagé par tous. Puisque les œuvres ne peuvent plus être définies par leur support, puisque les auteurs ne peuvent plus toujours être définis par une phase de création délimitée dans le temps et dans l'espace, le système en place ne constitue plus une forme suscitant l'accord. Mais nous avons vu que les notions d'œuvre et d'auteur n'avaient rien d'intrinsèque et qu'elles étaient le résultat de conventions qui s'étaient formées continûment dans chacun des mondes de l'art. L'univers de l'Internet apparaît alors comme un monde nouveau qui va se structurer petit à petit, comme l'ont fait avant lui tous les autres, en même temps que vont se former ses conventions. Les pratiques et la jurisprudence vont s'établir petit à petit et concomitamment pour structurer des usages « réguliers ». Dans ces conditions, l'avènement de l'Internet apparaît comme un bouleversement normal auquel le système du droit d'auteur s'adaptera fatalement. Si crise il y a, elle est finalement de celles qui font partie de la routine du droit d'auteur sur la longue période.

En revanche, sur le front de la difficulté de contrôle – et de la généralisation de la piraterie –, la situation est peut-être plus problématique.

La généralisation de la piraterie

Avec les nouvelles technologies, l'œuvre devient purement immatérielle, et ce sont les possibilités mêmes de mise en œuvre du contrôle et de la perception du droit d'auteur qui posent problème. S'ajoute à cela, mais nous n'y reviendrons pas, la question de la disparition des frontières et de l'harmonisation des législations, avec en toile de fond le choix d'un modèle, droit d'auteur ou *copyright.*

Dans la typologie des biens publics, le classement de l'Internet n'est pas sans soulever de difficultés. L'histoire des technologies de diffusion met bien en évidence un double mouvement : d'un côté, une évolution vers la diffusion de « biens publics purs » ; de l'autre, la mise en place de systèmes d'exclusion de plus en plus sophistiqués. Car le caractère public ou privé d'un bien est relatif : le critère de non-exclusivité, notamment, n'est pas intrinsèque au bien produit dans la mesure où l'exclusion est toujours possible et est juste une question de coût (Cowen, 1985). Par exemple la télévision, considérée longtemps comme un bien public pur, a su se doter de systèmes d'exclusion. Les techniques de codage et de cryptage des œuvres sont légion : le décodeur pour la télévision à péage, le système de codage électronique des cassettes vidéo « Macrovision » qui empêche leur duplication, le papier dont les photocopies sont barrées de la mention *Unauthorized Copy...* (Palmer, 1989).

Tous les systèmes d'exclusion peuvent être contournés. Ils ont toujours donné lieu à une course permanente entre les producteurs qui développent des techniques de codage et les pirates qui cherchent des systèmes pour s'en affranchir. Mais cette forme de piraterie qui était contrôlable et restait marginale prend une autre dimension dans l'Internet, où les techniques de « craquage » des dispositifs d'exclusion ont tendance à circuler facilement, et où leur usage est très peu risqué. Resquiller au cinéma était difficile et marginal, violer les droits d'auteur sur l'Internet risque de ne pas pouvoir être contrôlable et de se généraliser. Des systèmes de paiement sont mis en place, mais dès lors qu'une personne paye, elle peut elle-même délivrer le bien à d'autres. Aujourd'hui, le système du droit d'auteur dans l'Internet est suspendu à une grande inconnue : la capacité des diffuseurs de contenus à instaurer un dispositif non pas tant de protection des œuvres que de détection des utilisations frauduleuses.

Malgré l'ampleur de ces questions, les aspects technique et juridique ne constituent pas le cœur des problèmes liés au développement de l'échange d'œuvres numérisées sur l'Internet. Si ces aspects ont été abordés comme centraux dans le traitement des affaires du format de compression mp3 et du site d'échange de fichiers musicaux Napster, c'est essentiellement du fait de la prégnance des principes dans le système du droit d'auteur. Dans ces affaires, le raisonnement en termes de droit d'auteur a détourné les différents acteurs, qu'il s'agisse des producteurs ou des autorités publiques, des bonnes questions. Ainsi, l'affaire Public Enemy a-t-elle été reçue comme un choc par l'industrie musicale : alors que tout le monde s'inquiétait de la capacité à protéger les droits des auteurs avec le développement du format mp3, ce sont des auteurs eux-mêmes qui ont mis le feu aux poudres. Quant à l'affaire Napster, la manière dont elle a été abordée par les maisons de disque et les autorités publiques a montré combien les principes qui entourent le système du droit d'auteur pouvaient évincer une approche pragmatique...

L'affaire Public Enemy

Parmi ce que nous avons appelé les attaques frontales, l'affaire Public Enemy, en 1998, a fait grand bruit dans la mesure où elle a menacé l'industrie musicale dans son ensemble, en déplaçant la question de la piraterie sur l'Internet. L'arrivée du format de compression mp3 quelques mois auparavant avait fait trembler tout le champ de la création musicale : le format de compression mp3, en permettant aux internautes de charger et télécharger de la musique d'une qualité CD avec rapidité et facilité, menaçait la capacité des créateurs à valoriser leurs productions. Seulement, avec l'affaire Public Enemy, ce sont les auteurs eux-mêmes qui devenaient les « pirates ».

Début 1998, un conflit apparaît entre le groupe de rap américain Public Enemy et son éditeur phonographique PolyGram. Le groupe dispose d'un site *web* sur lequel il a mis à disposition gratuite des extraits de ses œuvres, sous format mp3. Or, le producteur est propriétaire des droits d'exploitation. Le problème sous-jacent au conflit ne peut donc plus se résumer à la malveillance d'une partie du public – et au danger que cela fait peser sur la création musicale – face à un bloc monolithique qui serait celui du champ de la création. Le pied de nez de Public Enemy à PolyGram révèle au contraire les fissures du monolithe, ne pouvant s'interpréter uniquement comme un comportement inconscient et suicidaire. Écoutons à ce propos Walter Leaphart, manager du groupe.

> « Nous n'allons pas faire cadeau de toutes les chansons, mais Chuck D[1] est en train de remettre en question la notion d'album... et nous pourrions bien remettre en question la manière générale dont l'industrie musicale définit un album. Aujourd'hui, les gens achètent des albums pour 16 ou 17 $, et pas même la moitié des chansons sont bonnes. »[2]

1. Nda : Chuck D est l'un des membres du groupe Public Enemy.
2. « PE puts MP4 in the house », cf. http://www.wired.com/news/news/culture/story/17303.html. Trad. de Th. Paris.

En réalité, c'est l'organisation de la filière de production qui est remise en cause par ces pratiques. Les créateurs semblent en mesure de délivrer directement leurs œuvres au public en shuntant notamment les producteurs phonographiques. Or, si le modèle actuel fonctionne largement autour de la diffusion matérielle des œuvres, nous avons vu que d'autres modèles de rémunération étaient envisageables. L'œuvre immatérielle, diffusée gratuitement sur l'Internet, peut ainsi n'être plus qu'un vecteur de promotion pour les créateurs dont la rémunération proviendrait alors de la publicité, de prestations vivantes (concerts), de contrats publicitaires liés à leur image, de ventes de produits dérivés, de taxes sur les supports vierges comme pour la copie privée ou sur les ordinateurs comme pour la redevance TV, et même de la commercialisation d'œuvres sur support *(offline)* ou d'autres œuvres sans support *(online)* mais cryptées. Selon les styles de musique, et plus généralement selon les mondes de l'art, tel ou tel de ces modes de financement pourrait prendre le dessus (Benghozi et Paris, 2001).

La diffusion d'œuvres musicales sur l'Internet ne sonne pas le glas de la création musicale mais remet en cause l'hégémonie du modèle du disque et, avec lui, l'hégémonie des maisons de disques et notamment des *majors*. C'est pour cette raison que ces dernières se mobilisent sur les fronts technologique, juridique et institutionnel : elles s'unissent pour imposer, contre le mp3, des formats de téléchargement qui permettent de faire mieux respecter les *copyrights* via des systèmes de cryptage ou de tatouage des œuvres, elles s'impliquent dans des actions de *lobbying* et dans des opérations de communication. Dans cette bataille, les industries de technologie sont partie prenante en essayant chacune d'imposer son standard de format ou de protection[1].

Le groupe a finalement retiré l'œuvre de son site mais en y laissant une note de protestation, dans son style très contestataire...

> « Aujourd'hui, PolyGram/Universal, ou quel que soit maintenant leur nom, nous ont contraints à retirer la version mp3 de *Bring the Noise 2000*.
>
> « Les cadres, les juristes et les financiers qui ont le plus profité du business de la musique commencent à avoir peur de la technologie qui rééquilibre le champ créatif et rend les artistes plus difficiles à maquereauter.
>
> « Qu'ils crèvent tous... Je suis content d'avoir amorcé une bombe... »[2]

Si le groupe a finalement retiré l'œuvre de son site, il a néanmoins amorcé une bombe. La technologie modifie les rapports de force en

1. « Liquefying mp3 », http://www.wired.com/news/news/culture/story/17498.html.
2. http://www.public-enemy.com/audiovideo/btn.html, 12 février 1998. Trad. de Th. Paris.

menaçant la mainmise des *majors* sur la diffusion musicale et le goulet d'étranglement de la diffusion qu'elle contrôle.

On peut tirer plusieurs conclusions du cas Public Enemy. En premier lieu, en toile de fond de cette affaire, on retrouve l'éternel conflit entre les producteurs et les auteurs et, plus généralement, entre les différents intervenants de la création. S'ils coopèrent pour la création d'œuvres, s'ils se plient aux règles du jeu en vigueur relatives, ils ne manquent pas de se déchirer dès qu'une situation nouvelle se produit. Cela confirme la vision que nous avons proposée du droit d'auteur, celle d'un système institutionnel visant à établir et à faire respecter des règles du jeu pour les activités liées à la création. Dans ce cadre, c'est l'ensemble du fonctionnement de l'industrie musicale que le geste de Public Enemy remet en cause. En second lieu, l'affaire met sérieusement en question l'unicité du mode de valorisation des œuvres musicales. En « faisant cadeau » d'une chanson, Public Enemy explore d'autres voies que celle de la commercialisation des œuvres à l'unité qui constitue le modèle du disque : offrir une chanson peut être un élément de promotion pour l'album, pour des concerts du groupe ou pour des produits dérivés. C'est toute l'économie de l'Internet de la musique qui est questionnée ici, et qui le sera plus encore avec l'affaire Napster.

L'affaire Napster

À la fin de l'année 2000, une autre affaire secoue l'industrie du disque autour de la question du droit d'auteur : l'affaire Napster. Napster est un site qui fonctionne autour d'un logiciel d'échange de fichiers musicaux. Les internautes mettent à disposition les uns des autres l'ensemble de leurs fichiers musicaux, et peuvent ainsi télécharger les titres qu'ils souhaitent depuis n'importe quel disque dur de client connecté au site. Pour l'amateur de musique, l'intérêt d'un tel système est évident. Finies les heures de recherche à déambuler de disquaire en disquaire, à circuler de bac en bac et à passer en revue disque après disque dans l'espoir de trouver un titre précis, une perle rare ou quelque curiosité qu'on demandera à écouter. Avec Napster, il pilote les recherches depuis son ordinateur, trouve les titres qu'il cherche – parfois depuis des années –, écoute les morceaux qui l'intéressent, échange des chansons avec des gens qui partagent ses goûts... et enregistre ce qui lui plaît sur son disque dur ou le grave sur un CD-ROM. Aussi, le succès du site est fulgurant : 50 millions d'utilisateurs, une moyenne de 640 000 internautes connectés à chaque instant et 1,4 milliard de morceaux de musique téléchargés au mois de septembre 2000.

Courant 2000, les *majors* et quelques artistes lancent une croisade contre Napster au nom du droit d'auteur : les échanges effectués par le biais du site se font sans rémunération des ayants droit, que les œuvres soient protégées ou non. Napster est attaqué en justice et, au bout d'une procédure à rebondissements, est condamné à filtrer les œuvres protégées par *copyright* des échanges entre particuliers. Tous les débats qui ont eu lieu autour de l'affaire Napster ont montré à quel point la notion de droit d'auteur s'était élevée au rang de principe transcendant : Napster a été condamné, parce qu'il allait à l'encontre des principes du droit d'auteur. Or cette condamnation s'avérera vraisemblablement vaine, parce que le véritable problème soulevé par le site n'est pas celui du droit d'auteur.

Pour bien comprendre l'enjeu de ce procès, il faut d'abord insister sur le fait que la composante morale du droit d'auteur, le « droit des auteurs », n'est pas directement en cause dans cette affaire. Le droit des auteurs, c'est l'attribution *a priori* de certains droits de propriété intellectuelle aux auteurs. Sa justification est d'ordre moral : il est normal que l'auteur conserve des droits sur son œuvre. Napster ne menace pas le droit d'auteur : la musique peut être gratuite, et les ayants droit rémunérés. L'exemple de la télévision privée hertzienne a depuis longtemps montré que ce paradoxe n'était qu'apparent : le public ne paye pas la chaîne, mais la chaîne, financée par la publicité, rémunère les ayants droit. Pour le reste, il est vrai qu'avec un logiciel de ce type, les auteurs n'ont plus le contrôle de leurs œuvres, et ne peuvent plus exercer leur droit d'autoriser ou d'interdire. Mais il y a bien longtemps que le droit d'auteur s'est adapté aux évolutions technologiques – radiodiffusion, copie privée – en se laissant amputer d'une partie des prérogatives qui lui étaient attachées.

C'est la composante économique du droit d'auteur qui est mise à mal par le site, c'est-à-dire le principe même de propriété intellectuelle. La propriété intellectuelle se justifie par un argument économique : ceux qui investissent dans la création doivent pouvoir en tirer des profits. Dès lors qu'il est impossible aux investisseurs d'exercer leur propriété intellectuelle, il convient de se demander si Napster est néfaste pour l' « intérêt général », ou si les principes de la propriété intellectuelle ne sont plus adaptés. Se pose donc la question de la capacité du système à inciter à la création dans ce contexte de gratuité : Napster tue-t-il la musique à petit feu ? Les exemples de la télévision et de l'Internet ont montré que, non seulement des modèles payants pouvaient cohabiter avec des modèles gratuits, mais plus encore que des modèles gratuits pouvaient être rentables, voire très rentables. Napster, ce n'est pas la fin de la musique, ce n'est peut-être pas non plus la fin du disque, mais c'est vraisemblablement la fin du disque comme modèle hégémonique. La principale atteinte du site, et qui lui a valu d'être condamné, était portée à l'encontre de la place des maisons de disques dans la filière musicale.

La condamnation de Napster est vaine. Car derrière Napster se profilent déjà Gnutella et d'autres logiciels qui fonctionnent en *peer-to-peer,* c'est-à-dire sans recours à un serveur central, et qui sont donc plus difficilement contrôlables. La décision de la cour d'appel de San Francisco est une tentative pour adapter le progrès au droit d'auteur. Une tentative vaine, car son histoire montre que c'est toujours le droit d'auteur qui s'est adapté au progrès.

La condamnation de Napster est décalée. Car dans la mesure où Napster apporte incontestablement une valeur aux consommateurs, le véritable problème, à moins d'aller à l'encontre du progrès technologique, se pose aux maisons de disques qui doivent apprendre à structurer la gratuité. Dans la mesure où des modèles existent, ni l'industrie musicale ni même les maisons de disques ne sont condamnées. Les mouvements de rapprochement qui ont été annoncés au printemps 2001 entre maisons de disques, offreurs de technologies et portails Internet sont d'ailleurs des manœuvres destinées à s'adapter à la nouvelle donne. Après son alliance avec Napster, Bertelsmann, avec deux autres majors de la musique, Warner et EMI, se sont alliées avec le site MusicNet, filiale d'AOL et de l'offreur de technologies RealNetworks, pour distribuer leurs catalogues en ligne. De leur côté, Universal et Sony ont signé un accord similaire avec le portail Yahoo ! Dans les deux cas, la formule de musique illimitée par abonnement mensuel a été privilégiée.

Les créateurs et la gratuité des œuvres : vers de nouveaux modes de valorisation

Pour l'ensemble des créateurs, auteurs et producteurs, la piraterie est un problème considérable, puisqu'elle capte ou détourne une part importante des revenus et remet en cause les équilibres économiques des filières de production. Des solutions techniques peuvent être trouvées, des solutions juridiques peuvent être apportées, mais elles ne suffiront pas. Sur le plan technique, les pirates se sont toujours montrés très habiles pour contourner les nouveaux modes de protection : ce que la technique peut faire, la technique peut le défaire ! Sur le plan juridique, nous avons montré que le droit « avait conscience de ses limites » et que les lois faisaient preuve d'un réel pragmatisme en n'accordant de protection que dans la mesure où elle pouvait être mise en œuvre. Le droit finira donc par admettre l'existence de modes d'exploitation des œuvres auxquels il n'est pas possible de s'opposer. Dans ces conditions, les créateurs continueront à essayer de trouver des solutions techniques, à faire du *lobbying* auprès du législateur et à mener des actions en justice exclusivement à l'encontre de ceux qui seront susceptibles de payer. C'est une course contre la montre qui est engagée aujourd'hui : elle permettra tout juste de retarder un processus inéluctable, au mieux d'en limiter les effets. Mais parallèlement, les acteurs de l'industrie du disque réfléchissent à d'autres moyens de capter la valeur qu'ils créent, notamment par des stratégies d'alliances qui vont conduire à une remise en cause fondamentale de l'organisation des filières et de l'existence de certains métiers. Les modes de consommation des œuvres vont changer et devraient même se segmenter en fonction des mondes de l'art : on peut imaginer que demain, le jazz vive d'abonnements à des communautés, le rap des concerts, et la musique « grand public » de la vente de produits liés (Benghozi et Paris, 2001).

Les transformations profondes de la filière musicale suscitées par la montée en puissance de l'Internet ont commencé. Les modèles économiques qui vont s'imposer ne sont pas encore certains. L'analyse de la course technologique qui s'est tenue autour de la diffusion des œuvres musicales sur le *web* laisse planer un doute important sur la possibilité d'un contrôle de cette diffusion par les titulaires de droits. Il est peu probable que les armes techniques et juridiques suffisent à lutter contre ce qui s'appelle encore aujourd'hui piraterie, et qui sera peut-être demain considéré comme une pratique normale : l'échange gratuit de musique sur l'Internet. Dans tous les cas, cette forme de diffusion des œuvres conduira à l'émergence d'une économie parallèle qui restera marginale, ou sera généralisée. Quoi qu'il en soit, les questions qui se posent autour du droit d'auteur ne sont pas celles de l'adaptation de cet environnement à ses principes fondamentaux, mais celles des outils à mettre en place pour qu'il continue à remplir ses fonctions.

Conclusion

Si crise du droit d'auteur il y a, c'est essentiellement parce que les principes qui se sont construits avec le système ne sont plus en phase avec la réalité de la création à l'ère de l'Internet. La dématérialisation des œuvres rend aujourd'hui difficilement tenable le principe selon lequel une œuvre ne peut être gratuite ; de même que la collectivisation des processus de création rend difficilement tenable le principe qu'un auteur ne peut être salarié. C'est la vision romantique de la création qui est malmenée à l'ère de l'Internet, pas forcément le système de droit d'auteur en tant que cadre générateur de coordination pour les activités de création. Et c'est peut-être là son salut : débarrassé de contraintes qui n'ont plus toujours de justification, le système s'en adaptera beaucoup plus facilement à son nouvel environnement. Avec l'Internet, force sera d'admettre que les œuvres peuvent être collectives, et qu'elles peuvent ne pas être payées « au ticket » par le consommateur final.

Qu'en est-il de la composante morale du droit d'auteur ? Car Internet ou pas, il reste qu'il est insupportable, dans une culture où la conception du droit d'auteur à la française est très solidement ancrée, qu'une œuvre soit modifiée et dénaturée au gré des exigences des diffuseurs. Mais sur ce point, jusqu'à maintenant, l'Internet ne semble pas malmener le droit moral. Les affaires qui ont jusqu'à maintenant posé des problèmes étaient avant tout des affaires de gros sous. C'est finalement assez rassurant pour l'avenir, car même si le droit d'auteur est contraint de se débarrasser de principes qui ne sont plus tenables, les œuvres sont encore respectées. C'est dire que ces principes n'étaient pas forcément l'essence de la conception morale du droit d'auteur.

Conclusion générale

Au terme de cet ouvrage, c'est un modèle de la dynamique d'ensemble du système du droit d'auteur que nous avons proposé. Plus encore, tout en démontrant la puissance de notre approche, c'est un changement de perspective que nous avons opéré. L'approche a consisté à prendre le contre-pied des approches juridique et économique, en ne partant d'aucun principe supérieur *a priori,* mais en analysant d'abord les pratiques. Le système du droit d'auteur a été appréhendé non pas comme un outil purement juridique, mais comme un système constitué de principes généraux, de règles juridiques, de dispositifs de mise en œuvre, de pratiques sectorielles et d'instances de régulation, ces différents niveaux ne répondant pas à une hiérarchie *a priori.* Cette approche repose sur le postulat, que nous avons pu vérifier, que les grands principes et les grandes décisions ne peuvent être envisagés indépendamment de la manière dont ils se déclinent au concret. Car les dispositifs qui les incarnent ont leur dynamique propre.

Et vogue le droit d'auteur...

Les rebondissements autour de l'affaire Napster sont le signe d'une valse-hésitation qui témoigne de l'impuissance des acteurs à imposer un cap au droit d'auteur, parce que le droit d'auteur échappe à tout contrôle extérieur, qu'il soit juridique ou politique : c'est un système qui évolue, mais dont l'évolution est autonome, résultant d'une dynamique propre. Cette dynamique, nous l'avons vu, résultait de deux composantes : l'adaptation aux évolutions des conditions techniques de diffusion des œuvres et une composante endogène, dynamique propre des organismes de gestion des droits. Si la dynamique du droit d'auteur résulte de ces processus – adaptation et dynamique endogène –, c'est qu'il répond au premier chef non pas à des principes supérieurs de justice sociale ou d'efficience économique, mais aux deux fonctions fondamentales qu'il remplit, sur le plan local, pour les acteurs impliqués dans les processus de création : une fonction de rémunération, et une fonction de coopération. La fonction de rémunération est évidente : le droit d'auteur est un système de gestion des rétributions des auteurs, mais plus généralement des investisseurs dans des productions immatérielles, dont la facilité de reproduction rend difficile l'obtention d'un retour sur investissement. L'évolution du système que l'on observe traduit alors son adaptation, dans sa fonction de rémunération, à la dématérialisation et à la détérioration concomitante de la capacité des investisseurs à se rétribuer.

La deuxième fonction du droit d'auteur est une fonction de coopération. Le système ne consiste pas en la mise en œuvre d'une juste répartition des droits aux différents intervenants dans la création d'une œuvre, mais il définit *ex ante* les règles du jeu, de partage des tâches, des responsabilités et des rémunérations, applicables pour la création et pour la diffusion des œuvres. Dès lors que quelqu'un est embauché comme réalisateur de film, il aura alors telles fonctions, telles responsabilités, et percevra telle part des droits : la création de l'œuvre met en marche une gigantesque machinerie qui, lorsqu'elle rencontrera son public, assurera la perception et le partage des droits entre les différents créateurs, sans que ne soit jamais posée la question de la justice du partage à effectuer. À tel type d'œuvre, à tel mode de diffusion, tel processus de perception, telles règles de répartition entre ayants droit : la machine a parlé. De la sorte, en définissant un cadre général dans lequel prendront place les situations de création, c'est un système de coopération qui permet à une filière d'exister et de faire vivre des rapports ponctuels entre agents économiques.

Cette analyse du fonctionnement et de la dynamique du droit d'auteur nous conduit à rééquilibrer la perspective généralement adoptée. Le système n'a pas uniquement une fonction de régulation globale, en fonction de principes éthiques et d'efficience économique, mais a aussi et surtout des fonctions de gestion pour les acteurs impliqués dans la création. Néanmoins, il ne faut pas en conclure l'absence de régulation « globale », imposée de l'extérieur. Seulement, les acteurs en charge de cette régulation ont tendance à oublier ces fonctions et à essayer de lui maintenir artificiellement un cap, celui d'une justice supérieure, à l'aune de laquelle il s'agirait de confronter telle ou telle situation. Or, si justice il y a, elle se construit en permanence, comme compromis entre les contraintes techniques liées aux modes de diffusion des œuvres, les impératifs économiques sectoriels, les intérêts des différents acteurs en jeu, y compris les politiques et les organes de gestion.

Dans les problèmes qui se posent aujourd'hui, le droit d'auteur semble s'être paré d'une transcendance qui fait que l'instrument qu'il est prend le plus souvent le pas sur les objectifs auxquels il répond : on défend le droit d'auteur pour le droit d'auteur. Cela se traduit par l'existence d'un certain nombre de principes, de dogmes, issus d'un modèle romantique de la création, mais qui n'ont plus toujours de nécessité aujourd'hui : par exemple, l'idée que les auteurs ne peuvent être salariés, ou qu'une œuvre est forcément l'œuvre d'un et d'un seul auteur. Mais défendre le droit d'auteur pour lui-même en s'arc-boutant sur de tels principes peut avoir des conséquences paradoxales et néfastes. Dans le cinéma français où ces dogmes sont très fortement ancrés, la prégnance accordée à une catégorie d'intervenants par rapport aux autres, le réalisateur, conduit à un affadissement de la production (Paris, 2000). De même, l'affaire Napster est symptomatique de cet état de fait, qui a vu un progrès technique être interdit au nom du droit d'auteur, alors que le problème que le site pose n'est pas tant de sauver le droit d'auteur que de continuer à garantir la fonction qu'il assurait, de rémunération des investisseurs. Là encore, une règle de fait s'est érigée en principe de droit : que la consommation d'une œuvre donne lieu à une rémunération spécifique de la part du consommateur. Or, le problème soulevé par Napster n'est pas la gratuité puisque, de toute façon, il devient difficile de l'endiguer ; c'est, pour les éditeurs de contenu, de parvenir à structurer cette « gratuité » autour de modèles économiques viables ; et c'est, pour les autorités publiques, d'anticiper les changements que vont susciter ces nouvelles formes de consommation des œuvres, afin de continuer à jouer un rôle de régulateur.

Le droit d'auteur évolue. Il est vain de vouloir lui donner un cap. En revanche, essayer de comprendre où il va peut permettre aux autorités publiques de continuer à assurer des fonctions qu'il assurait.

Sigles et abréviations utilisés

ADAGP	Société des auteurs dans les arts graphiques et plastiques
ADAMI	Société pour l'administration des droits des artistes et musiciens interprètes
AGESSA	Association pour la gestion de la Sécurité sociale des auteurs
AIDAA	Association internationale des auteurs de l'audiovisuel
ALPA	Association de lutte contre la piraterie audiovisuelle
AMI	Accord multilatéral sur l'investissement
ANGOA	Association nationale de gestion des œuvres audiovisuelles
ARP	Société civile des auteurs, réalisateurs, producteurs
ASCAP	American Society of Composers, Authors and Publishers
BEMIM	Bureau européen des médias et industries musicales
CFC	Centre français d'exploitation du droit de copie
CISAC	Confédération internationale des sociétés d'auteurs et compositeurs
CNC	Centre national de la cinématographie
EVA	European Visual Association
FERA	Fédération européenne des réalisateurs de l'audiovisuel
Gatt	General Agreement on Tariffs and Trade
GESAC	Groupement européen des sociétés d'auteurs et compositeurs
INPI	Institut national de la propriété intellectuelle
INSEE	Institut national...
OMC/WTO	Organisation mondiale du commerce / World Trade Organization
OMPI/WIPO	Organisation mondiale de la propriété intellectuelle / World Intellectual Property Organization
PROCIREP	Société civile pour la perception et la répartition des droits de représentation publique des films cinématographiques
RPCA	Registre public de la cinématographie et de l'audiovisuel
SACD	Société des auteurs et compositeurs dramatiques
SACEM	Société des auteurs, compositeurs et éditeurs de musique
SCAM	Société civile des auteurs multimédia
SCELF	Société civile de l'édition littéraire française
SCPA	Société civile des producteurs associés
SCPP	Société civile pour l'exercice des droits des producteurs phonographiques
SDI	Société de l'image

SDRM	Société pour l'administration du droit de reproduction mécanique des auteurs, compositeurs et éditeurs de musique
SEAM	Société des éditeurs et auteurs de musique
SMIC	Salaire minimum interprofessionnel de croissance
SNDLL	Syndicat national des discothèques et lieux de loisirs
SNE	Syndicat national de l'édition
SNEP	Syndicat national de l'édition phonographique
SORECOP	Société pour la rémunération de la copie privée sonore
SPA	Syndicat de la propriété artistique
SPADEM	Société de la protection artistique et des dessins et modèles
SPEDIDAM	Société de perception et de distribution des droits des artistes-interprètes de la musique et de la danse
SPPF	Société civile des producteurs de phonogrammes en France
SPRÉ	Société civile pour la perception de la rémunération de la communication au public de phonogrammes du commerce
SRF	Société des réalisateurs français
Unesco	United Nations Educational, Scientific and Cultural Organization

Index des arrêts cités

Références bibliographiques

Aimone Isabelle [1997], « Un statut pour les acteurs : 1910-1920 », *in* Benghozi et Delage (éd.) [1997], p. 81-91.

Akerlof George A. [1982], « Labor contracts as partial gift exchange », *Quarterly Journal of Economics,* vol. XCVII, n° 4, November, p. 543-569.

Akerlof George A. et Yellen Janet L. (eds) [1986], *Efficiency Wages Models of the Labor Market,* Cambridge, 1986, Cambridge University Press.

Akerlof George A. et Yellen Janet L. [1990], « The fair wage-effort hypothesis and unemployment », *Quarterly Journal of Economics,* 105, May, p. 255-283.

Akrich Madeleine, Callon Michel et Latour Bruno [1988], « À quoi tient le succès des innovations », *Gérer et comprendre,* n° 11, juin, n° 12, septembre.

Alexander Judith A. [1994], « Public goods and the public performance tariff. The experience of the Copyright Board of Canada », Communication au Colloque « The Economics of Intellectual Property Rights », University of Venice, Ca' Dolfin, Venice, October 6-8, 1994.

Arrow Kenneth J. [1962], « Economic welfare and the allocation of resources for invention », *in* National Bureau of Economic Research, *The Rate and Direction of Inventive Activity : Economic and Social Factors,* Princeton, Princeton University Press, p. 609-625.

Baecque Antoine de [1997], « La construction d'une indépendance : François Truffaut et les films du Carrosse », *in* Benghozi et Delage (éd.) [1997], p. 211-227.

Barlow John Perry [1993], « The economy of ideas : A framework for rethinking patents and copyrights », *2.03 Wired Magazine,* 84.

Barrère Christian et Santagata Walter [1999], « Defining art. from the Brancusi trial to the economics of artistic semiotic goods », *International Journal of Art Management,* vol. 1, number 2, Winter 1999.

Baslé M., Dufourt D., Héraud J.-A. et Perrin J. (éd.) [1995], *Changement institutionnel et changement technique. Évaluation, droits de propriété intellectuelle, système national d'innovation,* Paris, CNRS Éditions.

Baumol William J. et Bowen William G. [1966], *Performing Arts : The Economic Dilemma,* Cambridge, MIT Press.
Baxandall Michael [1972], *Painting and Experience in Fifteenth Century Italy,* 1972, *Oxford University Press, trad. franç. L'œil du Quattrocento,* Paris, Gallimard, coll. « Bibliothèque illustrée des histoires », 1985.
Becker Howard S. [1974], « Art as collective action », *American Sociological Review,* vol. XXXIX, n. 6, p. 767-776.
Becker Howard S. [1982], *Art Worlds,* 1982, The University of California Press, trad. française *Les Mondes de l'art,* Paris, Flammarion, 1988.
Benghozi Pierre-Jean [1989], *Le Cinéma, entre l'art et l'argent,* Paris, L'Harmattan.
Benghozi Pierre-Jean [1995 *a*], « Les sentiers de la gloire : savoir gérer pour savoir créer », *in* Charue-Duboc (éd.) [1995], p. 51-87.
Benghozi Pierre-Jean [1995 *b*], « La diversification des productions culturelles », *Revue française de gestion,* n° 106, novembre-décembre 1995, p. 65-74.
Benghozi Pierre-Jean et Delage Christian (éd.) [1997], *Une histoire économique du cinéma français (1895-1995). Regards croisés franco-américains,* Paris, L'Harmattan.
Benghozi Pierre-Jean et Paris Thomas [1998], « Évolutions économiques et nouveaux modèles de protection de la propriété littéraire et artistique », *Réseaux,* n° 88/89, mars-juin, p. 11-23.
Benghozi Pierre-Jean et Paris Thomas [2001], « L'industrie de la musique à l'âge d'Internet. Nouveaux enjeux, nouveaux modèles, nouvelles stratégies », *Gestion 2000,* vol. 2, mars-avril.
Benghozi Pierre-Jean et Sagot-Duvauroux Dominique [1994], « Les économies de la culture », *Réseaux,* n° 68, novembre-décembre.
Berry Michel [1983], *Une technologie invisible ? L'impact des instruments de gestion sur l'évolution des systèmes humains,* Paris, Centre de recherche en gestion.
Besen Stanley M., Kirby Sheila N. et Salop Steven C. [1992], « An economic analysis of copyright collectives », *Virginia Law Review,* vol. 78, p. 383-411.
Besen Stanley M. et Raskind Leo J. [1991], « An introduction to the law and economics of intellectual property », *Journal of Economic Perspectives,* vol. 5, n° 1, p. 3-27.
Boltanski Luc et Thévenot Laurent [1987], *Les Économies de la grandeur,* Cahiers du Centre d'études de l'emploi, n° 31, Paris, PUF.
Boltanski Luc et Thévenot Laurent [1991], *De la justification. Les économies de la grandeur,* Paris, Gallimard, 1991.
Boncompain Jacques [1977], « Les deux cents ans de la Société des auteurs et compositeurs dramatiques », *Revue d'histoire du théâtre,* 1977-1.
Bonnell René [1989], *La Vingt-cinquième image,* Paris, Gallimard-FEMIS, 1989.
Boudon Raymond [1986], *L'Idéologie. L'origine des idées reçues,* Paris, Fayard.
Bourdieu Pierre [1972], *Esquisse d'une théorie de la pratique,* Genève, Droz.
Bourdieu Pierre [1977], « La production de la croyance. Contribution à une économie des biens symboliques », *Actes de la recherche en sciences sociales,* n° 13, février 1977, p. 4-43.
Bourdieu Pierre [1992], *Les Règles de l'art,* Paris, Le Seuil.

Boyer Robert et Orléan André [1994], « Persistance et changement des conventions. Deux modèles simples et quelques illustrations », *in* Orléan (éd.) [1994], p. 219-247.

CEE (Centre d'études de l'emploi) [1985], *Conventions économiques,* Cahiers du Centre d'études de l'emploi, Paris, PUF.

Chanterac Véronique de [1989], « La marque à travers le droit », *in* Kapferer et Thoenig (éd.) [1989], p. 45-90.

Cohendet P., Foray D., Guellec D. et Mairesse J. [1998], « La gestion publique des externalités positives de recherche », *Revue française de gestion,* n° 118, mars-avril-mai 1998.

Colombet Claude [1992], *Propriété littéraire et artistique et droits voisins,* Paris, Dalloz-Sirey, 6e éd.

Colombet Claude et Sirinelli Pierre (éd.) [1995], *Propriétés intellectuelles. Mélanges en l'honneur d'André Françon,* Paris, Dalloz.

Commission européenne, DG XV [1996], « Le droit d'auteur et les droits voisins à l'aube du XXIe siècle », Conférence internationale, Firenze, Italy, June 2-3-4, 1996.

Commission des communautés européennes [1995], Livre vert « Le droit d'auteur et les droits voisins dans la Société de l'Information », COM (95), 382 final, et « Réponses des milieux intéressés sur "Le droit d'auteur et les droits voisins dans la Société de l'Information" ».

Cowen Tyler [1985], « Public goods and their institutional context : A critique of public goods theory », *Review of Social Economics,* n° 43, p. 53-63, April 1985.

Crozier Michel [1963], *Le Phénomène bureaucratique,* Paris, Le Seuil.

Crozier Michel et Friedberg Erhard [1977], *L'acteur et le système,* Paris, Le Seuil, coll. « Points ».

David Paul A. [1993], « Intellectual Property Institutions and the panda's thumb : Patents, copyrights, and trade secrets in economic theory and history », *in* M. B. Wallerstein (ed.), *Global Dimensions of Intellectual Property Rights in Science and Technology,* Washington DC, National Academy Press, p. 19-61, trad. franç. « Le compromis du système d'organisation de la production intellectuelle », *Réseaux,* n° 88/89, mars-juin, p. 25-63.

David Paul A. [1994], « Les standards des technologies de l'information, les normes de communication et l'État : un problème de biens publics », *in* Orléan (éd.) [1994], p. 281-305.

Deardorff Alan V. [1995], « The appropriate extent of intellectual property rights in art », *Journal of Cultural Economics,* 19, p. 119-130.

Deffains Bruno [1997], « Progrès scientifique et analyse économique des droits de propriété intellectuelle », *Revue d'économie industrielle,* n° 79, 1er trimestre 1997.

Demsetz Harold [1967], « Toward a theory of property rights », *American Economic Review,* 57, May, p. 347-359.

De Sanctis Valerio [1974], « Le développement et la consécration internationale du droit d'auteur », *Revue internationale du droit d'auteur,* LXXIX, janvier 1974.

Desurmont Thierry [1995], « Réflexions sur le devenir de "la gestion collective" des droits d'auteur – Ombres et lumières », *in* Colombet et Sirinelli (éd.) [1995], p. 97-105.

De Vecchi Giuseppe [1998], « L'exploitation du film cinématographique : étude des rapports entre le droit d'auteur et le droit de la concurrence », Mémoire de DEA, Université Paris I.

Dock Marie-Claude [1974], « Genèse et évolution de la notion de propriété littéraire », *Revue internationale du droit d'auteur,* LXXIX, janvier.

Dreier Thomas [1995], « L'analogue, le digital et le droit d'auteur », *in* Colombet et Sirinelli (éd.) [1995], p. 119-131.

Duffy Maureen [1996], « Les créateurs et l'avenir numérique », *in* Commission européenne, DG XV [1996].

Durkheim Émile et Mauss Marcel [1903], « De quelques formes primitives de classification », *in* M. Mauss, *Œuvres (2), représentations collectives et diversité des civilisations,* Paris, Éditions de Minuit, 1968.

Edelman, Bernard [1993 *a*], *La Propriété littéraire et artistique,* Paris, PUF, Coll. « Que sais-je ? », 2e éd.

Edelman [1993b], *Droits d'auteur, droits voisins. Droits d'auteur et marché,* Paris, Dalloz.

Eymard-Duvernay François [1994], « Coordination des échanges par l'entreprise et qualité des biens », *in* Orléan (éd.) [1994], p. 307-334.

Farchy Joëlle et Sagot-Duvauroux Dominique [1994], *Économie des politiques culturelles,* Paris, PUF.

Favereau Olivier [1994], « Règle, organisation et apprentissage collectif : un paradigme non standard pour trois théories hétérodoxes », *in* Orléan (éd.) [1994], p. 113-137.

Favereau Olivier [1997], « Rationalité », *in* Y. Simon et P. Joffre (éd.), *Encyclopédie de gestion,* Paris, Economica, 2e éd., t. 3, p. 2794-2808.

Fellini Federico [1980], *Fare un film,* Turin, Einaudi, trad. franç. *Faire un film,* Paris, Le Seuil, 1996.

Filer Randall K. [1984], « A theoretical analysis of the economic impact of artists'resale royalties legislation », *Journal of Cultural Economics,* 8, p. 1-28.

Foucault Michel [1969], « Qu'est-ce qu'un auteur ? », *Bulletin de la Société française de philosophie,* 63e année, n° 3, juillet-septembre 1969, p. 73-104 ; *Dits et écrits 1954-1988,* Paris, Gallimard, t. I, p. 789-821.

Garfinkel Harold [1967], *Studies in Ethnomethodology,* Englewood Cliffs, Prentice-Hall.

Giddens Anthony [1979], *Central Problems in Social Theory. Action, Structure and Contradiction in Social Analysis,* London, MacMillan Education.

Giddens, Anthony [1984], *The Constitution of Society,* Cambridge, Polity Press, trad. franç. *La Constitution de la société,* Paris, PUF, 1987.

Ginsburg Jane C. [1991], « Histoire de deux droits d'auteur : la propriété littéraire et artistique dans la France et l'Amérique révolutionnaire », *Revue internationale du droit d'auteur,* n° 147, janvier, p. 124-288.

Girin Jacques [1981], « Les machines de gestion », in *Le Rôle des outils de gestion dans l'évolution des systèmes sociaux complexes,* sous la direction de M. Berry, Compte rendu d'étude pour le ministère de la recherche et de la technologie, CRG, avril 1983.

Girin Jacques [1990], « Problèmes du langage dans les organisations », *in*

J.-F. Chanlat (éd.), *L'Individu dans l'organisation,* Québec-Paris, Presses de l'Université Laval et Éditions ESKA, p. 37-77.

Gyory Michel et Correa Joao [1989], « La valeur des droits d'auteur dans l'audiovisuel », Rapport pour la Commission des communautés européennes.

Héraud Jean-Alain [1995], « Brevets et contexte institutionnel de la création technologique », *in* Baslé *et al.* [1995], p. 91-117.

Hummel Marlies [1990], « The economic importance of copyright », in *Le Droit d'auteur. Enjeu économique et culturel,* Paris, Éditions Litec.

Hummel Marlies *et al.* [1994], « The droit de suite », apport d'étude, IFO Institute, München, August 1994.

Jeancolas Jean-Pierre, Meusy Jean-Jacques et Pinel Vincent [1996], *L'Auteur du film. Description d'un combat,* SACD, Institut Lumière, Paris, Actes Sud.

Koboldt Christian [1995], « Intellectual property and optimal copyright protection », *Journal of Cultural Economics,* 19, p. 131-155

Kreps David M. [1990], « Corporate culture and economic theory », *in* J. E. Alt et K. A. Shepsle (eds), *Perspectives on Positive Political Economy,* New York, Cambridge University Press, p. 90-143.

Lamberterie Isabelle de [1998], « De l'incitation à la création au droit à la culture : quelle dynamique pour les droits d'auteur aujourd'hui ? », *Réseaux,* n° 88/89, mars-juin, p. 77-90.

Lange André [1991], « L'évolution économique du droit d'auteur en France », *Communications & stratégies,* n° 3, p. 93-109.

Laydu Jean-Baptiste [1994], « Droit moral et copyright : les nouveaux frères ennemis ? », *Les Petites Affiches,* n° 87, 22 juillet.

Lefeuvre Gildas [1998], *Le Producteur de disques,* Paris, Éditions Dixit.

Lehman Bruce A. *(working group chaired by)* [1995], « Intellectual property and the national information infrastructure », *Report of the working group on intellectual property rights,* Washington, Secretary of Commerce.

Lévi-Strauss Claude [1949], « Histoire et ethnologie », *Revue de métaphysique et de morale,* 54e année, n° 3-4, p. 363-391.

Long Pamela O. [1991], « Invention, authorship, "intellectual property", and the origin of patents : Notes toward a conceptual history », *Technology and Culture* 32, October 1991, p. 846-884.

Lourau René [1970], *L'Analyse institutionnelle,* Paris, Éditions de Minuit.

Lucas André [1994], « Résumé des débats du colloque », *in* OMPI [1994].

March James G. et Simon Herbert A. [1958], *Organizations,* New York, John Wiley & Sons, trad. franç. *Les Organisations,* Paris, Dunod, 1974.

Matthyssens Jean [1955], « L'origine du droit proportionnel des auteurs à la Comédie-Française », *Revue internationale du droit d'auteur,* VII, avril.

Matthyssens Jean [1984], « Et le combat continue... », in *La Révolution des auteurs : 1777-1793,* Paris, SACD.

Mauss Marcel [1924], « Essai sur le don », in *Sociologie et anthropologie,* Paris, PUF, 1985, p. 144-171.

Merges Robert P. [1995], « The economic impact of intellectual property rights : An overview and guide », *Journal of Cultural Economics,* 19, p. 103-117.

Ministère de la Culture [1995 *a*], « La gestion collective des droits d'auteur et des droits voisins en France en 1993 par les sociétés de perception et de répartition des droits », Rapport présenté par la sous-direction des affaires juridiques de la direction de l'administration générale, Bureau de la propriété littéraire et artistique, Ministère de la Culture, Paris.

Ministère de la Culture [1993], « La mise en œuvre du droit d'auteur et des droits voisins en France. Leur gestion en 1990 et 1991 par les sociétés de perception et de répartition », Rapport présenté par la sous-direction des affaires juridiques de la direction de l'administration générale du ministère de la Culture, Paris.

Ministère de la Culture [1995 *b*], « La gestion collective des droits des auteurs et des droits voisins en France en 1994 par les sociétés de perception et de répartition des droits », Rapport présenté par la sous-direction des affaires juridiques de la direction de l'administration générale, Bureau de la propriété littéraire et artistique, Ministère de la Culture, Paris.

Ministère de la Culture [1997], « La gestion collective de droit d'auteur et des droits voisins en 1995 et 1996 par les sociétés de perception et de répartition des droits », Rapport présenté par la sous-direction des affaires juridiques de la direction de l'administration générale, Bureau de la propriété littéraire et artistique, ministère de la Culture, Paris.

Moisdon Jean-Claude (éd.) [1997], *Du mode d'existence des outils de gestion,* Paris, Éditions Seli Arslan.

Moulin Raymonde [1978], « La genèse de la rareté artistique », *Ethnologie française,* t. 18, n° 2-3, mars-septembre, p. 241-258.

Moulin Raymonde [1990], « L'artiste : de l'œuvre à la signature », in *Encyclopaedia Universalis, Les enjeux,* t. 1, Paris, p. 465-472.

Moulin Raymonde [1992], *L'Artiste, l'institution et le marché,* Paris, Flammarion.

Nelson Katherine [1977], « Some evidence for the cognitive primacy of categorization and its functional basis », *in* Johnson-Laird et Wason (eds), *Thinking. Readings in Cognitive Science,* 1977, Cambridge University Press, p. 223-238.

O'hare Michael [1982], « Copyright and the protection of economic rights », *Journal of Cultural Economics,* n° 6, p. 33-48.

Olson Mancur [1966], *The Logic of Collective Action (Public Goods and the Theory of Groups),* 1966, Harvard University Press, trad. franç. *La Logique de l'action collective,* Paris, PUF, 1978.

OMPI [1990], *Gestion collective du droit d'auteur et des droits voisins,* Genève, OMPI.

OMPI [1994], « Colloque mondial de l'OMPI sur l'avenir du droit d'auteur et des droits voisins (Le Louvre, Paris, France, 1er-3 juin 1994) », Genève, OMPI.

Orléan André [1988], « L'autoréférence dans la théorie keynésienne de la spéculation », *Cahiers d'économie politique,* n° 14-15, p. 229-242.

Orléan André (éd.) [1994], *Analyse économique des conventions,* Paris, PUF.

Palmer Tom G. [1989], « Intellectual property : A non-posnerian law and economics approach », *Hamline Law Review,* vol. 12, p. 261-303.

Paris Thomas [1995], « Du droit des auteurs au droit des sociétés d'auteurs. L'organisation de la gestion collective en France », mémoire de DEA, CRG/Université Paris IX - Dauphine.

Paris Thomas [1999], « Le droit et les auteurs. La gestion du droit d'auteur en France, entre systèmes locaux et régulation globale », thèse de doctorat, École polytechnique, Paris.

Paris Thomas [2000], « Les réalisateurs ont-ils tué le cinéma français ? », *Le Monde,* 15 juillet.

Pasquier Dominique [1995], *Les scénaristes et la télévision,* Paris, Nathan / Institut national de l'audiovisuel.

Pinel Vincent [1996], « L'entre-deux-guerres : mais qui est donc l'auteur du film ? », *in* Jeancolas, Meusy et Pinel [1996], p. 49-118.

Rawls John [1971], *A Theory of Justice,* 1971, The Belknap Press of Harvard University Press, trad. franç. *Théorie de la justice,* Paris, Le Seuil, 2e publication, coll. « Points », 1997.

Reynaud Bénédicte [1992], *Le Salaire, la règle et le marché,* Paris, Christian Bourgeois, coll. « Cibles XXI ».

Reynaud Bénédicte [1993], « Les théories de l'équité, fondements d'une approche cognitive du salaire d'efficience », *Revue économique,* vol. 44, n° 1, janvier 1993, p. 5-22.

Reynaud, Jean-Daniel [1989], *Les Règles du jeu. L'action collective et la régulation sociale,* 3e éd., Paris, Armand Colin, 1997.

Reynaud Jean-Daniel [1994], « L'acteur stratégique et la légitimité », *in* F. Pavé (éd.), *Colloque de Cerisy. L'analyse stratégique,* Paris, Le Seuil, p. 204-210.

Riveline Claude [1991], « Évaluation des coûts », cours de l'École nationale supérieure des mines de Paris (1re version, 1967).

Rosch Eleanor [1977], « Classification of real-world object : Origins and representation in cognition », *in* Johnson-Laird et Wason (eds.), *Thinking. Readings in Cognitive Science,* 1977, Cambridge University Press, p. 212-222.

Rouart Nicolas [1995], « Gestion collective des œuvres théâtrales et des œuvres audiovisuelles de fiction », *in* Colombet et Sirinelli (éd.) [1995], p. 387-396.

Santagata Walter [1998], « Propriété intellectuelle, biens culturels et connaissance non cumulative », *Réseaux,* n° 88/89, mars-juin, p. 65-75.

Searle John R. [1995], *The Construction of Social Reality,* New York, Free Press, trad. franç. *La Construction de la réalité sociale,* Paris, Gallimard, coll. « NRF/Essais », 1998.

Simon Yves et Tézenas du Montcel Henri [1977], « Théorie de la firme et réforme de l'entreprise – Revue de la théorie des droits de propriété », *Revue économique,* vol. 28, n° 3, mai, p. 321-351.

Simon Herbert A. [1945], *Administrative Behavior,* 3e éd., New York, The Free Press (1re éd., 1945).

Simon Herbert A. [1955], « A behavioral model of rational choice », *Quarterly Journal of Economics,* February, p. 99-118.

Sirinelli Pierre [1992], *Propriété littéraire et artistique et droits voisins,* Paris, Dalloz.

Sirinelli Pierre [1994], « L'adaptation du droit d'auteur face aux nouvelles technologies », *in* OMPI [1994].

Sirinelli Pierre (Commission présidée par) [1994], « Industries culturelles et nouvelles techniques », Rapport pour le ministère de la Culture et de la Francophonie, juin 1994.

Sirinelli Pierre [1995], « Brèves observations sur le "raisonnable" en droit d'auteur », *in* Colombet et Sirinelli (éd.) [1995], p. 397-413.

SNE (Syndicat national de l'édition) [1990], « Le droit d'auteur. Enjeu économique et culturel », 2e Symposium, Union internationale des éditeurs / Syndicat national de l'édition, 11-12-13 avril 1990, Paris, Éditions Litec.

Sokal Robert R. [1977], « Classification : Purposes, principles, progress, prospects », *in* Johnson-Laird et Wason (eds.), *Thinking. Readings in Cognitive Science*, 1977, Cambridge University Press, p. 185-198.

Thévenot Laurent [1985], « Les investissements de forme », *in* CEE [1985], p. 21-71.

Thévenot Laurent [1993], « La trame des organisations », *in* T. Globokar (éd.), *Entreprise, société, communauté*, Paris, Éditions Autrement, p. 51-72.

Vessillier-Ressi Michèle [1982], *Le métier d'auteur*, Paris, Dunod.

Vessillier-Ressi Michèle [1997], *La condition d'artiste. Regard sur l'art, l'argent et la société*, Paris, Maxima.

Wallerstein M. B. [1993], « The global dimensions of intellectual property rights in science and technology », *in* M. B. Wallerstein (ed.), *Global Dimensions of Intellectual Property Rights in Science and Technology*, Washington DC, National Academy Press, p. 3-18.

Watzlawick Paul (éd.) [1981], *Die Erfundene Wirklichkeit. Wie wissen wir, was wir zu wissen glauben ? Beiträge zum Konstruktivismus*, trad. franç. *L'Invention de la réalité. Contributions au constructivisme*, Paris, Le Seuil, 1988.

Sciences sociales et sociétés

Bonnet Michel, Bernard Yvonne (sous la dir.), *Services de proximité et vie quotidienne. De nouvelles sociabilités urbaines.*

Bonnet Michel, Despense Dominique (sous la dir.), *Les territoires de la mobilité.*

Bouilloud Jean-Philippe, *Sociologie et société. Épistémologie de la réception.*

Boulier Dominique, Chevrier Stéphane, *Les sapeurs-pompiers. Des soldats du feu aux techniciens du risque.*

Chevrier Sylvie, *Le management des équipes interculturelles.*

Cicchelli Vincenzo, *La construction de l'autonomie. Parents et jeunes adultes face aux études.*

Cochoy Franck, *Une sociologie du packaging ou l'âne de Buridan face au marché.*

Courpasson David, *L'action contrainte. Organisations libérales et domination.*

Desjeux Dominique, Monjaret Anne, Taponier Sophie, *Quand les Français déménagent.*

Diaso Nicoletta, *La science impure.*

Laufer Jacqueline, Marry Catherine, Maruani Margaret (sous la dir.), *Masculin-féminin : questions pour les sciences de l'homme.*

Lelièvre Françoise, Lelièvre Claude, *L'histoire des femmes publiques contée aux enfants* (2e éd.).

Musselin Christine, *La longue marche des universités françaises.*

Paradeise Catherine, Charby Jacques, Vourc'h François, *Les comédiens.*

Paris Thomas, *Le droit d'auteur : l'idéologie et le système.*

Pinçon Michel, Pinçon-Charlot Monique, *Voyage en grande bourgeoisie* (3e éd.).

Poulain Jean-Pierre, *Sociologies de l'alimentation.*

Wagner Anne-Catherine, *Les nouvelles élites de la mondialisation.*

Warnier Jean-Pierre, *Construire la culture matérielle.*

Imprimé en France
Imprimerie des Presses Universitaires de France
73, avenue Ronsard, 41100 Vendôme
Mai 2002 — N° 48 912